让可移动文物
活起来

湖 北 省 博 物 馆 协 会
湖 北 省 文 物 交 流 信 息 中 心　主编
湖北省博协高校博物馆专委会

执行主编　倪婉　吴晓松

WUHAN UNIVERSITY PRESS
武汉大学出版社

图书在版编目(CIP)数据

让可移动文物活起来/倪婉，吴晓松主编. —武汉：武汉大学出版社，
2015. 11

ISBN 978-7-307-17167-1

Ⅰ. 让… Ⅱ. ①倪… ②吴… Ⅲ. 文物—研究—中国 Ⅳ. K870. 4

中国版本图书馆 CIP 数据核字(2015)第 265188 号

责任编辑：郭　静　　　　责任校对：汪欣怡　　　　版式设计：韩闻锦

出版发行：**武汉大学出版社**　　（430072　武昌　珞珈山）

（电子邮件：cbs22@ whu. edu. cn　网址：www. wdp. com. cn）

印刷：武汉精一印刷有限公司

开本：720×1000　1/16　　印张：25　字数：318 千字　　插页：2

版次：2015 年 11 月第 1 版　　　2015 年 11 月第 1 次印刷

ISBN 978-7-307-17167-1　　　定价：180.00 元

编委会名单

策　　　划/吴宏堂　万全文　余萍

执 行 主 编/倪　婉　吴晓松

执行副主编/刘明达　李　奇　宋亦箫　姜　昊　魏德勋

编 撰 人 员/(按姓氏笔画排序)

　　　　　　王卫锋　刘明达　李　奇　向　清　陈　桂

　　　　　　吴晓松　张　敏　张　阳　宋亦箫　范陆薇

　　　　　　周丽红　周　宁　姜　昊　贺兴义　倪　婉

　　　　　　黄　丽　章韫瑾　魏德勋

序 一

文物，指人类社会活动中遗留下来的具有历史、艺术、科学及技术价值的遗物和遗迹。作为物质文明遗存的"文物"，依据其存在形态，又可分为"不可移动文物"和"可移动文物"。

"不可移动文物"，包括古文化遗址（如河姆渡遗址、半坡遗址）、古墓葬（如唐乾陵、明孝陵）、古建筑（如八达岭长城、北京明清紫禁城）、石窟（如云岗石窟、麦积山石窟）、石刻（如大足石刻、药王山摩崖石刻）、壁画（如敦煌壁画、克孜尔石窟壁画）、近代现代重要史迹（如京张铁路遗迹）和代表性建筑（如武昌辛亥革命湖北军政府旧址、上海中共一大旧址）。这类文物因其固定在原处，不可迁移，人们惟有亲临现场方获瞻仰之幸。

"可移动文物"则指历史遗存之可迁徙的实物、艺术品、文献、手稿、图书资料等，习称"古物"；因此类古器物可以随携把玩，又称"古玩"，亦称"古董"、"骨董"（"骨"取肉腐而骨存之义，意谓保存过去精华；"董"，即知道、了解。"骨董"合义：明晓古人所遗精华）；由于此类文物为博物馆、纪念馆、图书馆及民间人士私藏，又称"可收藏文物"。

这些具有考古、历史、艺术、科学或技术意义的可移动文物，略分为金银器、铜器、铁器、陶器、瓷器、砖瓦、玉石器、漆器竹木器、珐琅器、玻璃器、骨角牙器、绘画、书法、拓片、纺织（绣）品、玺印、文具、乐器、法器（宗教祭器）、货币、文献图书、邮品等 31 类。以笔者稍有涉猎的几类而言，每类又可细分诸目，如绘画含各种国画、油画、版画、素描、速写、壁画、帛画、宗教画、织绣画、连环画、贴画、漫画、宣传画、剪纸、年画、民间美术平面作品等；书法含历代各种书法作品、写经、对联、卷轴、册页、屏幅等；拓片含甲骨拓片、瓦当拓片、古币拓片、砚铭拓片、画像砖石拓片、铜器拓片、碑刻拓片等；玺印含金、银、铜、铁、石、牙、玉、瓷、木等各种质地的印章、符节、画押、封泥、印范等；文具含笔、墨、纸、砚及其他文房用具；货币含贝、铜、铁、金、银、纸币及钱范、钞版等；文献图书含古籍、文书、舆图、信札、奏折、诰命、契约、经卷、试卷、药方、剧本、歌本、报刊、记录、讲稿、决定、日记、笔记、手稿、标语、题词、统计数据等；邮品含邮票、实寄封、纪念封、明信片及其他邮政用品等。每类皆广博渊深，富有宝藏。

文物作为历史陈迹，已不能主动发声，其多方面价值有待今人发掘、揭示与宣扬。这里有一个让"死者"复活，让"过去"面对当下与未来侃侃而谈的过程。让文物活起来，即此之谓也。博物馆等公私收藏处所作可移动文物陈列，是大众亲近古代文明、倾听昔人教诲的重要窗口，文物因此借以"活起来"。这种实际文物具体而微的生动展示，使"形下之器"与"形上之道"水乳交融地相结合，其宏扬优秀传统文化的功效，是书籍阅览、口头宣讲所不能取代的。然而，由于种种限制和工作缺憾，仍有大量珍贵文物沉睡库房，无缘与观众见面。而文物包蕴的丰富内涵的介评工作，更留有巨大的未涉空间。文物展出的有限、文物介评的乏力，使文物与大众相隔膜的状况远未打破，故而，充分发挥公私收藏文物资源的作用，让可移动文物活起来，成为当前文物工作重要而又迫切的使命。

令人庆幸的是，由湖北省博物馆协会组织编纂的《让可移动文物活起来》一书对上述题旨作了具有相当学术广度的阐发。

诸君案头的这本书，将可移动文物的类别、形成、演绎历程娓娓道来，故称本书为"文物学小百科"亦不为过。本书又用心彰显文物的保护之道，在此一前提下，尤其着力探讨激活藏之名山、沉睡于馆库之内的可移

动文物资源生命力的路径，介绍发挥文物历史认识功能和社会教化功能的
具体举措，其间提供的国内国际相关经验，颇有可操作性。

现行博物馆展览常采用实物、文字、影像资料、模型等相结合的方式
对可移动文物的三大价值予以展示。"让文物活起来"要求我们更新展览理
念，采取更多的科技手段，吸收更多的研究成果，代文物说话，让文物所
蕴含的信息昭显现世。"让文物活起来"的另外一个方面就是促进考古文博
文化创意产业发展，让可移动文物走出博物馆、走出库房，走进寻常百姓
家。目前文博文化创意产品正超越高冷艺术品，出现诸如 U 盘、手机壳、
纸巾、电脑贴、挂饰等各种家居、生活小物件，将可移动文物蕴含的文化
价值融入大众生活。

"让可移动文物活起来"对考古学者、文博专家提出了新的要求。考古
学有其自身的专业术语与研究规范，普通大众难以直接阅读专业化的考古
报告，但对可移动文物历史价值、美学价值的好奇心发自人类本性，今日
方兴未艾的大众考古、大众鉴藏便是明证。大众考古、大众鉴藏的兴盛，
促使学者走出象牙塔，参与并指导大众性的文物鉴藏实践，又令大众丰富
文物知识、提升文物鉴藏水平，使考古学家和文物工作者的研究成果与时
代接轨，被大众所理解和接受，化考古学专业研究成果为大众喜闻乐见的
通俗知识。而诸君案头的本书正合时宜，为专家与大众搭建桥梁，共赴可
移动文物活起来的康庄大道。

乙未秋于武昌珞珈山

序 二

为了更好地贯彻落实习近平总书记关于"让收藏在博物馆里的文物，陈列在广阔大地上的遗产，书写在古籍里的文字都活起来"的重要指示，湖北省博物馆协会、湖北省文物交流信息中心、湖北省博协高校博物馆专委会联合组织专家学者编撰出版了这本《让可移动文物活起来》，目的就是为了更好地促使那些束之高阁的"古董"和秘不示人的"宝贝"转化为人民群众喜闻乐见与雅俗共赏的文化大餐，让人民群众更充分地享受文化遗产的保护成果。

所谓可移动文物，是指历史上各时代遗留下来的具有历史价值、科学价值、艺术价值的各种器物、艺术品、文献图书资料等，馆藏文物、出土文物和传世文物都属于可移动文物。它是承载历史信息的物质载体，凝聚着先辈们的智慧、辛劳、汗水、血泪甚至生命，饱含着先人们生活中的酸甜苦辣，维系着民族的情感。中华民族为之自豪的绵延不绝的五千年文明，就是因为文物的存在而名正言顺、名副其实。全国在第一次可移动文物普查前，文化文物系统共有各类可移动文物2864.22万件(套)，图书馆系统保存的古籍2700余万册。湖北省至目前为止，共有可移动文物178万件(套)。保护和利用好这些珍贵的可移动文物资源，无论是对于继承和发扬中华民族的优秀文化传统，弘扬以爱国主义为核心的民族精神与以改革创新为核心的时代精神，还是普及科学文化知识，发展先进文化，提高文化软实力，实现和保障人民群众的基本文化权益，推动社会主义文化大发展大繁荣都具有十分重要的现实意义和深远的历史意义。

《让可移动文物活起来》的关键在于"活"，而前提则是"保"。因为文物是一种独具魅力的特殊资源，历经坎坷和磨难，十分脆弱，一旦损坏，不可再生，需要我们倍加珍惜和爱护，此其一；其二，保护好可移动文物不仅有利于保护中华民族生存和发展的根基，而且也有利于深化文化遗产的对外交流与合作，提升中华文明对国际社会的影响力；其三，只有物存其中，才能物尽其用，否则，利用之说就成了纸上谈兵。

在确保可移动文物安全的前提下，还必须始终坚持以人民为中心，科学合理地利用好可移动文物资源，千方百计地让可移动文物活起来，"化腐朽为神奇"，古为今用。一是合理的用。各博物馆除利用可移动文物资源举办各种基本陈列外，还应该充分利用可移动文物资源在学校、大型商场、机场、地铁等公共空间举办临时展览等满足人民群众日益增长的文化需求；二是广泛的用。要不断挖掘可移动文物资源的内涵，拓展可移动文物的传播渠道，包括报纸、广播、电视、互联网等，介绍和宣传可移动文物的正能量；三是科学的用。要充分利用现有信息科技成果，积极推动全省各博物馆的以可移动文物资源为主的数字化建设，探索建立全省数字博物馆群，并进一步促进文化创意产品的研发。由于文物是先人所造的，它既属于前人，也属于今人，更属于后人，因此，在文物利用中还必须坚持正确处理好当前利益与长远利益的关系，既要满足当代人的需求又不能损害子孙后代的利益，千万不能做"吃祖宗饭、断子孙路"的短期功利主义的傻事。

《让可移动文物活起来》这本书紧紧围绕"活起来"这一主题，借鉴国内外最先进的可移动文物保护与利用的经验，对可移动文物的历史、性质、类别、特点进行了深入的研究；对可移动文物保护及其保护环境、保护现状、保护方法进行了全面的阐释；对可移动文物的合理利用及利用渠道、利用途径、利用方法进行了深入的探讨，具有一定的思想高度、理论深度和实践力度。结构严谨，语言流畅，图文并茂，通俗易懂。希望借此书的出版进一步激发全省广大文博工作者更加自觉地肩负起保护利用和管理好可移动文物的历史重任，引发全社会对"让可移动文物活起来"的关注与支持，使可移动文物在促进湖北"建成支点，走在前列"和实现"两个一百年"的目标与伟大中国梦中作出新的更大贡献。

湖北省博物馆协会理事长
长 江 文 明 馆 馆 长

目　　录

第一章 绪 论

中华民族历史悠久，文明源远流长，百万年的人类发展历程、五千年灿烂的中华文明史，为我们留下了丰富的历史文化遗产，这些宝贵的遗产是人类演变进化、历史发展过程的重要见证。

2013年，习近平总书记在中共中央政治局第十二次集体学习时提出，"系统梳理传统文化资源，让收藏在禁宫里的文物、陈列在广阔大地上的遗产、书写在古籍里的文字都活起来"。为积极响应习总书记的号召，国家文物局将"让文化遗产活起来"作为2014年"文化遗产日"的主题。"让文化遗产活起来"即让文化遗产资源得到充分利用，发挥其最大价值为社会经济文化发展服务，为广大人民群众服务。

目前，国家文物局正组织进行第一次全国可移动文物普查，让"可移动文物"成为了近期的热词。"文物"这个词较为常见，然而说到"可移动文物"，多数人则较为陌生。文化遗产分为物质文化遗产和非物质文化遗产。其中，物质文化遗产在我国通称为"文物"，依据其的存在形态，又可将其划分为"可移动文物"和"不可移动文物"。相对于不可移动文物而言，我国的可移动文物种类更丰富、数量更大、价值尤为突出。

根据2011年中国文化文物统计年鉴，全国文物系统国有单位共有文物藏品3019万件(套)，全国公共图书馆收藏古籍2749.48万件。军队、外交、教育、民政、宗教、档案等系统和国有企业也都保存着数量可观的可移动文物。

我国的可移动文物资源，主要收藏于国有博物馆和国有企事业单位，

但不同地区、不同国有单位的文物分布极不平衡。有的地区历史文化底蕴
丰厚，进行过多年田野考古发掘工作，文物数量多，博物馆馆藏丰富，部
分有条件的国有单位会主动征集、购买散落于民间的文物以充实馆藏；然
而有的地区文物资源稀缺，也不具备征集购买的条件，其博物馆馆藏必然
较少。文物分布的不均衡，造成大量的文物资源浪费。馆藏丰富的博物
馆，可展出文物数量有限，大量文物常年沉睡于博物馆库房、陈列室里，
连基本的展示功能都无法实现，其科研、历史、艺术等价值则更无从谈
起。而少数新建的博物馆，文物资源稀缺，馆藏文物少得连最基本的文物
陈列都无法充实。

如何充分利用可移动文物，发挥馆藏文物资源的作用，让可移动文物活起
来，成为当前文物工作中既重要又迫切的问题，需要我们进行深入探讨。

第一节 "可移动文物"概念发展史

"可移动文物"是指历史上各时代重要实物、艺术品、文献、手稿、图
书资料等，属于历史遗留下来的遗物部分。这一概念并不是自古就有的，
是近年来在文物分类中，依其存在形态，相对于不可移动文物而出现的。
但是，在我国相当长的文物研究过程中，不同阶段有不同的术语涵盖了可
移动文物的概念，且随着研究的深入，其内容逐渐丰富。

一、古物、古董(骨董)、古玩

作为文物研究主要学科的中国考古学，其前身金石学，即以古物为研
究对象。金石学源于唐宋时期，鼎盛于明清时期。金石学发展初期，古物
即前朝铜器和碑石。发展至后期其范围扩大至各种古器物，包括"以钟鼎
彝器为大宗，旁及兵器、度量衡器、符玺、钱币、镜鉴等物"和"以碑碣墓
志为大宗，旁及摩崖、造像、经幢、柱础、石阙等物"。元代至清初，古

器物比较普遍使用的名称是"古董"或"骨董"。如元代秦简夫《东堂老》第一折："可早十年光景，把那家缘过活金银珠翠，古董玩器……典尽卖绝，都使得无了也。"又有清代黄钧宰《金壶遯墨·姜少汀》："杭人姜少汀者，贩卖古董于苏州。"至清乾隆年间，开始出现"古玩"一词。

在中国金石学研究阶段，"古物"、"古董(骨董)"、"古玩"这些概念，其内涵基本相似，主要指商代以后的文物，包括青铜器、陶瓷器、玉器、碑帖等，类似于今天所说的商代以后的"传世文物"，其内容包含于今天的可移动文物概念，但涉及年代以商代为上线。

至民国时期，"古物"的概念和包括的内容比过去广泛。1930年(民国十九年)国民政府颁布的《古物保存法》明确规定："本法所称古物是指与考古学、历史学、古生物学及其他与文化有关之一切古物而言"。说明其内涵与现在的"文物"基本相近，内容同时包含可移动文物和不可移动文物，年代已不仅限于古代，还包括近代、现代。

二、文物

"文物"一词，始见于《左传》。《左传·桓公二年》记载："夫德，俭而有度，登降有数，文物以纪之，声明以发之；以临照百官，百官于是乎戒惧而不敢易纪律。"此时"文物"是指当时的礼乐典章制度，与现代所指文物的涵义不同。到唐代，骆宾王诗："文物俄迁谢，英灵有盛衰。"杜牧诗："六朝文物草连天，天淡云闲今古同。"这里所指的"文物"，所指为前代遗物，其涵义已接近现代所指文物的涵义。

20世纪30年代以后，"文物"包含的内容不仅是古物，而且已包括古代建筑等历史遗迹，如1935年北平市政府编辑出版了《旧都文物略》；1935年成立的"北平文物整理委员会"；1947年1月5日，山东民主政府成立了第一个文物保护管理机构胶东文物管理委员会等。这一阶段，"文物"一词的内涵已基本与现在文物的概念相近。

中华人民共和国成立以后，由中央至地方颁发的文物法令、法规、条例等均沿用"文物"一词。1961 年颁布的《文物保护管理暂行条例》中，文物的内容主要包括五个方面内容：（1）与重大历史事件、革命运动和重要人物有关的、具有纪念意义和史料价值的建筑物、遗址、纪念物等；（2）具有历史、艺术、科学价值的古文化遗址、古墓葬、古建筑、石窟寺、石刻等；（3）各时代有价值的艺术品、工艺美术品；（4）革命文献资料以及具有历史、艺术和科学价值的古旧图书资料；（5）反映各时代社会制度、社会生产、社会生活的代表性实物。这一《条例》中规定的文物的内涵具体而全面，虽然没有明确的可移动文物与不可移动文物的划分，但其第一条与第二条内容属于不可移动文物，第三条至第五条内容属于可移动文物。

1982 年颁布的《中华人民共和国文物保护法》中，"文物"一词及其包括的内容以法律的形式固定下来，基本沿用《文物保护管理暂行条例》中的内容。1991 年、2002 年和 2013 年分别对《文物保护法》进行了三次修正，对部分内容进行了补充和完善，将具有科学价值的古脊椎动物化石和古人类化石也纳入文物的内容。

根据《大百科全书·文物博物馆卷》的概念，文物是指人类社会活动中遗留下来的具有历史、艺术、科学价值的遗物和遗迹。作为具体物质遗存的文物，其基本特征是：第一，必须是由人类创造的，或是与人类活动有关的；第二，必须是已经成为历史的过去，不可能再重新创造的。

三、可移动文物与不可移动文物

可移动文物和不可移动文物最初出现于 2002 年修订的《中华人民共和国文物保护法》，第三条明确地将文物分为可移动文物与不可移动文物两大类，并确定其内涵。"不可移动文物"包括古文化遗址、古墓葬、古建筑、石窟寺、石刻、壁画、近代现代重要史迹和代表性建筑，根据它们的历史、艺术、科学价值，可以分别确定为全国重点文物保护单位，省级文物保护单位，市、县级文物保护单位。"可移动文物"包括历史上各时代重要的实物、艺术品、文献、手稿、图书资料、代表性实物，分为珍贵文物和一般文物；珍贵文物又分为一级文物、二级文物、三级文物。

国际上关于可移动文物的定义，一般参考联合国教科文组织于 1978 年 11 月 28 日第二十届会议上通过的《关于保护可移动文化财产的建议》。该建议首次对"可移动文化财产"做出了详细的界定，指出可移动文物应被认为指作为人类创造或自然进化的表现和明证并具有考古、历史、艺术、科学或技术价值和意义的一切可移动物品。

第二节　可移动文物的类别与定级管理

一、可移动文物的类别划分

可移动文物是研究各个历史时期、各民族社会制度、社会生活、生产各方面信息的重要实物资料，不同历史时期人类社会生产和社会生活各个方面的物品，以不同的形式保存至今，品类庞杂。按照一定的标准对可移动文物进行归类，是进行文物研究的首要工作，也是对可移动文物进行科学管理的基础。

随着"可移动文物"的概念内涵日趋丰富，其分类也逐渐精细化。对文物进行的分类方法较多，如时代分类法、存在形态分类和质地分类法。依据为我国文物分类的基本原则：古代文物以质地为主，兼顾性质、功用进行分类；近现代文物以功用为主，兼顾质地、性质进行分类，可将我国的可移动文物分为 30 类。

1. 金银器：主要包括历代以金、银为主要材质的生产工具、生活用品及其他制品，金银货币和雕塑造像除外，如湖北省博物馆梁庄王墓出土金饰品。按照用途划分，可分为生活器皿、生产工具、装饰品、兵器、宗教、殡葬用具等。装饰品包括各类首饰、衣帽配饰、挂件等；生活器皿包

梁庄王墓金器

括盆、碗、盘、杯、壶、盒、碟、盅、锅、瓶、筷等。我国金银器最早出现于年代相当于夏代的甘肃火烧沟遗址，遗物中发现有金、银装饰品，包括金、银耳环等小物件。早期金银器均属于小型装饰制品，汉代以后开始出现金银器皿。

2. 铜器：主要包括以铜为主要材质的生产工具、生活用具及其他制品，铜制钱币和雕塑造像除外，如湖北省博物馆的曾侯乙墓出土的造型精美、工艺复杂的铜尊盘。按照功能分类，铜器可划分为酒器、食器、水器、乐器、兵器五大类。酒器包括爵、角、尊、壶、卣、觥、方彝等；食器包括鼎、豆、甬、簋、敦等；水器包括盘、匜、鉴等；乐器包括钟、鼓、钲等；兵器包括刀、剑、矛、戟、钺等。

3. 铁器：主要包括历代以铁为主要材质的生产工具、生活用具及其他制品，铁制钱币和雕塑造像除外。我国出土铁制文物材质以冶炼生铁为主，也有少量陨铁制品。铁器以农具、手工具、兵器、生活器具居多。手工具包括锛、凿、锥、锤、刀、削、斧、锯、针等；农具有锄、镢、锸、耙、镰、铚等；兵器有剑、箭头、戟、钺等。

龙纹青铜鼎

铁钵

4. 陶、泥器：包括历代各类彩陶、黑陶、红陶、白陶、釉陶、彩绘陶、三彩、紫砂、珐华、生坯、泥金饼、泥丸等工艺制品及陶制建筑构件、陶制生产工具与生活用品等。陶器是古代最常见生活实用器具，是我国可移动文物中数量最大、种类最丰富的器类。最早出现于新石器时代早期，陶器是我们认识、研究史前社会最主要的材料。

5. 瓷器：主要包括历代瓷质生活用具、工艺品、窑具等。我国瓷器可分为素瓷和彩绘瓷。常见的素瓷依照颜色可分为青瓷、黑瓷、白瓷、青白瓷四种；彩绘瓷器分为釉下彩和釉上彩两类，分别出现于唐代和宋代。

双腹鼎

景德镇窑青花凤尾尊

6. 砖瓦：此类主要包括历代城砖、画像砖、墓砖、空心砖、砖雕、影作、板瓦、筒瓦、瓦当等。砖瓦是研究我国建筑技术发展的主要材料。

7. 宝石、玉石器：主要包括历代玉、翡翠、玛瑙、水晶、珊瑚、碧玺、琥珀、蜜蜡、钻石、青金石、芙蓉石、松石、石榴石、橄榄石制品及原材等。石器、石刻、石雕：主要包括历代石制工具、武器、生活用具、碑碣、墓志、经幢、题刻、画像石、棺椁、法帖原石等。

明镇墓兽砖

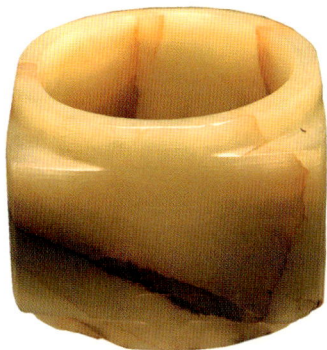

玉琮

彩漆木雕鸳鸯形盒

汤贻汾花鸟团扇

8. 漆木竹器：主要包括历代彩漆、填漆、雕漆等漆制品，木竹藤质家具、工具、牌匾、工艺品等。漆器在我国最早发现于新石器时代河姆渡文化。湖北省博物馆曾侯乙墓出土的彩绘木雕鸳鸯型盒即属于漆器类。

9. 绘画：主要包括各种国画、油画、版画、素描、速写、壁画、帛画、宗教画、织绣画、连环画、贴画、漫画、宣传画、剪纸、年画、民间美术平面作品等，包括刻板。

10. 书法：包括历代各种书法作品、写经、对联、卷轴、册页、屏幅等。

11. 拓片：包括历代甲骨拓片、瓦当拓片、古币拓片、砚铭拓片、画像砖石拓片、铜器拓片、碑刻拓片等。

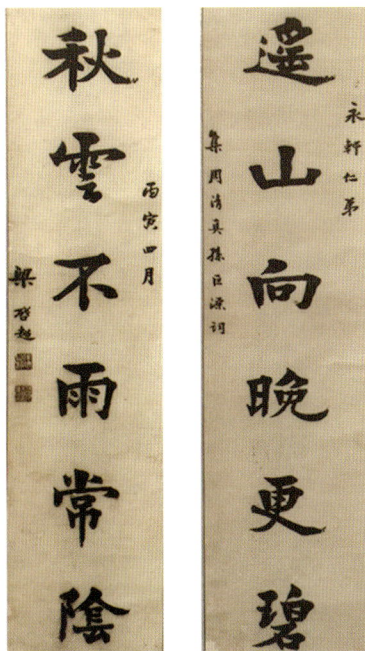

梁启超行楷六言联

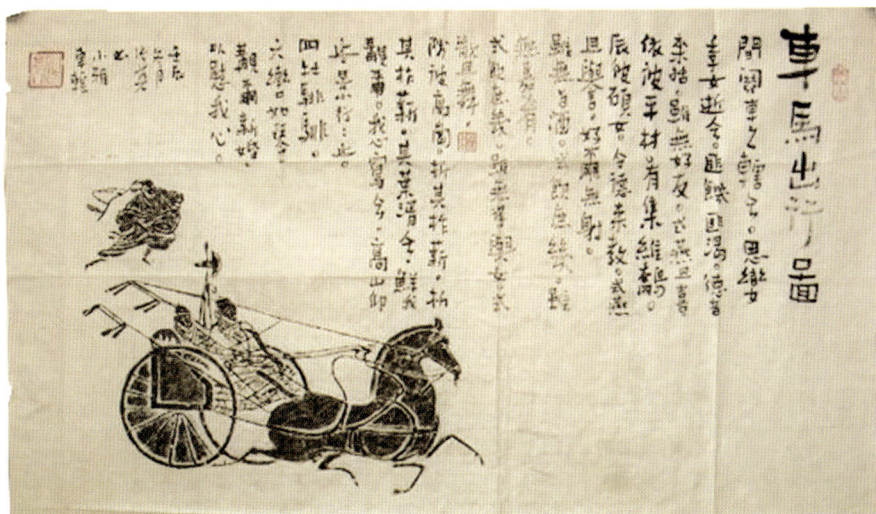

汉石刻《车马出行图》拓片

12. 珐琅器：即是以珐琅为材料装饰而制成的器物。包括历代金属胎珐琅、瓷胎珐琅、玻璃胎珐琅等，景泰蓝是我国最著名的珐琅器。

13. 玻璃器：历代料器、琉璃等。我国发现玻璃器数量较少，年代最早的玻璃器出现于春秋末期。

14. 骨角牙器：历代卜甲、卜骨、犀角、其他兽角骨、象牙、其他兽牙、玳瑁、砗磲、螺钿制品及原材等。

清珐琅器　　　　　　　　　　　　　清玻璃制鼻烟壶

刻辞卜甲

15. 纺织(绣)品：历代棉、麻、丝、毛制品、缂丝、刺绣、堆绫等。

16. 皮革：包括历代各类皮革制品和工艺品，如皮革靴履、皮革服饰、皮囊、装饰品等。

17. 玺印：历代金、银、铜、铁、石、牙、玉、瓷、木等各种质地的印章、符节、画押、封泥、印范等。我国最早的玺印发现于商代。

18. 文具、乐器、法器：历代笔、墨、纸、砚及其他文房用具；各类乐器，如铜鼓、编钟、古琴等；各类法器，即宗教祭器，如新石器时代大型玉琮、商周时期祭祀用器等。

纺织品

单孔皮囊壶

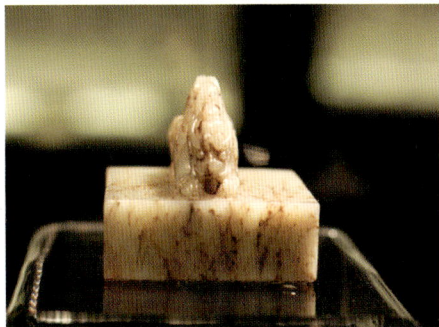
玉玺

鼓

19. 货币：历代贝、铜、铁、金、银、纸币及钱范、钞版等。

20. 雕塑造像：历代石、玉、陶、瓷、砖、铜、泥等各种质地的雕塑、造像等。我国雕塑造像类最著名的代表为秦始皇兵马俑，包括战国至秦汉的各类陶俑，唐代的三彩俑，隋唐以后兴起的佛像等。

21. 文献图书：各种古籍、文书、舆图、信札、奏折、诰命、契约、经卷、试卷、药方、剧本、歌本、报刊、记录、讲稿、决定、日记、笔记、手稿、标语、题词、统计数据等。

22. 徽章、证件：各种奖章、勋章、像章、奖状(立功喜报)、纪念章、机关(学校、团体、军队)及个人证章、证件、证书、代表证，以及其他标志符号。

明洪武通宝

唐老君石像

古籍

解放勋章

23. 邮品：各种邮票、实寄封、纪念封、明信片及其他邮政用品。

24. 票据：各种门票、车船票、机票、供应证券、税票、发票、储蓄存单、存折、支票、彩票、奖券、金融券、单据等。

邮票

1975 年粮票

25. 音像制品：各种原版照片、胶片、唱片、磁带、珍贵拷贝等。

26. 交通、运输工具：各种舆轿、人力车、兽力车、汽车、摩托、船筏、火车、飞机等民用交通运输工具及辅助器物、制品。

唱片

车马器配件

27. 度量衡器：各种质地的尺、权、砝码、量器、秤等用于物体计量长短、容积、重量的器具。

28. 武器装备：各种兵器、弹药、被服和军用车辆、机械、器具、地图、通讯器材、防护器材、观测器材、医疗器材及其他军用物品、火箭、航天飞机、宇宙飞船、人造卫星等航天装备。

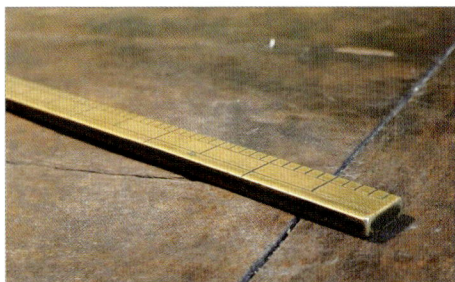

铜尺

越王勾践剑

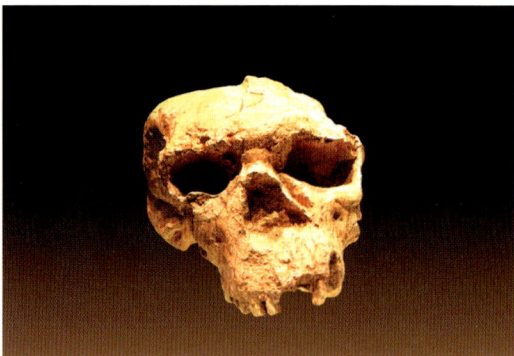

"郧县人"头骨化石

29. 古脊椎动物化石和古人类化石：古猿化石、古人类化石、与人类活动有关的第四纪古脊椎动物化石。

30. 其他类：未归入以上各类的通讯、生产、生活工具或用品，如钟表、仪仗、盆景、仪器、化学制品、建筑工具、纺织机械、照相机、放映机等。

二、可移动文物的定级管理

我国历史悠久，保存至今的各类文物异常丰富，其价值也高低不一，因此文物进行分级管理是我国《文物保护法》的明文规定，也是我国文物管理的重要原则。根据国家文物局发布的《文物藏品定级标准》，我国的可移动文物依其历史、艺术和科学价值的高低以及保存情况，划分为四个等级：一级文物、二级文物、三级文物和一般文物。

一级文物是具有特别重要历史、艺术、科学价值的代表性文物。一级文物主要是反映我国各个历史阶段政治、经济制度、社会生活、生产技术及重大历史事件最具代表性的遗物，能反映各民族生活习俗、文化艺术、工艺美术、宗教信仰，以及各民族的社会历史的代表性文物。如湖北省博物馆的馆藏曾侯乙墓出土编钟即属于一级文物，它是我国目前为止发现的规模最大、数量最多、铸造最精美、音乐性能最好、保存最完整的编钟，不仅反映出战国时期我国青铜铸造工艺的巨大成就，也体现出我国古代领先世界的先进音乐水平。

曾侯乙编钟

二级文物是具有重要历史、艺术、科学价值的文物。其特点是具有重要历史、科学、艺术价值，但是在全国或本地区存量较多；具有一定价值，但是在全国、本地区存量较少；能反映特定地区、特定民族重要民俗等。

三级文物是具有比较重要历史、艺术、科学价值文物；一般文物是除一、二、三级文物外，具有一定历史、艺术、科学价值的文物，例如考古发掘中出土数量较多的陶器，反映某一特定时期人们的生活的实用器，即属于一般文物。

文物藏品的定级管理是博物馆日常工作中的重要内容，但是我国目前的文物定级管理工作随着文物、考古工作的发展，逐渐出现一些问题。首先，文物定级标准不够明确，定级工作过程不够规范。对一件文物进行定级，不仅需要考虑其艺术造型、科学价值，还须充分考虑其历史文化价

玉猪龙

值，如红山文化的玉猪龙，在发现初期，由于其制作不够"精美"而被轻率地定为普通文物，掩盖了其重要的文化价值(图)。有的博物馆在对文物定级的过程中，仅考虑其制作材料，将金银器普遍定为珍贵文物，而陶器、青铜器均定为普通文物。其次，文物定级标准不统一。我国博物馆依层级分为国家级、省级、市级、县级博物馆，各级博物馆在进行文物定级的时候，应执行统一的标准，但是，在实际文物定级工作中却各行其是，各自遵循不同的定级标准。

文物定级的混乱，必然影响文物的管理、保护和利用。因此，应该使文物定级标准规范化、管理科学化。首先，不断完善文物藏品定级标准。随着考古、文物、博物馆的发展，文物定级标准也应依据不同地区、不同民族的文物特点而有针对性地细化和完善，这样才能使各地文物定级标准更加统一。其次，加强对文物定级工作的规范管理。博物馆文物定级工作可组织专门的文物专家，对文物的价值从多方面进行评估和论证，以科学严谨的态度，严格按照文物定级标准进行定级，管理部门须加强对定级工作的监督和管理。

第三节　让可移动文物活起来的途径

让可移动文物活起来，是党中央对文物工作的最新指示，也是文物工作顺应时代要求的必然选择。具体而言，如何使可移动文物活起来？所谓"活起来"就是最大限度地使可移动文物发挥价值和作用。文物的价值是其本身所固有的，主要有历史价值、艺术价值和科学价值。文物的作用，是其价值的具体体现。文物对社会所起到的积极作用主要有教育作用、借鉴作用和为科学研究提供资料的作用。然而，如何使可移动文物最大限度地发挥其价值和作用？其途径主要包括七个方面：可移动文物的保护、研究、陈列展览、社会教育、数字化、文化传播、文化产品。

一、保护

文物是不可再生的宝贵资源，是中华民族悠久历史的实物见证，历经数千年保存至今实属不易。近年来随着社会经济的发展，城市化进程不断加快，大量文物资源受到破坏，因此必须加强文物保护力度，保证文物资源可持续利用。对可移动文物保护是对其充分利用的前提，是让可移动文物活起来的基本途径。对可移动文物的保护主要包括文物政策法规方面的建设和对可移动文物的技术保护。

文物的保护和管理，是国家文物行政管理部门的基本职能。随着我国文物与博物馆事业的快速发展，党和国家把文化遗产事业作为社会主义精神文明的重要组成部分。自新中国成立以来，我国就文物保护工作出台了一系列法律法规政策，1961 年《文物保护管理暂行条例》、1982 年《中华人民共和国文物保护法》、2003 年《文物保护工程管理办法》、2005 年《关于加强文化遗产保护的通知》等。其中以 1982 年颁布并历经数次修改的《中华人民共和国文物保护法》为核心，是我国文化领域第一部由国家最高立法机构颁布的法律，标志着我国文物保护工作进入规范化、法制化阶段。

我国目前承担可移动文物保护工作的机构主要有博物馆、图书馆、文物科研机构等，可移动文物在保管、研究、利用的过程中，多少会遭到不同程度的损坏，其原因主要包括自然因素和人为因素。自然因素是指自然力对可移动文物的破坏，如文物保存中光线、空气干湿度、霉菌、地震等自然因素对文物的破坏。人为因素，是指在文物保管、陈列展览和进行研究工作中，对文物的破坏，如青铜器、陶瓷器、书画等在其运输、展陈过程中损坏，漆木器、丝织品由于特殊的保存环境，在保管过程中操作不当而损坏等。

为防止可移动文物遭自然因素损坏，可运用现代科学技术提供的知识和手段对其进行保护，延缓或阻止自然力对可移动文物的破坏，使其保持固有的面貌。其主要工作包括文物维护、修复，研究可移动文物保存原理、技术、工艺和材料等具体内容如下：

1. 分析文物材料的成分结构，对其进行精确的类别划分。不同材料质地的文物，需采用不同的保护技术。可移动文物依材料质地可分为：（1）无机质地：即非生物类，包括青铜器、铁器、金银器、玉石器、陶瓷、砖瓦、玻璃等；（2）有机质地：即生物类，包括竹木器、漆器、丝毛棉麻纺织品、古籍等；（3）复合质地：有机材料和无机材料共存的文物，如绘画、照片等。

2. 研究可移动文物保存环境，对其环境进行检测，制定环境质量标准，选择各类质地文物所需的最佳保存环境。有机质地类的文物，通常对保存环境有特殊要求，如丝织品质地文物保存要求控制库房恒定温湿度、避光、防止虫菌损坏，书画类文物适宜定制囊匣进行保存等。

3. 可移动文物的日常科学保养，包括库房和陈列室中防潮、防震、防霉的防护措施，对不同质地的文物分别进行防护，如铜铁器的防锈、砖石文物的防风化、丝绸的防霉、防老化。

4. 可移动文物的修复技术，即运用化学、物理的技术手段，对已损文物进行修整复原。同理，对不同质地文物应采用不同修复技术。文物的修复过程中所采用的新材料，其工艺必须保证不损坏文物的历史价值，包括其造型、材质、色泽等。

5. 可移动文物的复制技术。某些有机质文物，由于其自身材质较为脆弱，不适宜长期展出，可对其进行复制，展出复制品以保护原件文物。复制品制作必须忠于文物原状。

二、研究

一切文物都是一定历史时期人类活动的产物，都是具有历史价值的。不同类别的文物，从不同侧面分别反映当时的社会生产力、生产关系、社会生活和自然环境的状况。对可移动文物的研究是帮助人们认识和恢复历史本来面貌的重要依据。对于没有文字记载的史前时期，对可移动文物的研究是我们认识史前阶段人类活动和社会发展的主要依据。对有文字记载的历史时期，我们研究历史的主要途径是对文物和历史文献的研究，文献对历史的记载，由于受当时社会局势或者文献作者的主观认识影响，存在主观性和片面性；然而文物则是历史真实而具体的实物见证，具有客观性。因此，文物的历史价值不仅在于它可以证史、正史、补史，更重要的是可以反映一定时期人类活动、社会关系和社会意识。

所有可移动文物都凝结着一定时期人们的劳动、智慧、创造力，是当时人们科学技术水平的体现，具有重要的科学价值。各种类别的文物都是利用当时所能使用的材料和技术制作出来，是特定时期人们认识自然、利用自然的程度和当时技术和生产力水平的体现。例如湖北省博物馆曾侯乙墓出土的青铜尊盘，其高超的铸造工艺说明早在战国时期我国已熟练使用失蜡法这种精密的铸造技术。此外，大量有关科学、技术方面的可移动文物，为天文、地理、冶金、农业、医学等对学科的专门史研究提供了重要的资料。

可移动文物的艺术价值，不仅体现于人类进入文明社会以后的绘画、雕塑等艺术品中，早在史前时期，人们在制作满足生存需要的生活实用器具时，已经开始进行艺术创作和出现审美意识的萌芽。如史前的彩陶纹饰，不仅有写实图像，还出现含抽象艺术形式的几何纹饰。在丰富的可移动文物中，有大量巧夺天工、绚丽多彩的艺术珍品，成为我们认识中华民族文化艺术传统的重要资料。充分发挥可移动文物的艺术价值，对我们继承优秀历史文化遗产、创造社会主义特色民族新文化具有重要意义。

科学研究是认识可移动文物的历史价值、科学价值、艺术价值的主要途径，研究包括对文物的分类研究、年代鉴定和文物本身所蕴含的价值分析等。对可移动文物的研究，是对其进行利用和保护的前提，是让可移动文物活起来的基础。

三、陈列展览

人们对历史的认识，除了通过阅读历史书籍，最直接的方式就是通过博物馆的陈列进行了解。可移动文物资源只有通过陈列展览，才能与广大观众"见面"。博物馆是我国可移动文物收藏最多的机构，也是可移动文物展览陈列的主要场所。博物馆陈列展览可分为基本陈列、专题陈列和临时展览。基本陈列是博物馆的主要陈列，是由比较稳定的主题、内容、文物标本和特定艺术形式体系构成的，长期展出的陈列。专题陈列是围绕某一专题为核心的文物陈列，以精致、专业为特点，多以博物馆馆藏文物优势为原则。临时展览是围绕相关主题、短期展出、形式多样、经常更换的展览。无论是哪种陈列形式，都应以服务观众、传播更多知识为出发点。

目前我国博物馆在文物陈列展览方面取得了一定的成绩和经验，但同时也存在一些问题。例如陈列展览的形式单一枯燥，展览内容过于专业，对文物藏品的利用不够等，很多观众提出"博物馆都差不多，看一个就够了"、"一个展览不看，对生活也没有什么影响"，"展览内容看不懂，没意思"，这些现象都说明我国博物馆陈列展览质量和吸引观众力度方面都有待提升。因此，合理利用馆藏文物，提升陈列展览的质量，让观众喜闻乐见，才是让文物"活起来"的关键。

提升陈列展览的质量，首先要明确博物馆的定位，明确陈列展览所服务的群体。每个博物馆都应有自己的定位，在明确定位的基础上确定展览的内容和方向，进而做出个性化的基本陈列。如省级博物馆，其服务群体可能是全省的观众，也可能是全国的观众，因此，就必须有对本省历史文化的全景式展览，展览的内容需涉及全省的文物特色；而作为高校博物馆，服务群体以在校大学生和教职工为主，因此陈列展览内容应更侧重于知识的传播，展览的设计可更加多样化、个性化、数字化。

充分发掘文物的内涵，是展览趋势变化的需要。博物馆的陈展并非一成不变，自其诞生之日起就随着社会历史变迁和观众审美需求的变化而变化。最开始的博物馆就是将库房开放给大众参观，展品无序、密度高、说明较少，较少考虑到广大观众的心理，观众看到的只是不会说话的"死"文物。随着博物馆公众化程度的提高，博物馆的陈展观念也发生了变化，从单调的实物为主体的陈展变为以传播信息为目的的信息型陈展，用辅助性展品复原历史场景、数字化模拟等手段，传播文物所包含的信息，让观众更好地理解文物。博物馆陈展的变化趋势就是：从物到事，从物型陈展到信息传播型主题陈展。

不同地域、不同类型的博物馆加强展览交流项目，用临时展览和巡回展览等形式让沉睡在库房里的可移动文物"动"起来，提高文物利用率。经常举办形式多样的临时展览，可以满足不同观众的不同需求，使社会公众通过常设常新的文物临时展览，获得更多的科学知识和文化艺术享受。如湖北省博物馆除自己本馆经典的主题展之外，大量引入各类临时展览，坚持每年引入1~2个大型的国外展览，数个国内其他博物馆的精品展览，如

"意大利乌菲齐博物馆珍藏展：15～20世纪"、"圣地西藏——最接近天空的宝藏"等，常看常新的临时展览，使观众在自家门口就可感受各种异域、异国的文化魅力。

博物馆的陈列展览是可移动文物实现价值最重要的手段，多种多样的陈列形式，陈列展览中运用的信息科学技术等，都是为了在有限的文物资源中，最大限度地发掘文物所包含的历史信息、科技工艺、艺术价值。

四、社会教育

可移动文物是一个国家、一个民族发展历程的见证，是历史遗留的实物遗存，具有重要的证史和补史的作用。在有文献记载的历史时期，历史文献是我们了解史实的主要途径，然而文献是由人记载的，不同的人因其社会地位、阶级立场的不同，记录的史实自然具有主观性、片面性和阶级倾向性。此时，丰富的文物遗存便成为证实文献记载真实性的重要材料，对历史的研究，需将研究文献和文物相结合，才能使我们的研究更接近历史的真实。然而，对于漫长的无文字记载的史前社会，只有通过人类遗留下的文物，才能使我们发现、了解当时的人类和社会的发展阶段。通过旧石器时代的打制石器到新石器时代的磨制石器，人类使用工具的变化，也体现了当时人类的进化和社会的发展。

可移动文物本身所包含的丰富的历史信息、精湛科技工艺和艺术价值决定了它在当今社会中的重要教育意义。文博工作者无论是对可移动文物进行的保护、研究，或者各类博物馆所进行的文物陈列展览，其最终的目的都是为了最大程度地发挥其社会教育的功能。

目前我国的可移动文物的社会教育功能主要靠收藏各类文物的博物馆来实现。2008年，全国博物馆免费开放以后，博物馆逐渐成为大众的文化殿堂，其丰富的馆藏资源，成为开展社会教育工作的主要优势，被誉为青少年的第二课堂和终身学校。通常我们认为，博物馆所谓的教育，就是对文物的陈列、展览、讲解。但是，随着社会的不断发展，人们希望得到更多的知识和信息，仅仅依靠传统的对文物的展陈、讲解已难以满足时代的需求。面对新形势，除了传统的博物馆教育方式，如何才能更有效地发挥文物的社会教育作用呢？

可移动文物的陈列展览应更注重知识的传播，更浅显易懂。博物馆文物陈列展览面向全社会，其观众具有广泛性和多样性的特点。通常博物馆参观者以普通观众居多，人们走进博物馆的目的可能是为拓展视野，可能是舒缓生活压力、可能是在浮躁的现实社会中寻求内心的沉静，但对多数观众而言，参观博物馆最主要的目的是通过展陈的文物来了解过去、走近历史。一个能让观众看得懂的文物陈列展才是成功的展览。因此，博物馆对可移动文物的陈列展览应更注重历史知识的传播，应尽量让观众能读懂每一件文物，读懂文物背后的故事。

可移动文物的陈展中，展览的说明文是拉近观众和文物距离最主要的途径。如展厅中前言，是一个展览的开场白和引言，应涉及展览主题思想、主要内容、时间跨度等，让观众通过前言迅速进入展览所营造的情境中从而受到历史的教育和艺术的熏陶。通常一个展览可能又分为若干单元，而每个单元不能仅向观众呈现一个标题，需要相应篇幅较短的文字将标题进行延伸，说明该单元的主要内容、与其他单元的关系等，让观众在参观过程中对展的每一部分有清晰的逻辑认识。又如单件文物的说明，主要是解答观众心中"是什么，做什么"的疑惑。此类说明主要包括一件文物的名称、类型、年代、用途、价值等。展览的说明文应尽可能语言简洁、内容全面、通俗易懂，才能让观众对整个展览有全面的认识。

博物馆对文物的讲解、科普工作应更具趣味性。讲解工作是博物馆进行社会教育工作的重要窗口。讲解员作为连接展览与观众的桥梁，要通过讲解使观众不仅了解展览的基本内容，获得知识，而且还要得到精神上的享受。讲解员在讲解时不仅向观众传达文物相应的历史知识，还要将每件文物背后蕴藏的故事讲述出来，以提高观众的兴趣。如在介绍曾侯乙编钟时，不仅要讲述曾侯乙编钟恢弘的气势、精湛的铸造工艺，还应更深层次地讲述编钟的演奏方式、曾侯乙编钟"一钟双音"的神奇特点及其原理，讲述编钟内部铭文记载的音理乐律等，讲解的内容应依文物本身而进行延伸，使其更有知识性、趣味性。

博物馆应依据馆藏可移动文物，不断创新教育形式。传统的博物馆教育方式包括讲解服务、学习服务、休闲服务等，随着社会的发展和人们生活时尚的变化，博物馆急需在传统教育形式之外觅得新型教育方式，以最大限度地实现其教育功能。例如可结合相关展览，定期举办专题讲座，湖北省博物馆在《圣地西藏——最接近天空的宝藏》展期间，举办相应的讲座《圣地西藏文物纵览》，更深入地引导观众对展览的理解和认识；可定期在校园举办小型科普文物展，使广大青少年可以在校园里看展览、扩眼界、学知识。

五、数字化

随着我国经济的飞速发展，科学技术和信息技术的进步，越来越多的信息数字化技术逐渐运用于文物行业。可移动文物的数字化保护技术已经成为文物保护中可靠且有效的途径。数字化保护能更便捷地整理、收集、记录可移动文物的信息，在一定程度上突破文物保护相关问题的局限，提高文物收藏单位的管理水平，促进文物资源的整合利用，丰富公共文化服务内容，打破在收藏、展示、保护等方面的管理机制，能更为安全和长久地保存这些优秀的文化遗产资源，让文物在文化产业、动漫产业、工业设计等领域发挥独特的作用。可移动文物的数字化展览对于可移动文物的保护和展示发展来说具有深远意义，也是让可移动文物活起来的重要途径。

数字化概念较广，影像技术、动画技术、数字音频和数字视频技术、全景仿真展示系统、三维虚拟实景展示技术、360 度的三维扫描技术等均属数字化。

数字化可移动文物对文物保护具有重要意义。通常我们对可移动文物进行保管、研究、展陈的过程中，会对文物进行反复的接触、运输，在这些过程中，可移动文物难免会面临不同程度的损坏。然而利用数字化技术，可以使可移动文物得到最大程度的保护。如数字化记录方式是在不接触可移动文物情况下对文物进行空间结构虚拟分解、纹理分析，通过分析软件获取文物的三维尺寸，分解、提取文物的特征性、轮廓线、表面法线量以及切割剖面等特征信息，为可移动文物存储原始信息，达到在不损坏的情况下对其进行分析研究的目的。对文物本体进行三维复原，建立文物的数字化系统，使文博研究工作者可以从大量的信息资源中找到可用的藏品信息，即藏品信息数据库中的文本、图像、视频等各类信息，从而不直接接触文物本体就可以进行研究。

数字化技术可最大程度地发挥可移动文物的展示作用。可移动文物是珍贵的不可再生资源，很多可移动文物由于其特殊的存放环境，或特殊的展陈空间需求而无法在博物馆展出，长期保存在库房里。而博物馆展出的有限的文物资源中，为保护展品，常采用相应的保护措施，如调暗灯光、限定展出时间、禁止拍照，甚至有些文物必须隔离保护，参观者无法近距离观看。通过可移动文物的数字化展览可突破这样的限制，使观众随时随地从任意角度近距离观察数字化展品。在博物馆展览的现场，通过网络技术和多数据通道方式开发多种展示和知识传播方式，加强观众与文物的互动，以调动观众的积极性，从而提升可移动文物的展示和教育功能。

可移动文物数字化展示的构建，创新性地将多媒体技术、互联技术以及移动技术应用于可移动文物网络展示与知识传播，充分挖掘"互联网+的独特优势，实现实体可移动文物数字化、数字可移动文物网络化、网络可移动文物移动化的有机结合，三者相互发挥各自特色、互补各自不足，全方位发挥可移动文物的价值，真正让库房中的文物"活起来"。

六、文化传播

文化的传播是文化得以积累、交流并不断创新、日益丰富的基础。而文物是历史发展的实物记述，它经过历史的筛选、时间的检验，是我们研究史实，传播文化的重要依据。博物馆通过不同形式，将可移动文物的历史、文化、科学内涵以可以感知的方式传达给公众，使公众理解文物，并在欣赏的过程中接受可移动文物的文化熏陶，这就是文化传播过程。

一直以来，博物馆主要通过文物的陈列展览实现文化传播。展览对文化的传播通常有一定的系统性和选择性，如基本陈列通常只反映一个地区的历史文化风貌。近年来，国内少数较大的博物馆通过交换展览，共享馆藏资源，来实现文化在不同地域的扩散和传播，通过引进外展将异地或异国的文化传播进来，将本馆展览推出去以弘扬本地区特色文化，使得文化传播的范围逐渐扩大。

随着文物博物馆行业的不断发展，文物的文化传播的途径也逐渐增多，编制文物图录、影视传媒和可移动文物的合法拍卖等。

越来越多的文物图录编撰出版，主要包括按文物的分类、按时代顺序和按收藏单位三种编撰形式。通过编撰文物图录来记录文物信息，这一形式填补了图画等类型文物研究领域的空白，弥补了其他文物研究形式及传播形式的缺陷，一方面它同其他表现形式一样，具有扩大文物相关历史文化知识传播范围，加强文物相关历史文化知识传播的有效性，加深文物相关历史文化知识传播影响力的特点，另一方面它使一些此前不受重视、表现手法单一、表现能力匮乏的文物样式得到延伸，使此类文物的传播与及相关后续发展得到保障。

影视传媒行业的发展，也对可移动文物的文化传播，及其相关历史知识的大众化，起到了至关重要的作用。从以博物馆为主体的展示传播模式的"单向直线性传播"，到媒介传播方式及文物展示渠道的多样化后的媒介信息至观众接收过程的"多级传播"，大众传媒将文物及其所代表的小众式的"阳春白雪"，以其多样化的传播方式及广泛性的受众接收带到千家万户。这些传播途径包括宣传页、专题纪录片、文物鉴赏类电视栏目、相关影视剧等。

可移动文物的合法拍卖使文物的历史、文化、艺术价值以直观方式呈现在大众面前，使可移动文物在特定人群中传播、流通，提高文物收藏者鉴赏热情的同时，也促进其相关衍生行业的发展，这些行业的发展使可移动文物不止局限于文物本身，而以不同形式、作用出现在普罗大众的生活中，呈现艺术魅力、发挥实用价值。不同国家、不同文化背景间的可移动文物拍卖流通也是实现不同文化传播、理解、融合的手段和方式之一。可移动文物的合法拍卖使其蕴含的历史文化内涵实现大众化、商业化、国际化传播，是使可移动文物活起来的重要途径之一。

七、文化产品

开发可移动文物相关的文化产品，在宣传博物馆藏品、实现文物展览的文化传播的目的等方面具有独特优势。基于可移动文物的收藏单位，最适宜进行文化产品开发的当属博物馆馆藏文物。从我国博物馆免费开放以来，观众越来越强调博物馆体验，在参观博物馆文物陈列展览的同时，也希望有休闲轻松的体验，于是博物馆依据馆藏文物的特点开发相关的文化产品，因其特殊的知识内涵和纪念意义，受到广大观众的喜爱。文化产品主要是指各收藏单位基于其馆藏特色可移动文物所开发出来的具有丰富历史文化信息、能够加深可移动文物保护和传播理念的具有社会公众影响的便于参观者购买和消费的文化衍生产品。可移动文物的衍生产品是展示宣传可移动文物的新窗口，是实现"把文物带回家"、"让文物活起来"的重要途径。

可移动文物的文化产品在通常情况下，分为复制文物、文物衍生运用和创意产品三类。复制文物类是精品文物的复制品或仿制品，此类产品通常可作为高档礼品用于文化交流，也可作为普通观众家中的观赏陈设品。衍生运用类产品，主要是利用现代新技术和工艺，将具有代表性的可移动文物与生活用品相结合，设计出的具有使用价值的文化产品，例如博物馆文化衫、拎包、文具等。此类文化产品价格低，工艺制作简单，因此消费群体广泛，贴近观众的日常生活，是进行文物文化传播最直接的途径。创意产品是设计者通过对文物的理解，设计创造出富有时尚元素的文创产品。文创类产品与现代社会联系紧密，富有时尚气息，且价格区间较大，因而其适宜的消费群体最大，是目前可移动文物文化产品开发中最有发展前景的种类。

目前我国的政府机构和文博界对可移动文物文化产品的开发给予了一定的重视，博物馆文物商店也成为博物馆的基本设施之一，但是如何利用文化产品开发来更好实现可移动文物的文化传播，需要我们更加深入的思考。

可移动文物衍生产品的开发需遵循相应的原则。衍生产品是传播和展示相关可移动文物历史文化内涵的客观载体，它必须以各个收藏单位的特色文化为一切衍生产品创意的来源，这也是各个收藏单位相关可移动文物衍生产品差异化的前提。同时，一个阶段文化产品的开发，也要符合时下消费主流的思想文化特征。文化产品是满足人民群众精神文化物质生活需求的产品，这就决定了文化产品必须同时具有美观性和实用性。产品外形的美观可以成功地吸引消费者，但如果这个产品在具有美观性的同时还具有一定的实用价值，对于消费者的吸引力就会更大。文化产品的开发为保持其个性化和差异化，应确定特定主题开发系列化文化产品，主题就如同产品与观众之间的纽带，使观众能够深化记忆，重温审美体验。

　　通过调查可知，我国可移动文物的文创产品存在较多问题和挑战，大部分消费者对目前博物馆开发的文创产品并不满意，主要表现为产品缺乏创意、品种雷同、质量低劣、实用性差等。对文博行业而言，如何开发出让观众满意的文创产品呢？首先，健全文创产品的政策和法律法规，使其开发有一定的体制支持；实行多元化的财政支持，为可移动文物文创产品的开发提供物质保证。其次，革新博物馆衍生产品的开发与营销理念，改变博物馆以"物"为主的产品开发理念，重新建立以"人"为核心的服务意识。文化产品的开发设计，要融入人本原则，基于人的需要来开发商品。最后，提高文化产品的创意性和设计性，文化产品的设计要依托本地精品特色文物和专题展览，实现可移动文物文化产品独特性、实用性与艺术性的统一。

◎ 参考文献

[1]朱剑心. 金石学[M]. 北京：商务印书馆，1940.

[2]甘肃省博物馆. 甘肃省文物考古工作三十年，文物考古工作三十年[M]. 北京：文物出版社，1979.

[3]中华人民共和国文化部. 博物馆藏品管理办法，1986.

[4]中国大百科全书总编辑委员会. 中国大百科全书·文物博物馆卷[M]. 北京：中国大百科全书出版社，1995.

[5]中华人民共和国文化部. 文物藏品定级标准，2001.

[6]李晓东. 文物学[M]. 北京：学苑出版社，2005.

[7]中华人民共和国文化部. 博物馆管理办法，2005.

[8]王宏钧. 中国博物馆学基础[M]. 上海：上海古籍出版社，2006.

[9]郭军亮. 浅谈馆藏文物的保护和利用[J]. 文物世界，2011(5).

[10]姚安. 博物馆12讲[M]. 北京：科学出版社，2011.

[11]中华人民共和国国务院. 中华人民共和国文物保护法，2013.

[12] 国家文物局第一次可移动文物普查工作办公室. 第一次全国可移动文物普查工作手册[M]. 北京：文物出版社，2014.

[13] 中华人民共和国国务院. 博物馆条例，2015.

第二章 可移动文物保护

第一节 可移动文物保护史

当人类开始社会生活的时候，文物保护也应运而生了。后者服务于前者。文物保护并没有被人类独立记录，而是裹挟在人类政治、经济、文化、科学的发展进程中，留下了自己的印记。我们回溯、甄别、记录这些印记，梳理出可移动文物保护的历史。按照中国社会发展进程的特点变化，时间节点可分为五个阶段：

1. 公元 1840 年鸦片战争之前

2. 鸦片战争至 1911 年辛亥革命

3. 民国时期

4. 中华人民共和国前 30 年，即改革开放之前

5. 改革开放至今

一、1840 年鸦片战争之前的可移动文物保护

历史学家葛剑雄曾说过："从孔子开始，中国一直以来的历史教育都是为了政治需求。"奴隶时代和封建时代实施的文物保护措施并非出于保护文物的目的，统治者是出于政治统治和私欲的需求；民众和官员只是受迷信和利益的驱使；学者则是为了实现政治抱负，但客观上都达到了保护和

流传文物的效果。

(一)统治者对文物的态度

中国历代皇室的收藏为我们今天提供了异常丰富的文物资源。据考证，在今河南省安阳殷墟，曾发现殷人保存典册的府库。周王室则"多名器重宝"。设有专门收藏机构"守藏室"。《周礼》载："天府，掌祖庙之守藏与其禁令"；"玉府掌王之金玉玩好兵器凡良货贿之藏"。可见，"天府"、"玉府"是收藏文物珍宝之处。周代还设专官保藏国家典册、庙堂重器。《周礼》载："春官之职，掌祖庙之收藏，凡国之玉镇大宝藏焉。"《春秋·桓公二年》记载："夏四月，取郜大鼎于宋，戊申，于太庙。"秦始皇曾四处搜寻禹鼎。汉代建立天禄、石渠、兰台等机构专门收藏古代文物与书画；汉武帝刘彻创置秘阁，汉明帝刘庄创立鸿都学，都收藏了大量的典籍书画。隋文帝建妙楷台、宝迹台等用于保藏法书和名画。唐太宗极为推崇王羲之的书法，所以在位期间尽其所能搜罗其所有真迹藏于皇室。宋代金石学兴盛之际，宫廷设立的龙图阁、天章阁、稽古阁、博古阁、尚古阁，以及宫室编著的《宣和博古图》、《宣和画谱》、《宣和书谱》等著录显示出皇室收藏了大量的古玉、印玺、书法、图画和各种鼎彝礼器，仅政和年间，宫廷所贮藏青铜器至六千多件。元代设置奎章阁、宣文阁集藏古物。明代宫廷收藏接收了元内府的大部分古物、书画，并利用一年多的时间对

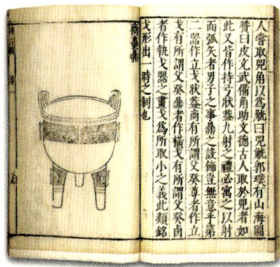

《宣和博古图》

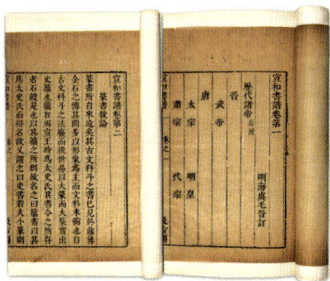

《宣和书谱》

《西清古鉴》四十卷

其进行了全面清点和登记造册。清代皇室收藏之丰富远远超越前代，以青铜器为例，著录《西清古鉴》、《西清续鉴甲编》、《乙编》、《宁寿鉴古》四书，统称《西清四鉴》。《西清四鉴》著录的器物多达 4105 件，为《宣和博古图》所难以望其项背；从著录皇室收藏书画的《秘殿珠林》、《石渠宝笈》中，可以看出明清时期许多著名收藏家如梁清标、孙承泽、耿昭忠、卞永誉和安岐等人的收藏已大部分归于内府，可谓宋代以后皇室文物藏品的一次大集中，并以此成就了今天北京、台北两地故宫博物院。而流失出国的宫中文物成为国外无数博物馆、收藏家的珍贵藏品和无价之宝。

（二）学者在文物保护上的作为

中国古代有许多著名的学者很早就认识到了历史文物的重要性，并且积极投身其中，他们主要的行为就是：收集保藏、研究著录。

司马迁研究"仲尼庙堂、车服礼器、衣冠、琴、书"等古器物；刘歆编著《西京杂记》，袁康编撰《越绝书》，常璩编撰《华阳国志》，郦道元的《水经注》、杨衒之的《洛阳伽蓝记》、李吉甫的《元和郡县图志》、陆广微的《吴地记》，张彦远的《历代名画记》等，这些足以证明在中国历史上对历史遗物的价值及其功能的认识发端很早。

宋代金石学的兴起将我国对古代文物的收藏、保护和研究推向了一个鼎盛时期。欧阳修、赵明诚都是当时的收藏大家。赵明诚收藏的钟鼎彝器、石刻碑拓、典籍书画甚至装满了在青州的十余间房屋。此时更有诸多的研究著作问世，如刘敞的《先秦古器记》、欧阳修的《集古录》、赵明诚的《金石录》、吕大临的《考古图》、朱德润的《古玉图》、蒋祈的《陶记》。这些论著的成功编撰与问世得益于作者丰富的见闻和收藏，都为以可移动文物为主的历史文物保护与传承提供了良好的前提和条件。

（三）民众和官员对文物的处理办法

自汉代始，因地不爱宝，经常会有古物出土。地方百姓和官吏，对于地下出土古物的事件，多以祥瑞看待，十分重视。得到古物，或献之朝廷，或私家世袭珍藏，并载之史册，郑重其事。民间发现的许多奇异珍宝，会由利益链条层层上传到宫廷，贡献于皇帝，以博皇帝欢心，求得其他利益。

(四) 随葬和窖藏对文物保护的贡献

古已有之的随葬制度是为了给故去者营造如生般的生活环境，却营造了一个个巨大而丰富的地下宝库，起到了收集、保护、展示古物的作用。而且许多高超的密封、防潮、防腐、防虫、防盗技术手段的运用使得众多珍宝长时间内处于一种稳定的、良好的保存环境。

窖藏是另外一种藏护古物的历史手段。殷墟发现的大量甲骨，正是窖藏所致，辽西地区商周青铜器窖藏，灵寿战国青铜器窖藏，蒲江"蜀汉五铢钱"窖藏，何家村唐代金银器窖藏，环县宋代青瓷窖藏，昌黎辽代钱币窖藏，南召金代钧窑窖藏，营口金代铜币窖藏，高安元青花窖藏，歙县元枢府瓷器窖藏，崇州明代瓷器窖藏，凤翔清代瓷器窖藏，等等。

二、鸦片战争至 1911 年辛亥革命的可移动文物保护

1840 年鸦片战争爆发，一直以来奉行"闭关锁国"政策的清政府被迫打开国门。从此中国由一个强盛帝国转变成了被西方列强任意宰割、民不聊生的落魄国家，直至清王朝覆灭。同时西方的文物保护理念传入中国，现代文物保护体系开始萌芽。

(一) 战乱对可移动文物保护的破坏

1840 年鸦片战争之后，中国社会矛盾日益激化。大规模农民战争不断发生，如 1851—1864 年的太平天国运动；1853—1868 年的捻军起义；1899—1900 年的义和团运动。还有许许多多零星的起义和战斗。战乱必定产生强大的破坏力，大量的可移动文物如字画、瓷器、古籍等都会在战火动乱中遭到灭顶之灾。

(二) 西方人的掠夺

到了 19 世纪末期，经过了半个多世纪的中外战争，清政府已经失去了

曾侯乙墓编钟发掘现场

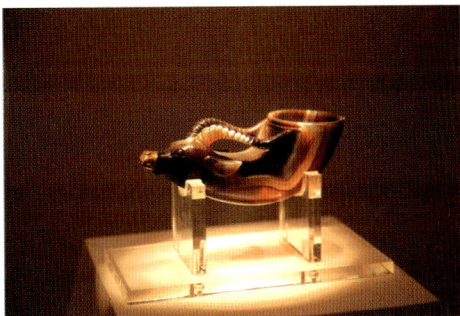

何家村窖藏唐代兽首玛瑙杯

何家村窖藏唐代鎏金舞马衔杯纹仿皮囊银壶

高安窖藏元青花龙纹梅瓶

对古老帝国的庇护能力。来自西方和日本等国家的探险家开始了对中国可移动文物的掠夺。清政府与西方列强签订的不平等条约使外国探险家在中国能不受限制地自由活动。例如1858年中英《天津条约》第九款明文规定："英国民人准听持照前往内地各处游历、通商。"1875年马嘉理事件发生后，英国政府强迫清政府签订了中英《烟台条约》，其中《另议专条》规定："现因英国酌议，约在明年派员，由中国启行，前往遍历甘肃、青海一带地方，或由内地四川等地入藏，为探访路程之意，所有应发护照，并知会各处地方大吏，暨驻藏大臣公文，届时当由总理衙门查酌情形，妥为办给。倘若所派之员不由此路行走，另由印度与西藏交界地方派员前往，俟中国接准英国大臣知会后，即行文驻藏大臣，查度情形，派员妥为照料。并由总理衙门发给护照，以免阻碍。"从此之后，外国探险家的足迹遍及中国各地，考察内容涉及地质、水文、生物、风俗、文化等诸多方面，其中对中国可移动文物的偷运是一个重要目的。1873年，英国人福萨斯将和田附近城址中的神像和硬币带出中国，这是从中国运走的第一批古物；1898—1899年，俄、日、德、英、法等国人陆续从新疆、甘肃等地盗取了大量文物和壁画；1900年，敦煌藏经洞被发现后，英国人斯坦因、法国人伯希和、日本人桔瑞超等掠夺走了大量古代写本文书和其他文物。1909年，桔瑞超在楼兰遗址窃取了李柏文书。此类事情在当时比比皆是。成千上万的珍贵文物由此被运往国外，中国可移动文物蒙受了巨大的损失。

(三)制度和法律的缺失

尽管世界格局已发生了重大变化，但闭关锁国的清王朝仍旧是一个传统的封建帝国。现代国家必须具备的军事、海关、法律都不健全。政府没有制定过专门的进行文物保护的法律，也没有一个专门机构用以向普通民众展示过去的文化遗产。在被列强强行打开国门后，清政府所代表的中国就不可避免地处于一种落后和茫然的状态，无法阻止外国人将中国文物带出国。

由于不具备现代文物保护意识，制定涉及文物保护的法律的出发点存在偏差。例如对于盗墓行为，尽管自周代开始就有了对盗窃宝物罪的法律规定，但直到清代，内容都基本不变，其打击对象基本上都是对皇家和贵族墓葬的盗掘活动，这其实是对统治阶层财产私有权的保护，保护的对象是财物而不是文物。这些律条具有狭隘性和局限性，在清代晚期错综复杂的环境下丝毫没有效力和威慑力。

(四) 金石学对文物保护的贡献

金石学始创于汉代，并在经济富足、文人辈出的宋代达到高峰。清代的满族统治者由于在文化上的自卑心理，对汉族知识分子施行了严酷的文字狱。众多知识分子只能转而在故纸堆中去寻求安慰，由此造就了清代考据之学的繁荣。金石学由此得到了很大的发展，并在清代晚期步入鼎盛时期。这个时期专门从事收藏和研究的金石学者数量众多，研究的范围也十分广泛，涉及钟鼎彝器、钱币、镜铭、印玺、兵器、墓志、造像、陶文瓦当、砖文等内容。同时金石学研究方法多样，开始向专门化领域延伸，金石学从资料的整理、摹录、考证到书学观念的发掘都进入了一个科学化、系统化研究的轨道。这一时期著名的金石学者有何绍基、杨怡孙、包世臣、叶昌炽、吴昌硕、康有为等。著作有《金石补编》、《金石续编》、《语石》、《广艺舟双楫》等。在中国封建社会穷途末路之时，在清政府内忧外患、丧权辱国之际，这些金石学者对中国传统文化的研究和著述，对古代文物的收集和整理，客观上起到了文物保护的作用，并对当时和以后的文物保护工作产生了积极而深远的影响。

(五) 文物保护意识的缺失和启蒙

在封建社会，普通人对待文物和统治者一样只是看作私产的"宝物"，而没有代表某种文化和属于某个民族的"文物"意识。加上大部分的普通民众长期处于比较贫困的状态，他们都以能够生存下去作为人生目标，没有足够的精力关注到文物保护的层面上去。而且当时中国的文化普及程度很低，大多数人没有接受过正规的教育，不太可能具备文物保护意识。甚至在英法联军对圆明园进行洗劫时，普通中国民众也参与其中，英法联军选择最贵重的东西抢劫，小民则捡拾散落在道途的零碎。

但并不是所有人都无动于衷，外国殖民者对中国文物的劫掠引起了社会上层的关注，清政府的一些官员和知识分子开始喊出了文物保护的声音。

敦煌藏经洞的发现与保护过程就是这样一个例子。王道士发现藏经洞后，洞内文物一直没有被国人重视，任其外流。1902 年叶昌炽就任甘肃学政，偶然看到一些洞中流失文物，立即察觉到这批文物的价值，便建议甘肃藩台筹资将石室文物全部运到兰州保管。这是藏经洞发现写卷并流失民间后第一次有人提出将洞中文物加以保护；1909 年，王国维、罗振玉等人在北京看到了法国人伯希和从藏经洞购得的经卷文物后大为惊喜。得知敦煌石窟尚存有以佛经为主的 8000 轴写卷，如不早日加以保护将会被人一扫而光的消息，罗振玉立即报告学部左丞乔茂楠，并为学部代拟电报，发往甘肃。宣统元年(1909 年)八月二十三日清廷学部致电护理陕甘总督："行陕甘总督，请查饬检齐千佛洞书籍，解部，并造像石碑，勿令外人购买。"这是藏经洞写卷发现九年后，第一次由政府出面保护和拯救剩余藏品。

八国联军盗走的圆明园海晏堂前喷水池十二生肖兽首　　　　　　罗振玉

敦煌藏经洞　　　　　　　　　　　　　　张謇

1910年，劫余敦煌文献终于被中国政府接管。除此之外，1905年邓实、黄杰等人在上海创立了以"研究国学，保存国粹"为宗旨的"国学保护会"，发出了"我国若不定古物保存法，恐不数十年古物荡尽矣，可不惧哉"的呼喊。

虽然这些行动和呼吁还是微弱、零散的，但为日后普通民众文物保护意识的形成和文物保护法等一系列规章制度的出台奠定了行动和思想上的基础。

(六) 西方文物保护理念的传入

19世纪中期博物馆的概念作为一个新鲜事物从西方被介绍到中国，并逐渐被中国社会所认同。1848年徐继畲在他所编撰的《瀛寰志略》一书中，记载有西欧诸国博物馆的情况。1849年林鍼写的《西海纪游草》对美国的博物馆做了较详实的记载。1868年由法国耶稣会传教士P·厄德在上海创建徐家汇博物馆，它是中国境内最早的博物馆，主要收藏动植物自然标本。另一个是1874年由英国皇家亚洲文会北中国支会创办的上海博物院，藏品主要是鸟类、兽类、爬虫类生物标本，也包括一部分古物和美术品。

19世纪末维新变法期间，维新人士提出建立博物馆的主张，但由于变法的失败，使这些主张未能得以实现。直到1905年，张謇在江苏南通建立了中国第一个公共博物馆——南通博物苑。他还提出博物馆是政治和学术参考的重要部门、学校教育的有力助手。他对博物馆的社会功能、性质、征集、保管、陈列、行政管理、人员选配及馆舍规划等都作出了阐述。

博物馆在中国的建立是对国人公共意识的一种启蒙，以前人们心中只有私有的财产观念，没有一种公共性的、民族性的，甚至是人类性的公共意识。这种意识的萌发和博物馆本身对可移动文物的收藏和管理功能、对中国的文物保护事业是一种最大的推动。

在中国金石学蓬勃发展之时，欧洲在近代进化论思想影响下，以及在地质学和生物学成就的支持下，以1819年丹麦学者汤姆森划出石器、青铜器、铁器"三期说"为开端，逐渐形成了极富时代特征和生命力的近代考古学，19世纪末欧洲考古学已经进入了它的成熟期。

鸦片战争以后，西方的思想和观念也随之而来，中国人逐渐认识到必须正视西方世界的成就和科学技术。近代考古学在这样一种背景下传入中国。当时一些历史学家已经注意到近代考古学在历史研究中的作用，开始把欧洲近代考古学知识介绍到国内，如1900年章太炎在《中国通史略例》中介绍西洋史学思想时谈道："今日治史，不专赖域中典籍，凡皇古异文，种界实迹，见于洪积石层，足以补旧史所不逮者。"又如1901年梁启超在《中国史序论》中更为明确地指出，欧洲考古学家将史前时代划分为石器时代、铜器时代、铁器时代，并把这种分期与中国古史传说相联系。此外，在清代晚期，西方探险家对中国的探险活动中，在有些地方曾经进行过非法的考古发掘。这一切都标志着在清代晚期西方考古学已经开始传入了中国。

三、民国时期的文物保护

(一)文物的继续破坏与流失

民国时期，日本取代欧美列强，成为了中国文物的最大破坏者，也成为了中国文物流失的最大流向地。日本对中国可移动文物造成影响的方式主要有：(1)战争中的破坏。在日本发动的侵华战争中，炮火所到之处，大地一片焦土，无数可移动文物化为灰烬；（2）在占领区内进行非法发掘，并将文物占为己有。日本学者在中国境内的非法考古调查和发掘可以追溯到清代晚期。鸟居龙藏和滨田耕作都曾经在东北地区进行过非法考古调查和发掘。民国期间，随着日本在华势力的扩大和巩固，这种盗掘活动越来越猖獗。1935 年由池内宏、滨田耕作带领的考古队在吉林盗掘高句丽古墓，掠走文物；1937 年日本京都东方文化研究所的水野清一、长广敏雄在内蒙古巴林左旗境内对辽太祖陵寝进行大规模盗掘，掠走玉册等珍贵文物；（3）以政府或个人名义将大量珍贵文物运往日本本土。除了非法盗掘，日本军国主义者每到一处，便会对当地有价值的古代文物进行搜罗和掠夺。"九·一八事变"之后日本军部专门设置了"文物收集员"。大量的古籍、图册等珍贵文物都运往日本。1937 年北平颐和园和故宫里的古物，除此前被安全转移的，大部分被日军劫掠而去。日本侵华战争后，许多机构和个人对此次战争造成中国文物的损失进行了调查和研究。据《甲午以后流入日本之中国文物目录》记载，流入日本的珍贵文物共计 15245 件。另据 1945 年 8 月 31 日国立中央博物院筹备处主任李济致国民政府教育部《我国历年被日本劫掠文物清册》记载，日本公开收藏劫掠的中国文物的公私机构就有 63 家。国民政府为了向日本索赔，曾进行损失调查，汇编成《中国抗战时期公私文物损失数量和估价总目》，各类可移动文物数字巨大。但对战争中的损失做精确统计显然是不可能的，实际损失肯定远远大于这些数字。

西方探险者在中国的探险活动仍然在进行。民国政府成立后，中国政局不稳，各种势力进行着激烈较量，无暇顾及这些探险活动。直至 1928 年中瑞西北科学考察团的建立才宣告西方探险活动的终结。

（二）民国政府在文物保护方面做出的努力

1916 年 10 月我国第一部真正意义上的文物保护法规——《保存古物暂行办法》由北洋政府内务部颁布："兹酌定暂行保管办法五条。除通行各省外，合行令知该尹通饬所属。一面认真调查，一面切实保管。"《保存古物暂行办法》一共五条，是内务部在当时条件下为妥善保管文物所拟定的一个临时应急办法。虽然具体实施性比较差，但开创性的历史地位不容怀疑，有力地推动了我国的文物保护立法工作。1928年南京政府成立中央古物保管委员会，这是我国第一个专门的政府文物管理机构。1930年颁布《古物保存法》十四条，涉及公有、私有古物的区别，中央、地方的保存，地下古物的发掘，古物的流通、研究等问题。例如第一条界定了古物是指与考古学、历史学、古生物学，和其他文化有关之一切；第七条是最关键的，规定了"埋藏地下及由地下暴露地面古物即为国有"；第十三条规定了古物的流通："古物之流通以国内为限，但中央或地方政府直辖之学术机关，因研究之必要，须派员携往国外研究时，应呈经中央古物保管委员会核准，转请教育、内政两部门会同发给出境护照。"《古物保存法》可以说是中国的第一部正式文物法规，以后又陆续公布了其实施细则。为了进一步贯彻实施《古物保存法》，从1931年起至1935年，国民政府还制定了一系列配套的细则，如《古物保存法实施细则》、《中央古物保存委员会组织条例》、《采掘古物规则》、《外国学术团体或私人参加采掘古物规则》、《古物出口护照规则》，等等。其中，《古物保存法实施细则》第十三条明确规定："凡外国人民无论用何种名义不得在中国境内采掘古物，但外国学术团体或私人对中国学术机关，采掘古物如有经济上之协助，该学术机关报告中央保管委员会核准，使得承受之。"

这些文物保护法规的颁布具有重要的意义：首先，这是第一次通过法规的形式明确了文物的概念，并将其赋予了民族的、历史的、文化的意义，弱化了其作为财富象征的经济价值，扩大了传统意义上"文物"的外延；其次，这些规则中的条款针对了自清代晚期以来中国文物保护面临的诸多严峻问题，比如外国殖民主义者和探险家对中国文物的劫掠、破坏和非法发掘等，对保护中国的古代文化遗产具有强烈的现实意义；再次，这些条款也对新出现的考古学及考古田野发掘进行了规定，明确了在中国进行发掘的条件及出土物的所有权问题，与时代发展同步；最后，这些法律法规具有开创性，是中国政府第一次用立法的形式保护自己的古代文化遗产，同时其内容也奠定了以后文物保护法律的基础。新中国成立后，文物保护法的基本准则同民国时期的这些法律法规是基本一致的。

民国时期虽开创性地颁布了许多文物保护法规，但我们应当看到，由于经验不足和时局动荡，这些法规并未有效地实施。

民国建立后，政府对兴建现代化博物馆、弘扬和保护民族文化日益重视，中国的文物博物馆事业获得了很大发展。1912 年 1 月南京临时政府成立后，中央教育部决定在北京建立历史博物馆，并于 1912 年 7 月 9 日在国子监旧址设筹备处，接受太学器皿等文物为最初的馆藏。国立历史博物馆是中国近代第一个由政府筹备设立并直接管理的国家博物馆，它的建立为近代文物的保护掀开了新的篇章。1913 年 12 月，北京政府下令筹办古物陈列所，由朱启铃先生主持，并于 1914 年 2 月正式宣告成立。古物陈列所是中国近代第一个以帝王宫苑和皇室收藏辟设的博物馆，首开皇宫社会化先例。故宫是明清两代的皇宫，内藏文物众多，但由于清末历次动乱都波及北京，清政府倒台之后权利尽失，宫内宫外之人开始联合将这些文物运送出宫。自溥仪退位到出宫十多年间，故宫文物散失不计其数。为保护这些文物，北京政府于 1925 年 10 月 10 日正式成立故宫博物院，并对外开放。普通人得以第一次进入具有五百多年历史的皇宫内参观。1928 年，南京国民政府设立中央古物保管委员会，这是中国第一个专门的政府文物管理机构。除上所述外，当时全国还有众多文物保护机构，这些机构的建立对文物的保存和管理作出了重要贡献，对中国文物保护事业裨益良多。

在以上这些文物机构的推动下，20 世纪 30 年代，中国博物馆事业进入到一个高速发展的时期，1928 年全国博物馆只有 10 个，职工数 48 人，到 1936 年全国已建成博物馆 77 处，职工数 421 人，为 1928—1946 年博物馆数和职工数之最。这个时期的博物馆开始向着类型多样化的方向发展，

故宫博物院

其中涉及历史、自然、地理、天文、科学、艺术等各个领域。博物馆数量的增加一方面有益于对现有可移动文物的收集和管理，另一方面也为因考古学的发展而新发掘出来的文物提供了一个良好的存放场所。博物馆理论事业的发展也使得博物馆更多具有了教育世人的作用，越来越多的普通民众通过博物馆欣赏到了各种各样的文物，进一步增加了对我们悠久历史和文明的认识，也使得文物的概念在普通民众的头脑里生根发芽，拉近了人们同文物的距离，促进了人们文物保护意识的增强。

1916 年 10 月，为了比较全面地了解全国的文物情况，内务部提出"本部保存古物，职有专司，凡物品之征求，保管之方法以及出售之限制，现正次第筹画，将以谋全国古物之保存，自当以分类调查为起点……兹特准酌国情，特定调查表及说明书，咨送查照，即希通饬所属认真调查，按表填注，限期送部，籍便考查。"这次调查基本涵盖了文物的各个类别，以及文物的名称、年代、存放地点、保存方法等，而且还对私人收藏文物也进行了调查，虽然这次调查受到种种因素的影响，在一些方面显得过于简陋，而且由于文物调查力量的不足，没有取到很好的效果，但这次文物调查却是第一次由政府组织的文物调查活动，以后所进行的历次文物普查，其源头正是这次内务部所进行的调查活动。

　　民国初年，中国没有出台专门的法律来阻止文物出口，致使大量珍贵文物流失海外，随着时代的发展，政府逐渐认识到通过法律措施阻止文物出口的重要性。1914年6月，北京政府大总统发布限制古物出口令，"嗣后关于中国古物之售运，应如何区别种类，严密稽查，规定惩罚之处，着内务部会同税务处分别核议，呈候施行。并由税务处拟定限制古物出口章程，通饬各海关一体遵照。1916年内务部公布《保存古物暂行办法》，办法中规定对历代碑版造像、画壁摩崖。不得……私相售运"；金石竹木、陶瓷锦绣，各种器物及旧刻书贴、名人书画等。其私人所藏，一时即能收买，亦应设法取缔，以免私售外人"。此后政府还屡次发布命令，制定法规，限制文物出口，并在各地海关加强缉私力量，打击文物走私活动，虽然由于时局动荡，大量文物仍然通过许多途径流失国外，但国民政府的这些举措在一定程度上起到了保护中国文化遗产的作用，代表着中国文物保护意识进一步提高。

　　民国建立以后，在很长一段时间内，国家不但处于一种动荡不安的状态之中，战事频仍，军阀割据。而且中国的法制建设并不健全，再加上经济利益的驱使，民国时期对文物的毁损、盗窃、偷运案件时有发生，以致文物遭到破坏，散失无数。但随着现代文物保护思想的产生，保护国粹、维护主权意识的加深，各种文物保护法规的不断出台，民国政府开始查办文物毁损、盗窃和偷运案件，并先后破获了龙门石窟毁坏案、热河行宫古物盗案等文物案件。

(三) 中国共产党在文物保护方面做出的贡献

　　中国共产党在开始建立地方政权的时候，就把文物保护放在一个十分重要的位置，颁布了一系列文物保护的法规，并且在抗日战争和解放战争时期都为保护中国的历史文化遗产做出了重大贡献。

1931 年 11 月，中华苏维埃共和国临时中央政府成立后，制定了一系列条例、布告和决议案，宣传发动广大军民保护革命文物，"革命文物"是中国文物史上一个全新的文物类别，它的诞生跟中国共产党的活动息息相关，并且在中华人民共和国诞生之后，拥有了其不可动摇的历史地位。1932 年 1 月，全国苏维埃代表大会通过《中国红军优待条例》，其中规定："死亡战士之遗物应由红军机关或政府收集，在革命历史博物馆中陈列以表纪念。1933 年 6 月 29 日，中共中央教育部代部长徐特立发出《中央革命博物馆征集陈列品启事》，要求："各机关、团体及个人帮助搜集下列各物品寄中央博物馆筹备处。"征集范围包括敌我双方的文件、武器、相片、旗帜、徽章以及各种私人物品等。除了革命文物外，中国共产党也注重对古代文物的保护：1932 年 5 月，江西省工农兵第一次代表大会通过的《文化教育工作会议》中规定："各地方遇有新旧书籍，标本仪器，古物及革命的遗迹应由当地政府投送省文化部处理与保管。"1939 年 3 月 8 日，为防止大生产运动开展后地上地下文物可能遭受破坏情况的发生，中共中央宣传部及时发出《关于保护历史文献及古迹古物的报告》，强调："一切历史文献以及各种古迹古物，为我民族文化之遗产，并为研究我民族各方面历史之重大材料，此后各地方各学校各机关和一切人民团体，对于上述种类宜珍护，如有地下发掘所得之各种古迹古物，更望勿有遗失或损坏，并请送至本部保存及供人研究，是所至盼。"这是我们现在能够发现的中国共产党最早关于专门保护古代文物的文献。同年 11 月 23 日，为了保护边区的历史文物，陕甘宁边区政府主席林伯渠、副主席高自立、教育部长周扬联名签发了《给各分区行政专员、各县县长的训令》，指出为保护西北边区的历史文物，边区政府"决定对边区所有古物、文献及古迹加以整理发扬，并妥予保存"。为此，还将古物、文献、名胜古迹三种调查表印发各县，并转发所属各区、乡政府机关。进行文物调查，依表填记，并于年底查填定竣，呈送教育厅。"《训令》还提出文物调查的各种参照办法，并规定："调查所得之古物、文献及古迹暂由该区、乡政府或县政府设法保管，群众自愿将所收存之古物、文献送政府或出卖于政府保管者酌予奖励。而各级政府人员在进行调查中办事出力或发现出重大价值之古物、文献、古迹者，亦当酌予奖励。"《训令》全面具体地对当时的文物保护工作进行了规定，对边区文物保护工作起了指导作用。1941 年，考古学家尹达在延安进行过野外的考古调查，这是在中国共产党领导的地区内进行最早的考古工作。1947 年 9 月全国土地会议上通过的《中国土地法大纲》明确规定："名胜古迹应妥为保护。被接收的有历史价值或学术价值的特殊的图书、古物、美术品等，应开具清单，呈交各地高级政府。"1948 年成立了东北文物管理委员会，并颁布了《东北解放区文物古迹保管办法》等文件，注意在土改中保护文物。1949 年华北人民政府颁布禁止文物出口的法令。在抗日战争期间，我们的武装力量还数次为了拯救文物古迹，与日军发生激烈战斗。例如 1942 年，侵占山西赵城的日军得悉广胜寺藏有驰名中外的佛教经典著作金代木板刻本《赵城金藏》，便派出大队人马，企图用武力抢夺，我八路军太岳军分区得悉消息后，立即派军队前往广胜寺抢救，与日军展开激烈战斗，在付出八位战士壮烈牺牲的代价之后，终于将 4000 多卷珍稀经卷安全运走。

　　虽然由于中国共产党所控制的地区有限，在整个民国时期的文物保护历史上并不占据着主要地位，而且由于中国共产党自身所处的环境一直都较为恶劣，地方政权没有一个稳固的执政环境和统治范围，所以，以上所出台的文物保护法令能够在多大程度上得以施行也是一个疑问，但中国共产党早就具备的文物保护理念，为夺取全国政权后的文物保护事业打下了坚实的基础。

　　(四) 中国考古学的诞生和发展对文物保护事业的推动

　　1921 年，受聘于北洋军阀政府的瑞典地质学家和考古学家安特生与中

李济

国地质调查所合作，在仰韶村一带发现并首次发掘出了以彩陶为显著特征的新石器时代文化遗存，进而提出了"仰韶文化"这一考古学文化命名，尽管安特生当年的发掘已被证实并不十分科学，但这是首次直接而有效地把近代考古学理论和理论的全过程都带到了中国。

1926 年，李济在西夏县西阴村遗址进行发掘，这是中国学者第一次主持开展的田野发掘工作；1927 年，西北科学考察团成立，北京大学教授徐旭升被推选为中方团长，黄文弼代表代表北京大学考古学会参加该团到新疆进行考古工作。

1928 年 10 月，中央研究院历史语言研究所成立，下设考古组，同年派董作滨前往安阳小屯进行调查试掘，准备大规模地开展工作，这是中国考古学诞生的重要标志；1929 年，中国地质调查所新生代研究室及北平研究院史学研究会考古组分别成立，从此，中国有了自己的从事考古研究的学术机构。1929 年在裴文中主持下，发现了第一个北京人的头盖骨化石，随后发现大批石制品和人类用火痕迹，使北京人的文化遗存得到确认。1930 年，历史语言研究所考古组在山东城子崖进行考古发掘。1933 年由裴文中和贾兰坡发掘山顶洞人及其文化。以上这些考古活动揭开了中国考古学的大幕，从此中国考古进入了有目的、有计划、有秩序、有组织的进程中来，中国考古学正式诞生。

中国考古学的诞生是中国文物保护历史上的一件大事。首先，在中国考古学诞生之前，对地上文物进行研究的只有金石学，但限于研究方法和技术手段，金石学所研究的对象大多集中在传世文物上，而且在对这些文物进行分析研究时，无法将其背后所蕴含的社会意义和时代价值完全揭露出来，并且不能有效地还原当时的社会生活和历史面貌。近代考古学传入之后，在借鉴传统金石学研究方法的同时，采取科学考古学的理念和手段，开始系统和科学地进行考古发掘活动，这样我们就不像以前的金石学家们，只是看到物，却无法看到这些遗物所处的原始环境。只有将遗物放在一个个遗址之内，并通过不同地层和不同遗址的相互比较，才能对这些遗物的相对年代和相互关系作出正确的判断。所以，中国考古学的诞生，能够还原一个逝去的文化谱系，能够最大程度地还原这些文物在这个谱系中的位置。其次，在清代晚期之后，外国探险家和考察团体纷纷涌入中国，他们在中国的非法盗掘严重破坏了我国的文物主权，加之自清代晚期以来，社会混乱，盗墓现象严重，许多珍贵的遗址和墓群都屡遭盗掘，在中国考古学诞生以后，我们有了自己的考古队伍，有了正确的发掘方法，通过对遗址的正确发掘和研究，实现了其学术价值，并且通过考古发掘，增加了地上文物的数量。虽然中国古代文化遗产在近代屡遭劫掠，但是今天我们仍然能够在博物馆里看到数之不尽的古代文物，这些都需要归功于考古学的发展。再次，中国考古学给中国文物保护事业提出了新的课题，随着考古活动的增多，大批的地下文物被发掘出来，如何保护和研究这些文物和遗址就成了摆在学术界和政府面前的一个现实性的问题；最后，中国考古学的诞生促进了中国博物馆事业的发展，博物馆的建立必须要有馆藏物品的支撑，而考古学在发展的同时，就会有越来越多的地下文物被发掘出来，对这些文物进行保护最直接的方法就是建立博物馆，进行分类保管，所以可以这样说，考古学和博物馆的发展是紧密联系在一起的。

（五）文物保护意识的进一步提高

中华民国建立之后，外国考察队在华的考察活动有增无减，但我们开始吸收先前的惨痛教训，对外国考察队在中国进行考察活动进行种种限制，并倾向于中外联合组队的方式开展考察活动。20 世纪 20 年代，中外联合进行的地质、考古、生物调查发掘工作增多，关于发掘权及所得遗物归属问题初步有了一些具体规定。1925 年，李济先生提出与美国弗里尔博物馆联合发掘的条件是：（1）在中国的田野考古工作，必须与中国考古团体合作；（2）在中国发掘出来的古物，必须留在中国。1927 年中国学术团体协会第九次代表大会拟定了《中国学术团体协会为组织西北科学考察团与瑞典的斯文赫定博士订立了合作办法》十九条，其中第十四条规定了发现所得的归属："关于考古学者。统须交与中国团长或所委托之中国团员归本会保存。"1928 年马衡与中亚考察团达成协议，规定调查发掘须由中美双方共同参加，并须经政府同意；发现的考古学、历史学材料留在中国，有脊椎动物化石送至美国天产博物馆以供研究之用，其中以全份标本（包括至少每种化石之一代表标本）与一全份曾经绘画堪布之标本模型，送还中国。以上种种表明，我们的学术界在中外文化交流中已经有了这种文物主权的意识，并开始注重维护中国的文物主权不受侵犯。

民国成立后，政府已经把保护本国的历史文化遗产当成了一项基本的政府职能，通过立法的形式对境内的文化遗产进行保护，并且在战争期间，无论形势多么危急，政府部门都没有忘记对各地的历史文化遗产进行保护：1931 年"九·一八事变"后，东北沦陷，日本随后又把侵略矛头指向华北、内蒙古。为防止故宫文物遭到损毁或劫掠，故宫博物院理事会决定选择院藏文物中的精品南迁，国民政府批准了故宫的这个计划，并指令北平市政府及交通运输部门全力协助故宫完成文物南迁计划。从 1933 年 2 月开始，故宫、颐和园、国子监等文物部门的珍贵文物开始陆续南迁，前后共运 5 批，共计 19557 箱。这些文物历经辗转，先是运抵南京，"七·七事变"后，又开始向四川、湖南、陕西等西南大后方转移，一直到抗战结束。北平文物迁运战线之广、历时之长、投入之大，过程之艰辛，都体现了国民政府在战时对保护中国文化遗产所作出的努力。这跟清政府在历次对外战争中的表现截然不同，从中既可以看出政府文物保护意识的不同，也可以看出"文物"这一概念发生的重大变化。在民国成立后，文物已经被更多地赋予了历史和文化的意义，它是民族的象征，是国家的文化标志。特别

故宫文物南迁

需要指出的是，在后来的解放战争中，国民党败退台湾前夕，仍然将故宫博物院和中央博物院中的 3800 余箱文物运抵台湾，这背后深刻的象征意义就体现出了"文物"这一概念已经变得越来越重要。

经历了清代晚期文物大量流失的惨痛教训，在民国成立后，保护中国历史文化遗产的意愿已经成了社会各界的共识，这不仅仅是一个官方决策的问题，它已经深入到普通民众的内心深处，大家都已经认识到了这个问题的重要性，当再有类似事件发生的时候，即使在政府不作为或者妥协的时候，社会各界也会形成一种强大的社会舆论，来声援和保护我们中国自己的文化遗产免受外来势力的侵犯。斯文赫定是一个著名的探险家，历史上他曾经数次来华，在我国西北地区的探险和游历共有八次。1926 年，他接受德国汉莎航空公司的资助，着手考察团来华考察。1927 年 1 月 1 日，中国外交部批准了他的探险报告，并同意每个团员可持长枪一支、短枪一支和 800 发子弹，考察可以带七支猎枪，运输部门还特拨两节货车和一节客车供考察团从北京到包头旅行。这个协议传出后，引起了国人的一致声讨。首先是北京学术界进行集会，反对西方探险家到中国考察，呼吁禁止外国人进行考古发掘、掠夺中国文物，其后各类报纸报刊争相刊登报道，推波助澜，向民众宣扬保护中国文化遗产，并得到了普通民众的大力支持和声援。社会各界用抗议和不满对抗政府的无能行为，并最终迫使政府让步。1927 年 4 月 26 日，一项包括 19 条内容的新协定在北京大学达成，决定在"中国学术团体协会"的领导下，组成"西北科学考察团"，并规定"设中国及外国团长，参加的中外科学家各占一半（禁止将文物带到海外），采集样品留在中国；不得以任何借口毁坏有关历史、美术等建筑；本协议办法之解释，应以中文为准一"等内容。这个协议可以说是中国历史上第一个平等条约，人们为协议的签订奔走相告，《大公报》和《世界日报》详细报道了事件的经过，并指出这是中国第一次用自己的力量防止文物被"巧取豪夺，潜运海外"，其意义却非同小可。

经过了清代晚期的准备阶段，中国的文物保护事业在民国时期正式起步。在这个时期，政府开始有意识的制定法律法规来对文物进行保护，利用国家的暴力机关打击文物走私和破坏的行为，并且注意推动博物馆和考古学的发展，设立专门的机构进行文物保护工作。但是由于战乱和动荡贯穿着整个民国，这个时期我们的文物保护事业显得虚大于实，大量珍贵的文物惨遭破坏和流失。

四、中华人民共和国前 30 年

新中国成立以前的 100 多年中，正是由无数令人痛心和愤慨的事实，构成了一部国家文物被掠夺、被破坏的历史。因此中华人民共和国一成立，由国家颁布的第一个有关保护文物的法令，就是中央人民政府政务院颁发《禁止珍贵文物图书出口暂行办法》。随着这一法令的实施，从此结束了过去听任国家珍贵文物大量外流的历史时代。

毛泽东主席观看商代的龙虎尊

新中国文物保护工作是随着国家建设事业的发展而发展的。新中国成立的前三年，即国民经济恢复时期，主要是颁布法令、建立机构、对外禁止盗运、对内严禁破坏，在整顿旧中国极为薄弱的文物事业基础上，建立新中国的文物事业。1950 年，中央人民政府政务院先后颁布了禁止珍贵文物出口、考古发掘、征集革命文物等一系列保护可移动文物的命令、指示和办法，明确指出文物保护管理工作是"今后经常的文化建设工作之一"，并且从中央到地方都设置了文物保护管理机构。在中央文化部设置文物局，中国科学院设置考古研究所，在地方各省(市、自治区)大多设置了由省政府副主席兼任主任的文物保护管理委员会，下设办事机构，从而开始了我国历史上从未有过的由国家负责进行的大规模文物保护管理工作。

1953 年，我国国民经济第一个五年计划开始实施。由于预见到古代人民劳动生息的地方，其自然环境等各方面的条件也往往适宜于今天来搞建设，因此，在城市建设和改造以及各项基本建设工程中必然要涉及地上地下的文物保护问题。如何适应这种新形势，妥善地处理好文物保护与各项基本建设的关系，已成为当时需要解决的突出矛盾。而迫切需要解决的是方针政策和干部队伍问题。

关于方针政策，1953 年，中央人民政府政务院适时地颁发《关于在基本建设工程中保护历史及革命文物的指示》，明确指出在基建工程中做好文物保护工作是"文化部门和基本建设部门的共同重要任务之一"，并对在基本建设工程中如何保护文物提出了明确具体的要求。

关于干部队伍，鉴于旧中国遗留下来的考古专业者屈指可数，要依靠这寥寥无几的考古专业工作者去完成当时配合基建的繁重而又紧迫的任务是不可能的。特别是时间紧、任务急，亟需在短期内培训一批新生力量。为此，中央当时决定由文化部中国科学院、北京大学联合举办为期三个月的短期考古人员训练班。训练的内容着重于田野考古发掘的技术，以期使学员能很快掌握这些技术，在工作中可以操作，以保证在配合基本建设工程中的发掘工作符合考古学的基本要求，其他只能留待工作中继续学习和研究了。从 1952 年开始连续举办了四届，共培训了 341 人，并且陆续分派到全国各个重点建设地区配合基建进行考古工作。正是依靠这支新生力量，在全国范围内开始了以配合基本建设进行考古发掘为中心的全面文物保护管理工作。

1955 年在全国掀起了农业合作化高潮，兴修水利、平整土地等各项农业生产建设在全国范围内广泛地开展起来，这种新形势又向文物保护工作提出了新的要求。过去配合工矿、铁路、交通等基本建设工程的文物保护工作还只是局限在点和线的范围，现在的工作范围则是面对辽阔的广大农村。这就需要适应这一新形势发展的要求，采取新的措施。为此，1956 年，国务院颁发《关于在农业生产建设中保护文物的通知》，文件的第一条就是要求文物保护工作不能仅仅依靠政府，而是要"加强领导和宣传，使保护文物成为广泛的群众性工作"，并且提出了要建立群众性文物保护小组的要求。文件还第一次提出了要进行文物普查和建立文物保护单位的工作，这是文物保护工作中两项十分重要的基础措施。根据文件的要求，全国各省(市、自治区)很快就公布了一批文物保护单位，并要求当地政府把对这些文物的保护，纳入各地城乡建设规划，从而加强了文物保护管理工作。

1958 年，在"左"的指导思想影响下，文物工作也出现一些脱离实际、急躁冒进的"左"的失误。主要是不尊重文物工作本身的客观规律，盲目地提出了"群众搞发掘"、"群众写报告"，考古发掘要"三边"(边发掘、边整理、边写报告)以及"县县办博物馆"、"社社办展览"等不适当的口号，这些不切合实际的做法，给工作带来了不利的影响。同时在大炼钢铁运动中也使不少文物遭到了破坏。

1959 年，中央对以上"左"的错误开始有了认识。因此，1959—1962年主要是总结和逐步纠正 1958 年的失误。在总结前一阶段工作的经验和教训的时候，深感有必要制定一个比较全面系统的法规，于是从 1959 年开始起草《文物保护管理暂行条例》(以下简称《条例》)，经过一年多的时间反复修改，于 1960 年经国务院第 105 次全体会议通过。1961 年由国务院正式颁布实施，并为此发布了《关于进一步加强文物保护和管理工作的指示》。在文物保护的问题上，陈毅副总理曾经强调指出："宁可保守，不要粗暴。"因为错保了一处文物是随时可以纠正的，而破坏了文物的错误是永远无法弥补的。对文物的修缮原则，他说："一定要保持它的古趣、野趣，绝对不允许对文物本身进行社会主义改造。"陈毅同志的这一名言至今仍有现实的指导意义。为了贯彻执行《条例》，文化部又陆续颁发了有关文物保护单位、考古发掘、古建筑修缮以及限制文物出口等一系列具体管理办法。1962 年，文化部贯彻中央提出的"调整、巩固、充实、提高"的八字方针，又颁发了"关于博物馆和文物工作的几点意见"，即通常简称的《文博工作十一条》，它的主要内容仍然是为继续消除 1958 年失误的影响，对各项业务工作都提出了明确的原则和具体的规定，在以后的几年中直到"文化大革命"开始，主要是贯彻执行《条例》和《文博工作十一条》的要求，进一步健全了规章制度，加强了基础工作，恢复了正常的工作秩序，使文物保护工作又走上正确的轨道。在此以前，1960 年经国务院批准还对文物商业的性质和管理体制进行了一次重大的改革。新中国成立初期，从旧中国遗留下来的文物市场，是分别隶属于商业部门或外贸部门管理的。1960年，经文化部、商业部、外贸部协商同意报请国务院批准，决定改变各地文物商业的纯商业性质为实行企业经营管理方法的文化事业单位，统一划归各地文化部门负责领导，从而加强了对社会上流散的传世文物的保护和管理。各地国有文物商店的建立，在此后被证明在保护可移动文物方面发挥了及其重要的作用。

新中国成立后 17 年的文物保护工作，虽然经历了 1958 年一次短暂的曲折，但总的来说始终是在正确的方针政策指导下进行的。因而在法规建设、队伍培养以及各项业务工作中都取得了显著成绩，为新中国文物保护管理工作的进一步发展奠定了坚实的基础。

扬州文物商店收购的元代蓝地白龙梅瓶　　武汉市文物商店收购的元代青花四爱梅瓶

湖北省文物总店收购的明代八仙犀牛角杯

十年动乱，林彪、"四人帮"煽动极"左"思潮，严重破坏法制，提出要扫荡一切历史文化遗产，文物成为"破四旧"的主要冲击对象，使大量文物遭到破坏。但是从"文化大革命"一开始，周恩来总理就为保护文物采取了紧急的措施，当红卫兵刚刚走上街头"破四旧"的时候，及时地派遣了一个团的解放军进驻故宫，使这一举世闻名的重要古建筑群和其中收藏的大量珍贵文物没有受到任何冲击。1967年3月，中共中央、国务院、中央军委联合发出《关于保护国家财产、节约闹革命的通告》，其中第四条规定："对文物图书要加强管理和保护工作，不许随意处理和破坏。"接着5月14日中共中央又颁发了《关于在无产阶级文化大革命中保护文物图书的几点意见》，这个文件实质上是重申了过去各项文物法规规定的原则。这就极大地鼓舞了广大文物工作者自觉地起来以大无畏的精神对林彪、"四人帮"的倒行逆施进行了抵制和斗争，使很多重要文物免遭破坏，并有不少感人至深的事例。就是在"破四旧"的高潮中，许多文物工作者夜以继日地从街道、造纸厂、炼铜厂中抢救出大量善本古籍和其他珍贵文物，为保护祖国历史文化遗产做出了可贵的努力。

"文革"期间对文物的破坏

1969 年，在周恩来总理的关怀下，国务院成立了"图博口"，并点名把原文物局局长王冶秋从干校调回北京主持"图博口"的业务工作。从而使因发动"文化大革命"而中辍的文物工作又逐步得到恢复。首先是抓了故宫重新开放、"文化大革命"期间出土文物展览以及继续进行配合基本建设的考古发掘工作等几件大事。在此期间出土的中山王墓金缕玉衣、银雀山孙子兵法竹简、马王堆老子《道德经》等帛书、睡虎地秦法律竹简和秦俑坑等重大考古发现，引起了国内外的广泛重视。与此同时，又经周总理批准了《文物》、《考古》、《考古学报》三大刊物复刊，这是全国最早复刊的学术性刊物。为了对当时一系列考古新发现进行整理研究，还集中了国内最有影响的老专家成立了整理小组对马王堆帛书、银雀山竹简以及吐鲁番文书等进行整理出版，这对当时的学术界有很大影响。特别是 1971 年以后由周总理亲自领导组织了出土文物展览，分赴英、法、日、美等国展出，通过展示中国考古工作的新成就，宣传了中国灿烂的古代文化，在国际上也产生了巨大的反响。

十年动乱时期"左"的指导思想处于支配地位，新中国文物保护工作经历了一次时间最长、损失最严重的曲折。但是在整个"文化大革命"期间，周恩来总理以及广大文物工作者不断地对林彪、"四人帮"进行了抵制和斗争，在很困难的条件下，保护了许多重要文物，避免了造成更大的损失。

五、改革开放至今

粉碎"四人帮"以后，特别是中共十一届三中全会以来，我们整个国家都发生了巨大的变化。可移动文物保护工作和其他战线一样也出现了大好形势，它的主要标志是得到中共中央、国务院的高度重视。从网友@眠琴山房在新浪微博上展示的李先念同志的一段批示就可见一斑。李先念时任中央政治局常委、中共中央副主席、国务院副总理并主持国务院工作；乌兰夫时任全国人大副委员长、中共中央组织部部长；王冶秋时任国家文物局局长；段云时任国家计委副主任。

在 20 世纪 80 年代，中共中央书记处三次讨论了文物工作，并做出了重要决定。第一次是 1980 年 5 月 26 日中央书记处第二十三次会议，会议针对在"文化大革命"中对文物工作造成的严重破坏，指出"文物保护、管理、研究存在的问题相当多"，要求文物部门"要以责任在身、当仁不让的精神做好工作，要见难而进。1980—1983 年的三年中，从中央到地方，分别举办了以方针政策、基础知识和各种专业为内容的各种类型训练班和研究班，参加培训的共达 13350 人次，加强了队伍建设。特别是在总结新中国成立以来文物保护工作正反两方面的经验基础上，结合文物战线当时出现的新情况、新问题，并借鉴了国际社会的经验，对过去的文物法规作了较大补充和修改，于 1982 年 11 月由全国人大常委会公布了《中华人民共和国文物保护法》，为制止各种文物破坏活动、加强文物保护管理提供了法律武器。这是国家在全面开创社会主义现代化建设局面的新的历史时期，对保护国家历史文化遗产采取的重大措施，使新中国文物保护工作进入了一个新的历史阶段。

1985 年 11 月 25 日由胡耀邦同志主持召开书记处会谈，决定外贸部门不再经营文物，所有外贸库存文物一律价拨文物部门。因此后来把文物商业要完全由文物部门统一管理、统一经营的内容写进了文件。1992 年国务院在西安召开全国文物工作会议，这是新中国成立以来规格最高、规模最大的一次文物工作会议。中共中央政治局常委李瑞环同志代表中共中央在会上有针对性地提出了"保护为主、抢救第一"的文物工作方针，之后又写进了中共中央文件。1995 年再一次在西安召开全国文物工作会议，由国务委员李铁映同志主持，又提出了"有效保护、合理利用、加强管理"的原则，这就形成了一个文物工作完整的方针原则，这是新中国成立以来国家对文物工作的一贯方针的继续和发展。在这次会议上还明确提出了文物保护工作应当实行"五纳入"的要求，即各级政府应当把文物保护纳入地方经

李先念批示

中华人民共和国文物保护法

济和社会发展计划，纳入城乡建设规划，纳入财政预算，纳入体制改革，纳入各级领导责任制。1997 年国务院颁发了《关于加强和改善文物工作的通知》，贯彻"五纳入"的要求是这个文件的主要内容，它是文物工作方针和原则的具体化。对于这个方针和原则，1998 年李岚清同志在给全国文物局长会议的信中指出："在整个社会主义建设初级阶段，我们都要坚定不移地在文物工作的各个方面贯彻执行。"因此，当前任何改革创新措施，绝不是对这个方针原则本身进行改革创新，而是应当从实际出发，更好地、创造性地贯彻执行这个方针和原则。任何与这个方针和原则相抵触的所谓"改革"或"创新"都是错误的，是不可行的。

改革开放 30 多年，新中国文物保护工作发展的速度和规模都远远超过了过去的 30 年，而且在认识上也有了新的发展。

改革开放 30 多年，文物破坏、盗掘、走私等情况之严重，也远远超过了过去的 30 年。随着城市建设和各项基本建设的发展，工程建设与文物保护的矛盾十分突出，虽然由于多方支持和考古工作者的努力，在三峡、小浪底等重大工程和其他许多已知建设项目范围内，抢救了不少重要的可移动文物，而且不断地有重大发现，但是真正经过科学发掘保护下来的与新发现的文物数量所占比重很小。在城市建设中有相当数量偶然发现的可移动文物被破坏或盗取。

从 2001 年以来，中国经济持续、稳定和快速地发展，又由于政治开明与社会稳定的环境促进了文物艺术品市场的繁荣。通过文物艺术品市场的交易实现了"藏宝于民"，从而调动了全社会力量保护可移动文物。

2012 年 10 月，国务院启动第一次可移动文物普查工作，此次普查的范围是我国境内(不包括港澳台地区，下同)各级国家机关、事业单位、国有企业和国有控股企业、中国人民解放军和武警部队等各类国有单位所收藏保管的国有可移动文物，包括普查前已经认定和在普查中新认定的国有可移动文物。开展可移动文物普查，以掌握和科学评价我国文物资源情况和价值，健全文物登录备案机制和文物保护体系，加大文物保护力度、扩大保护范围，保障文物安全，进一步促进文物资源整合利用，丰富公共文化服务内容，有效发挥文物在国民经济和社会发展总体布局中的积极作用。

中国可移动文物保护的历史随中国社会的发展历史一起跌宕起伏。有时阳光大道，有时步步惊心。站在当下时空之点，更觉可移动文物的弥足珍贵。相信在国家强盛、科技发达、民众觉醒的合力之下，可移动文物能永处安宁之地，为后世讲述我们曾经的过往。

第二节 可移动文物科技保护技术

一、可移动文物科技保护技术的内涵

可移动文物科技保护技术包含"保养"和"修复"两个概念，它们是文物科技保护领域两个不同的阶段。在文物保护学科定义中，保养和修复的意义有显著区别。"保养"有两个方面含义：第一，控制环境，将藏品和标本

的损害减到最少；第二，抑制损害并使其处于稳定状态，以防止发生进一步损害。而"修复"则是保护大概念中第二个步骤的延续，也就是说当保养处理显得不足时，修复则使藏品达到能够陈列的状态，达到延长文物保存寿命的目的。

二、我国可移动文物科技保护技术的发展历史

(一) 可移动文物科技保护的传统技艺

人类对保护文物方法的探索，并非始于近代。数千年前的文化遗物能保存下来的事实，说明保护文物的技艺是由来已久的。古代先民从制作使用器物和艺术品时，就有因发生损毁而随之出现修理复原的工艺。出土的新石器时代彩陶罐遗留着破损后经过修复的痕迹，虽手法粗糙，但它是原始的修复工艺。传统文物修复保养工艺源远流长，为保护中华古代文明立下了不可磨灭的历史功绩。但民间工艺皆以世代传授相维系，文献记载甚微。每个民族都用它特有的优秀传统工艺保护文物，我国的青铜器修复、书画装裱、古籍防蛀等技术皆成效显著。

在文物修复技术中形成行业的应首推青铜器修复和书画装裱修复。青铜器修复技术源于春秋，盛于北宋，至清代形成独立行业。古籍记载鲁国复制鹰鼎送给齐国的故事，确认春秋已有青铜器复制的事实。北宋徽宗赵佶崇古好古，复古之风盛行，推进了古器物修复、复制工艺。至今在博物馆藏品中还有宋仿青铜器，则是宋代青铜器复制技术的佐证。清乾隆盛世，宫廷倡导收藏鉴赏青铜器，刺激了民间古玩业的发展。青铜器复制之风盛行，各地民间作坊形成各具特色的流派，青铜器修复技术日臻完善成熟。书画装裱是我国独特的传统工艺，它既是书画的装饰艺术，又是书画材料纸、绢的保护方法。装裱修复技术是伴随书画艺术而产生发展的，从湖南战国楚墓和长沙马王堆一号西汉墓出土帛画上的装饰物，揭示中国书画装裱技艺的萌芽期距今 2000 多年。唐张彦远《历代名画记》为记载书画

装裱技艺的早期文献。书画装裱工艺经数千年的锤炼久盛不衰，使历代珍贵书画不致湮没失传。已槽朽破碎、千疮百孔、糜烂成团的残损书画，一经装裱修复，则如枯木逢春重现艺术光彩，皆出自书画装裱技师的妙手，显示中国书画装裱技艺的活力。

（二）可移动文物保护科技的初创期

20 世纪 50 年代初，南北各地为数不多的传统文物修复技师，相继进入文物博物馆系统工作。青铜器、书画、陶瓷器、家具、漆器等类文物的修复技师陆续从民间作坊进入博物馆，承担起抢救修复文物的历史重任。中国历史博物馆的前身国立北京历史博物馆和故宫博物院，均于 1952 年设立文物修整室，配备专职文物修复技术人员，从事出土文物与馆藏文物的保护技术工作，当时以传统修复技术为主。这是中国博物馆早期建立的文物保护技术机构。20 世纪 60 年代，中国历史博物馆等单位开始了用现代科学技术保护文物的探索，陆续吸收了一些理工科大学毕业生，从事文物保护科技工作。这些科技人员成为中国文物保护科学技术工作的骨干力量。

（三）文物保护科技的发展成熟期

1978 年至今的 30 多年间，中国文物保护科学技术事业从初创期进入发展成熟期，是保护文物科技的黄金岁月，树立了以科技为支撑的文物保护理念；颁布《中华人民共和国文物保护法》、《博物馆藏品管理办法》、《国家文物局文物科研项目开题及经费管理办法》、《国家文物局文物科学技术成果鉴定办法》、《国家文物局文物科学技术进步奖励办法》、《文物保护科学和技术研究课题管理办法》、《文物保护科学和技术研究课题招标评标暂行办法》等文物保护法律法规和行业规范；在国家文物局主持下，多次召开全国性会议，研究制定文物保护科学技术发展规划，统筹协调全国的文物保护科技工作，使科技人员的科研活动纳入科学轨道。建立中国文物保护技术协会、中国文物学会文物修复专业委员会、中国博物馆学会藏品保护专业委员会、中国博物馆学会保管专业委员会、中国化学会应用化学委员会、中国科学技术考古学会等学术团体，定期连续召开的学术研讨会，为全国文物保护科技人员开辟了广阔开展学术交流的机遇；建立包含自然科学与社会科学众多领域的文物保护科技学科理论；着力于创造可移动文物最佳收藏环境、监测研究环境、调控改善环境等预防性、主动性保护措施；建立文物保护科技机构和添置先进的科研设备；发掘整理传统文物修复技艺，一部分列入非物质文化遗产予以保护。时至今日取得了丰硕的学术成就，培养了一大批高素质的文物保护科技人才。

三、影响可移动文物保存的因素

(一) 使用劳损

许多可移动文物的制作初衷是为人类生活提供便利。如陶罐用于贮水，瓷碗用于盛装食物。使用过程中难免老化、磨损，甚至发生破损。传承至今更不易保存。

(二) 自然破坏

可移动文物会受到诸如地震、洪水、泥石流、火灾等自然灾害的破坏。

四川雅安地震后雅安博物馆展品受损

(三)人为因素

战争和动乱以及搬动和保管过程中的疏忽和操作不当导致文物损坏。

(四)温度与湿度

在湿度和温度两个因素中，湿度对于可移动文物的结构变化起更重要的作用。湿度，尤其是相对湿度，影响湿度敏感性材料尺寸的变化，随之影响其强度。例如木质彩绘雕刻或家具暴露于相对湿度不断变换的环境中导致的最终结果是表面颜料剥落，或某些木质结构的破坏。相对湿度的控制是保持木器结构稳定的首要因素。

尽管为了保持外型结构稳定而控制相对湿度是必要的，但应该注意还有一些外界环境的限制。相对湿度越高，霉菌滋生和器物强度降低的速度就越快，而相对湿度太低时，器物又会因干燥而脆化。相对湿度的突然变化是最有害的，会增加破裂、剥落和结构性劳损。

(五)光线

近紫外线和紫外线对可移动文物材质损害最大，可造成材料的褪色、脆化和化学变化。所有的光线都会产生老化作用，但随着波长的增加，化学活性迅速减弱。高强度日光(蓝天、太阳，甚或云反射的光线)的近紫外线较强，对某些材质具有光化学活性。

(六)大气污染物和尘埃

空气中的二氧化硫(以及三氧化硫)、硫化氢、含氯化合物、臭氧和多种氮氧化物等污染物使可移动文物老化。二氧化碳一直存在于大气中，当然还有生命基础的氧气以及水分，它们参与大多数氧化和腐蚀过程。空气中多种多样的微粒也有较大的危害性。含碳微粒，如煤烟颗粒，由化石燃料或木材燃烧生成。煤烟颗粒对气体污染物有很高的吸附能力，例如二氧化硫，会生成一种腐蚀性(酸性)灰尘。

建筑物中的大气除含有煤烟外，还可能含有其他由空气传播的微粒，如建筑粉尘——混凝土、石材、大理石、塑料、石棉，可移动文物表面集聚的尘埃颗粒，如果在自然界中是酸性、含沙或坚硬的，则是有害的。

在海洋性气候中，诸如黄铜或青铜等铜合金遭受的损伤较重，因为其表面与氯化物、二氧化碳、湿气及其他污染物相互作用会发生青铜病害。纺织品、纸张、皮革、羊皮纸等材料在污染环境中，特别是在强光和高相对湿度条件下会迅速老化。较低的相对湿度(低于30%)和较低的温度将会减缓这一过程。

存放可移动文物的展柜和包装内可能存在重要污染源。我们已经知道某些塑料、黏合剂、油漆和木材产生的酸性或有机气体，特别是硫化物，会产生老化作用。

(七)微生物、昆虫和害虫

微生物通常在相对湿度70%、温度15℃以上的热带地区、不流通或封闭环境中，以及在富含纤维素或蛋白质材料的表面生长最旺盛。在纸张或织物上它们会产生黄褐色斑，也可以在许多材料表面形成各种颜色和形式的生物群体，加速可移动文物的老化。

大量昆虫会侵袭到书画、木质器、动植物标本等可移动文物体内，造成文物结构上的损坏。

老鼠或其他啮齿动物等有害动物可能咬坏、吃掉或弄脏有机质的文物和标本。

四、可移动文物的保养技术

可移动文物的保养技术包括两个方面，一是要创造与改善保护文物的物质条件，即收藏的环境和必要的设备；二是保存文物的经常性的技术管理措施，即控制与调节温湿度，防光、防火、防水、防污染物、防震、防治有害生物、防机械性损坏等。不同材质的文物保养的侧重点会不同。

(一)环境控制

配备恒温恒湿空调机、消毒设备、温湿度计、防虫防霉药物等，防治白蚁的师傅定期上门检查，还安装了防火设备、二十四小时连接报警室的监控设备。

1. 控制与调节保存温湿度

必要设备：恒温恒湿空调机。

正常温度条件下各类可移动文物的建议相对湿度水平

考古标本（不在遗址）	湿度敏感材料（如木材，皮革、纤维成分），40%～60%；石头，陶器，金属标本和其他惰性材料，20%～30%；如果腐蚀成分或盐分活性高，则更低
武器，盔甲，金属	15%～40%，根据金属和氧化物的构成状况；木质成分需要特别保护；磨光金属，例如铜管和青铜在15%或更低的相对湿度水平条件下，不会失去光泽
树皮，布，编织品，吕宋纸麻，剑麻，面具，羽毛，皮衣	40%～60%，根据其特定的反应能力
植物性物品，干植物，种子	40%～60%
陶器，瓦片，石头	20%～60%，取决于包含的盐分。在户外，易受"冻融循环"损坏
硬币，奖章	15%～40%，取决于腐蚀物、氧化物和铜绿的构成及其稳定程度
服装，纺织品，地毯，挂毯	30%～50%，丝绸和羊毛比棉布和亚麻制品对湿气破坏更敏感。着色纺织制品对相对湿度变化最敏感。合成纤维反应较弱，但是在相对湿度较低时显示静电，容易在表面积聚灰尘
家具，镶嵌细工	40%～60%，基本上取决于木材含量、颗粒、接缝以及表面或隔板的状况；极易受季节性相对湿度变化或循环的影响。有些木材由于树脂含量或结构不同而比其他品种反应弱

玻璃	40%～60%，起皱的玻璃需要较小范围的可控相对湿度(例如40%)以阻止进一步发展。其他种类的玻璃对相对湿度的要求不苛刻
风干和固定的混虫(混虫学藏品)	40%～60%
象牙，骨雕作品	50%～60%，比解剖学藏品需要的相对湿度条件更苛刻，尺度的变化非常缓慢，除非是薄片形式，如小型象牙雕像
漆器	50%～60%，日本权威人士建议的相对湿度水平为70%
皮革，兽皮，黏合物	45%～60%，根据制革方法的不同而变化
羊皮纸，牛皮纸	55%～60%，由于具有很强的吸湿性而需要严格控制
纸张	45%～50%，(部分专家建议低一些)
拉伸纸	45%～55%，纸屏风、东方式屏风、蒙在框上的绘画，需要严格控制相对湿度
照片，底片(电影、音频和视频材料)	30%～45%，凝胶和下面的基纸一样敏感，塑料底片则反应迟钝
帆布画	40%～55%，不衬里的绘画或带吸湿性黏合剂衬里的绘画，比蜡状物衬里或人工合成材料衬里的绘画反应更为强烈
木板画，彩绘雕塑	45%～60%，取决于厚度、木材颗粒、板面、接缝黏合方法。有些版画需要严格控制相对湿度，从而将扭曲变彩的可能性降到最低；大量木雕极易受季节性湿度变化的影响
各种彩绘、涂漆木材	45%～60%，这类器物有乐器、模型、彩绘或带木质表面的装饰物
塑料材料	30%～50%，总体来说，塑料材料，例如聚丙烯酸支撑物、雕刻、铸件对湿度有轻微反应，但当做成薄片并且在变化的环境条件下时会扭曲变形。相对湿度较低时，因静电特性会积聚灰尘

2. 防光

可移动文物的光照度可以用勒克司测定仪表进行监控，并且通常作为入射光数据（需与文物保持正确角度）。建议范围为：对光敏感的物体控制在50勒克司或更低，最稳定材料为200勒克司或更高。

建议的光照水平级别

50~100lux*	（A）高敏感：衣料，纺织品，羽毛，染色皮革，旗帜，挂毯，印刷品，绘画，邮票，手稿，彩色印刷品和幻灯片，重彩帆布绘画
100~200lux	（B）中度敏感：油画和蛋彩画，漆器，木器，家具，角器，骨器，彩绘象牙器，黑白照片
200lux 或更高	（C）不敏感：石头，陶器，玻璃，金属，某些塑料制品（注意红外光源的加热作用）

　＊5lux（勒克司）在文献中最常作为第一类器物可接受的光照度，但是，日本专家选用100lux作为最小值[60]。博物馆馆长和展览设计者由于色彩重现和感官等原因通常喜欢选用较高数值。

3. 防大气污染物

可移动文物的存放空间的大气污染可以通过在空气通风口安装过滤系统得到有效控制。过滤系统应该由高效过滤器和碱性冲洗设备组成，将颗粒物含量降低到一定水平。通用的过滤标准是1~2微米。门窗尽量减到最小。加压的前厅旋转门可长时间保持室内经过滤和温湿度调节空气的稳定，文物取放时应避免大门频繁开关。

可移动文物的存放包装或展柜可能存在重要污染源。我们已经知道某些塑料、黏合剂、油漆和木材产生的酸性或有机气体，特别是硫化物，会产生老化作用。设计良好的包装需要仔细挑选性质稳定、不起反应的材料。展柜内可以安装污染物吸收器，以除去硫化氢、二氧化碳和氮氧化物等污染物。这些具有吸收作用的化学药品或设备应保证对员工无害，且必须定期检测以确保其有效性。化学液体尽管有效，但有溢出的危险，不应该在展柜内使用。

4. 防有害生物

可移动文物在确认无菌无虫害后才能入藏，对所藏文物经常检查，一旦出现霉菌或蛀虫，应及时采取灭菌杀虫处理。

(二) 日常养护

除环境控制外，不同材质的文物保养起来不尽相同。

1. 青铜器缓蚀封护处理

青铜器保养需在表面进行 BTA 缓蚀处理与封护。具体办法是在排风橱内将器物浸泡入 5% 苯并三氮唑/乙醇溶液中，保持 60℃ 左右，约 8 小时后取出。拭去表面多余药液。封护可用小羊毛板笔蘸甲基丙烯酸甲酯涂刷，甲基丙烯酸甲酯溶于二甲苯中，2% 的苯并三氮唑和适量微晶石蜡。当前，金属器的封护多采用 3% Paraloid B72 丙酮保护剂。另外还有纳米改性材料、氟碳橡胶、派拉伦材料等新型金属文物表面封护材料。

2. 铁器稳定处理

为增加铁器的稳定性就必须清除氯化物，传统铁器稳定处理是采用去离子水冷热交替浸泡，时间长达数月。采用 5% 倍半碳酸钠溶液在超声波清洗器处理，三天左右置换清除出氯离子，再以亚硝酸二环己胺、碳酸环己胺、无水乙醇以 1∶1∶10 配成溶液，对其反复浸渗进行缓蚀处理。但对腐蚀严重的铁器易造成酥解破损，而采用丹宁酸为转化剂，将氧化铁和次氯酸亚铁转化为稳定的碳酸亚铁，形成保护层。该保护层可以对器物起到防潮、防盐、防尘的相对稳定作用。转化剂的配方：丹宁酸 35g，磷酸 10g，无水乙醇 10ml。具体操作为用软毛刷在铁器表面均匀涂刷，每天一遍，连续三天后，用纯净水冲洗去残留药液，再用酒精涂刷一遍，然后在干燥箱内烘干燥。

3. 铅器的保护处理

在加热的去离子水中浸泡冲洗干净，再浸渍到 10% 的乙酸铵溶液中，处理 2 小时。乙酸铵是起到缓蚀与溶解器体内残留的二氧化铅作用。在去离子水中反复浸泡冲洗干净，再浸渗入乙醇或丙酮中，将水分置换出来，自然放置干燥后，采用 2%B72 丙酮液封护。或浸入 100℃ 沸蜡液中，浸渗封护。

4. 锡器的保护处理

传世锡器表面的灰暗色氧化物层，即自然形成的包浆，是时代久远的象征，洁除时仅对灰尘积垢用去离子水或乙醇擦拭即可，不要伤及氧化层。出土锡器污染物可用电化学方法进行洁除，也可以用锌粉、氢氧化钠为电解质的电解还原处理。

5. 书画的保养

从我国历代画家和收藏家的著作中，我们可以看到传统的收藏保护字画的方法。从现在保存着的古画，也可看到前人精心保护的痕迹。直到现在，对字画的收藏保护还是继承了我国过去有效的传统。

绘画所用的纸、绢和绫都是霉菌生长繁殖的培养基地，也是昆虫的好饲料。只要温度湿度合适，虫菌就能繁殖，画面就会遭到虫蛀、霉斑，最后毁坏。我国传统的保藏字画方法，首先重视防潮这一个关键。

每幅字画创作完成后，要将画托裱在白纸上，再配上锦边轴杆等。这不仅是为观赏增加美观，更重要的是为增强画幅的牢固和防止潮湿，延长它的传世时间。

装裱成手卷形式的，在画幅前有一段长长的"天头"和"引首"，在画幅后也有一段并不短的"尾纸"，将画幅紧紧地夹在整个手卷中间。装裱成挂轴形式的，在画幅的上端有"天头"和"诗堂"，画幅下端有"地头"。这样，卷起来收藏时，画幅紧裹在许多层天地头的中间，外界的潮湿、热度、尘埃、阳光和有害的物质等都不易侵入画幅。这样的措施，一直沿用到现在。字画能这么久远地保存下来，首先是装裱起了很大的作用。

我国收藏字画的传统作法，不仅重视它的装裱形式，对收画的季节、藏画的设备等，也都针对着防虫防潮，总结出一套经验，如《焦窗九录》：
"藏画迁四、五、六月之先，将画幅幅展玩，微见风日，收起入匣，用纸
封口，勿令通气。过此二候方开，可免霉白。平日张挂名画，须三五日一
易，则不厌观，不久惹尘湿。收起，先拂去两面尘埃，略见风日，即珍藏
之。久则恐为风湿，损失其质地。"

古人认为，在雨季前必须将画收藏起来，收画前要将画展开过风，然
后将画紧紧卷起，收存在橱匣里，这是很好地防潮措施。藏画用的橱匣所
用材料要能防虫，最好用香楠木作橱柜，柜内忌粉漆及糊纸。卷册用旧锦
作囊，或紫、白檀做匣，匣内衬白绫，不但舒展发香，且能避虫。过去清
宫中有一种收藏大画的特制大木箱，外涂血料，披麻，上大漆，潮气进不
去。现在广东省博物馆字画库也还保留有二十多个阳江箱用来收藏大画。
每件字画用特制的布套套好、绑紧，放进阳江箱盖好。这能防止潮气侵
入，对防虫防霉也有一定的效果。

绘画，主要是供人欣赏，收藏保护绘画的目的，是更好地延长它存世
的时间，给人们提供更多的欣赏机会。传统的保藏字画的方法，除高度注
意防潮防虫外，对开卷、拭画、挂画、看画等都有讲究，如《焦窗九录》：
"卷画，须顾边齐，不宜促促，亦不可着力卷紧，恐急裂绢素。""拭画，揩
抹画片，不可用粗布，恐抹擦失神。""出古画，古画不可示俗人。不知看
法，以手托画就观，素绢随折。或忽慢堕地，损裂莫大。"

此外，对于字画库的清洁卫生也是非常重要的。

6. 竹、木器的防腐、防霉处理

出土的竹、木器长期埋在地下，受到地下水中所含多种腐蚀物质侵
蚀，大多腐朽变质。出土后一方面要暂时采取封闭存放的饱水措施，另一
方面要做防腐、防霉变处理。潮湿状态下的竹、木器，是霉菌、蛀虫生长
的天然养料。传统的防霉变可采用药浸法处理，采用氟化钠、五氯酚钠、
氯萘等药液，将其溶于纯净水中，浸渍处理。也可以采用减压渗透方法，

药液渗入木质内部，效果更好。

7. 竹简保养法

竹简出土后，先清除表面污垢，再用适量的乙二醇渗固，用玻璃板对夹，使其恢复到原来的平整形状。字迹模糊不清的，为使字迹清晰，用纯净水清洗干净后，先将其浸泡在 5% 的草酸中，竹质色变浅，字迹变清楚时，纯净水漂洗净酸液。采用醇—醚—乳香胶工艺，置换出水分，渗透入乳香胶树脂，使竹简恢复到一定的强度。竹简在脱水干燥后，应处于较稳定的环境中保护，避免环境温湿度的变化、霉变、虫蛀、光照、老化、碰撞等因素的影响，对其造成二次破坏。可以将其用棉纸衬垫、玻璃片夹固，存放于温湿度恒定之处，或放入抽真空的充氮气的密闭器皿中。注意不要让其受到紫外线照射。

8. 皮革文物的保养法

皮革质文物首先应遏制霉变。遏制霉变的方法是改变存放环境的干燥通风条件，对于鞣皮杀菌剂可采用 0.2% 五氯苯酚/乙醇溶液，或采用月桂酸衍生物做喷雾杀菌。再如麝香草酚、硫酸锌、水杨酸、樟脑等均可作皮革灭菌剂。对付昆虫、寄生虫对毛皮、皮革制品的侵害，一般采用溴甲烷、氰化氢、二硫化碳、环氧乙烷等化学药品熏蒸，但效果不会长久。以除虫菊、硫代氢酸酯杀虫剂喷涂，效果较好。

脆弱的皮革制品可用甘油、羊毛脂、蓖麻油等保护。对已变干、变硬、变脆的皮革制品。需先作防破裂处理，方法是用一块湿海绵在皮面上擦拭一遍。再用 2% 中性钾皂/乙醇擦洗皮革上的污渍，晾干后涂抹 10% 乳酸钾溶液放置过夜，然后作鞣皮处理。配制鞣皮剂以 100% 羊毛脂掺以 7% 蜂蜡、15% 松油及 170ml 三氯乙烷混合液，鞣皮处理后，羊毛脂浸透到皮革组织中，使之润滑。蜡留在皮面上把皮的酥化部分凝固起来。

9. 纸质文物的保养法

文献档案、纸质文物的安全含水量一般为 5%～12%，最适宜的保存温度为 14℃～18℃，相对湿度为 50%～60%。纸质文物库房的存放环境要求：第一是避光。避免自然光、紫外光的直接照射，尽量采用低功率光照明灯具，窗户安装过滤紫外光的防护玻璃，珍贵纸质文物应在避光缺氧充有惰性气体的密封柜中存放；第二是良好的恒温恒湿环境，应无条件地采取保持室内自然通风与防潮、防灰尘、防空气污染等措施；第三对新入库品做严格的灭菌杀虫处理，确认无菌无虫害时才能入库，经常检查库内纸质文物，一旦出现霉菌或蛀虫，应及时采取灭菌杀虫处理。纸质文物虫害的除治有化学杀虫法，又分为胃毒法、接触法、熏蒸法。熏蒸法采用溴甲烷 2 份与环氧乙烷(为防环氧乙烷燃烧爆炸，与二氧化碳 1∶9 混合使用) 1 份混合使用，灭虫效果较好。还可以采用高、低温，辐射等物理方法杀虫，以及生物缺氧、化学缺氧、物理缺氧方法抑制昆虫窒息而死的方法。

10. 古旧家具的日常保养

许多古旧家具的损坏不是由于使用，而是由于保养不够造成的。古家具要放在避免阳光直射、远离火炉、暖气烘烤、地面不能潮湿、空气不可过干的地方存放，也要远离风口，家具的四脚应该垫平，柜门、抽屉要推平关好，以免变形。

过于沉重的家具，如架几案面，要定期翻面，长大的条案要轮流四脚朝天，并且不可在家具上长期压放重物，以免压弯变形；搬运椅子时要手端椅盘，不可提扶手，以免扶手脱榫；搬运柜子是要将柜门锁钮销牢，以免闪伤合页；应在柜子对角方位下手搬运，以免蹲伤腿足；搬运条案时，应手扶长牙板或牙头处，不可硬拽"护头板"；不得已踩踏桌椅时，应脱鞋在桌边、椅边处下脚，不可踩踏桌芯，以免踩裂面板。

应定期打扫库房中家具上的尘土，尘土多了会吸潮，并有许多微生物会腐蚀木材。要定期用干布擦拭家具，定期上蜡养护，重要的家具要做布层遮护。

11. 丝织品的养护

除控制好保存的温湿度，做好防虫防霉措施外，及时清洗是非常重要的一环。对于一件要处理的古丝绸织物，首先要了解污垢的特点及清洗程度；其次要根据丝织品的纤维种类、组成、结构和性质，按照不同的污垢类型选用不同的清洗方法。(1)湿洗法。对于丝织物来讲，一般只需将水溶性的污垢去除干净。可直接用水与表面活性剂配成适当的溶液，以适当的方法操作。清洗前应先除去泥土，然后用蒸馏水洗，千万不能使用自来水洗，因自来水中的氯酸盐对织物有漂白作用。对于很脆弱而且遇水后易褪色的丝织物，最好采用水蒸气来洗。即将需要清洗的丝织物放在用滤纸或脱脂棉做成的底垫片上，上面再盖上同样的垫片。然后仔细用蒸汽流来回清洗，织物上的泥沙就会被上下的衬垫所吸收；(2)干洗法。有许多污斑既不能溶于水中，且在水溶液中又不安全，那么则要使用有机溶剂来处理。用作干洗的有机溶剂有：乙醇、丙酮、汽油、苯、甲苯等。在使用以上低沸点的易燃易爆物质时，要注意防火防爆。为了安全，最好先做点小实验，证实不伤害织物时方可开始用。

不管是水洗还是用有机溶剂干洗，选择并使用适宜的表面活性剂，都会获得良好的效果。

12. 古陶器的养护

温度不稳定或温差过大容易损坏陶器，收藏室内的温度宜保持在17℃~25℃左右，湿度宜在50%~60%，相对湿度变化不超过5%~6%，过于干燥和潮湿都不利于陶器收藏；过量的灰尘，易对陶器形成一定的损害，造成器物表面变色，所以对陶器应定期擦拭、除尘，陶器最好存放在柜中或框架上面；强烈的紫外线容易造成陶器表面颜色变化，釉层脱落。所以，要防止和减少强光对陶器的照射。收藏室的窗子最好挂上不透光窗帘，或采用有色玻璃；陶器容易破碎，其耳部、把部、口部等部件较脆弱很容易发生断裂，因此不宜经常用手直接触摸、挤压这些易碎部位，搬动陶器时，应轻拿轻放，避免碰撞或磨擦，平时放置时，尽量放到安全、稳固、不易碰到的地方；古陶器除少数传世品，大部分是地下出土的，由于长埋地下，易被盐类及其他杂质侵蚀，土壤中的部分化学物也易吸附在器物表面，所以在将陶器收藏入室前，应先进行清洁、消毒并进行干燥；如果陶器某些部位产生裂纹，器壁或器表出现风化，彩绘和釉层出现剥落，应及时进行加固处理，防止继续扩大，对易破损的部位也应及时进行预防性加固；古陶上的污垢可以用清水清洗，不要在清水中加入任何洗涤剂或化学物质。浮尘可以用光滑的布擦拭，也可以用柔软的细刷轻轻掸扫。

13. 油画的清洁和养护

油画清洁剂采用松节油、乙基醋酸酯、酒精稀释的混合剂，用小棉签或小块脱脂棉涂除清洁剂。上光油保护画面，光油由蜂蜡、威尼斯松节油、达玛树脂等材料合成。

14. 玉器、玻璃制品的养护

玉器和玻璃制品受温湿度、虫害等因素的影响较小，但它们质地较脆，容易受撞击后发生破损。所以养护的重点就是防撞、防震。存放时每件器物都有独立的囊匣放置。取放时注意手型，切忌脱手。观赏时应平稳放置在铺有软垫的桌面上，时刻注意安全。

15. 古瓷器的养护

瓷器在洗刷和整理的过程中，应该注意和掌握这方面的技巧和方法。第一，一般的污渍、土锈可以用碱性的稀释后的溶液浸泡，视污渍的情况确定浓度和时间。浸泡以后再用猪鬃或尼龙刷蘸肥皂或皂粉洗刷，再以温水冲洗，直到污渍退尽为止。第二，冬季洗刷薄胎瓷时，要控制水温，以防冷冻和遇热爆裂。第三，有的瓷器的表里，因水浸太久，水锈黏附其上，可用上述酸性液体浸数日，若水锈很厚，可用竹签剔去。第四，粉彩瓷器，有的因彩色中铅的成分多，出现泛铅现象，可用药棉蘸稀硝酸擦之自去，再用清水冲洗。第五，如瓷器有开片或裂纹之类，可用棉质蘸稀硝酸修复。第六，洗刷瓷器最好用木盆和塑料盆，不宜用瓷盆和水泥盆，以避免瓷器碰伤。

古瓷器的收藏与保管必须轻拿轻放。第一，器体大的瓶、罐、尊移放时因体形大，一般都是由上而下两段拼接而成，且有一定的质量，所以不能只用一只手提物件上部的脖子。第二，瓷器在取放时，须当心人物的须发和手指部分。第三，瓷器的大盘、大碗体质较重，移动时应该双手捧，或是一手的拇指和食中二指扣住边缘，另一手的四指和手掌托底。第四，薄胎的器皿，胎薄、质轻、娇嫩，移动安放时更需小心，要双手捧，忌用单手，尤其是瓶件，底足小，长度高，还需防风吹倒。第五，带座、带盖的瓶器取放时应将座、盖和主体分别单拿单放，防止移动时脱落打碎。

五、可移动文物的修复技术

(一)文物修复遵循的原则

新中国成立以来，我国一直沿袭着"保持原状、修旧如旧"的传统修复原则，目的是使破损的文物，通过修复恢复到完整的原状。20世纪80年代后期，随着我国一些文物保护修复项目与意大利、德国、日本、美国等国的合作，传统修复技术逐渐与西方先进保护修复技术结合，现代西方修复技术正在逐渐融入传统修复理念中，形成现代文物修复理念。它提出的文物修复原则是"最小干预"、"可识别性"、"可再处理性"。

通常可移动文物的修复过程全程要做好照片记录、病害图绘制、预计被遮挡图案绘制等案头工作。

(二)各材质可移动文物的修复

1. 金属文物的修复

(1)错金银器修复

一般程序：清洗—去除土锈、瘤状锈—焊接补配—錾刻花纹—捶展—皮革蹭磨—油泥围补。

错金银器修复前后对比

（2）青铜器修复

清洗——大部分文物出土时没有及时处理，使铜块表面的泥沙变硬。为了再现本来面目，应首先采用蒸馏水清洗。

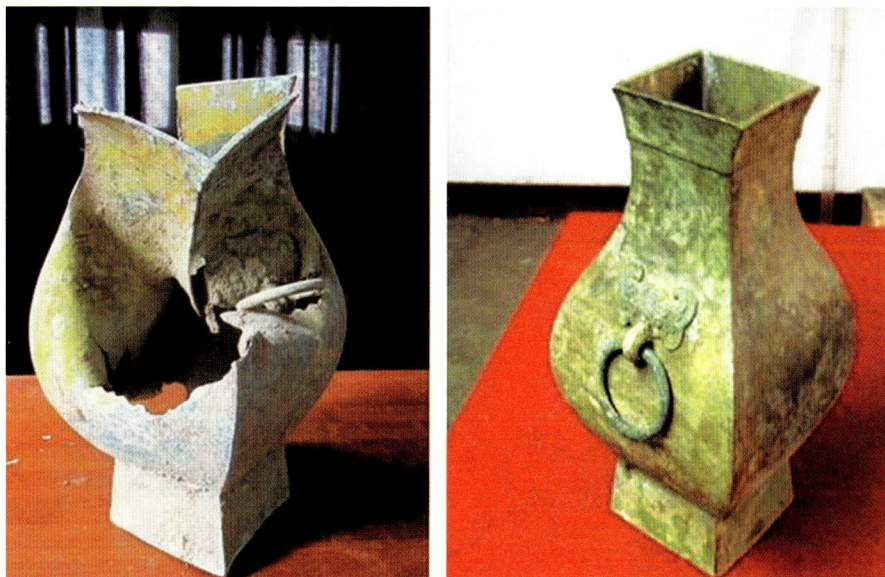

青铜器修复前后对比

除锈——所谓机械去锈就是采用手工或机械工具除锈，主要包括小型蛇皮沙轮机、超声波清洗机、超声波洁牙机、小型刻字机等。通过打磨及震动将锈蚀及矿化物震落下来。如果还不够理想，可用柠檬酸、碳酸氢钠、六偏磷酸钠等化学试剂去锈。

整形——大多数出土青铜器被挤压变形，要根据铜器铜质的变形程度和铜质性质、延展性、弹性、塑性、脆性、强度、厚度及腐蚀程度，选择钣金技术、模压及撑拉焊接整形法等来整形。

焊接——这是修复破碎铜器、复原铜器器型的最理想方法。作为文物焊接主要应用锡焊法，也可用黏接的方法。

做锈——一件残破的青铜器，经过精心操作，整体复原后，要对补配部位及焊道进行做锈，也就是用人工或化学方法，使用各种颜料涂在做锈部位，使之表现出腐蚀生锈的效果，俗称"作旧"。

（3）铁器的修复

机械除锈——即使用手术刀将铁器上附着的土锈和其他附着物轻轻剔除。

化学除锈（4 % EDTA）——将铁器表面的附着物及松散锈蚀清理完毕后，对于顽固坚硬附着力强的锈蚀采用 4 % EDTA 溶液进行处理。

缓释——用去离子水冲洗一遍，然后用配制好的磷酸氢二钠溶液浸泡铁器，隔水加热至80℃，浸泡时间为 12 小时。检测溶液中的氯离子，如

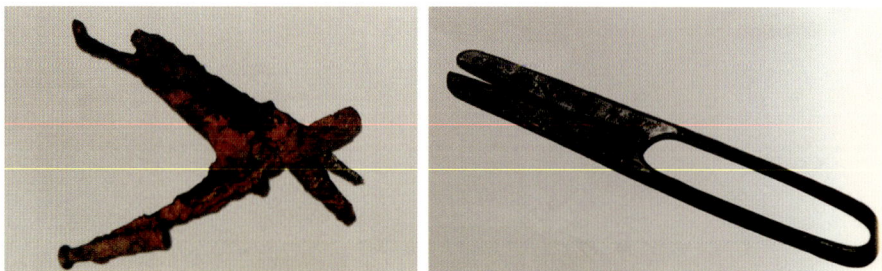

铁器修复前后对比

果氯离子浓度大于 5ppm 时，更换溶液，重复上述过程。一般情况下，这项工作要反复进行 5 次。当氯离子浓度小于 5ppm 时，缓释工作完成。

干燥——缓释工作结束后，对铁器进行干燥处理。方法有两种：一是用玻璃干燥皿干燥，干燥时间大约在两周以上；二是使用电热干燥鼓风箱，电热干燥鼓风箱温度设置在 60℃，干燥时间约为 5 天。

加固、封护——经过上述步骤后，对残破的铁器进行拼对加固。残损铁器可拼对的，分两组用 AAA 透明胶黏接加固，可在透明胶里加入和铁器相同的颜色做旧。不能拼对的铁器残件应和铁器一起保存。

封护是铁器处理的最后一项工作，一般使用微晶石蜡。具体方法是：将微晶石蜡加热溶化后，把器物浸入，待不再冒气泡后，置入恒温干燥箱内，温度设置在 60℃，静置一个星期，取出器物即可。

2. 陶瓷器的修复

（1）古陶修复

清洗——①用氢氧化钠复合液将所要清洁的古陶文物浸泡 24 小时。在常温下，一般可除去以二氧化硅及其硅酸盐为主的硅质水垢。清洗目标是将古陶表面残留的浅白色至砖红色的水垢清洗掉；②用螯合剂煮洗古陶器，可清除整个沉积膜。方法是在 EDTA 二纳盐溶液中加入氢氧化钠、苯磺酸钠、三乙醇胺，加热到 75℃～80℃时，放入陶器煮沸 20～30 分钟，然后用大量清水冲刷沉积膜。最后，用稀乙酸中和处理。

对茬与拼接——①对茬残片的画线与编号。较为常用的办法是：在残陶背面用可擦掉痕迹的记号笔，将两片将要对接的茬口画上记号；②黏接错位的预防。先要把拟拼接或画线标号的残片分类摆放，按照完整器形的形状分布开放。这样做的目的是综合审视，找出难点。从整手的死角处下手，由小到大，逐渐合拢。其次就是按序组合拼接后的正式黏接。当胸有成竹之后，就可以动手正式拼接了。③黏接胶水的选择。常用的黏接胶水有：环氧树脂类胶黏剂、纤维素胶黏剂、丙稀酸酯聚合剂等。但是，在古陶器文物修复中，首选的还是那些无色透明、黏接强度牢、固化速度快、

陶器修复前后对比

耐老化、能在常温下室内操作的胶水最为理想。

缺损的补配、打磨——常用的填充材料是环氧树脂和滑石粉、牙托粉、白水泥等。用水砂纸打磨。

上色与补彩——使用丙烯酸漆或者聚酯王漆反复喷涂上色。如果是彩陶又有部分缺损的话，那么就需要适当地补画。补画彩陶纹饰图案最好使用自然的矿物颜料，如白垩土、石膏、赤铁矿、石墨、雄黄等自然色素，或者利用丙烯颜料亦可，但要多层涂布，试探陶体的吸水性，注意色泽深浅，要与原件保持整体一致性。

做旧——将已经风干的古陶器做出出土文物的初始状态。常见的方法是利用黄土、墓葬内泥土等作为表面饰物层，然后混入风化的旧青砖研细的粉末，再用抹布蘸该粉末揩拭古陶器文物表面，使之呈现沧桑旧痕。

（2）古瓷的修复

清洗——瓷器清洗的方法有很多，基本上与青铜器清洗一致。①首先用清水粗洗灰尘、泥巴，再用水加洗洁精洗油腻、污垢及断裂碴口。用刷子、竹签、小刀等手工清洗；②机械去污，即对有些坚硬的附着物用小型超声波清洗机或电动刻字笔等清洗；③化学去污。瓷器上的碳酸钙、镁等用稀释的盐酸或甲酸清除。

拼对——根据器物的形状、纹饰、颜色进行试拼编排，用笔写上记号，并计划好黏接的顺序。

黏接——瓷器黏接剂选用黏接强度高、耐老化力强，而且固化时间适中的黏接剂才能够修复出质量高的瓷器。一般选用国产的环氧树脂黏合剂。碎的较多的瓷器可以从底部开始黏，有些可从口沿开始黏，必须做到每黏一块都不能有丝毫的差错。如果一块错位，最后将无法合严。黏接时还要注意不要涂胶太多，要将胶涂在瓷片中心，合对时一定要加压，并用白布带捆绑好，流出的胶马上用丙酮擦净。

补配——对瓷器残缺的部位可采用石膏补配、树脂补配、瓷配瓷修配、环氧树脂补配、瓷片补配、软陶补配、烧瓷牙材料补配等，按陶瓷损坏的程度选择适用的方法。

打底——经过黏接的瓷器会留有一条条黏接细缝，要用颜色填平，即为打底，也叫刮腻子。要选择附着力强的涂料并加上适量的填充料，调制成填补料，然后用小牛角刮刀一层层地刮涂上去，每刮涂一层要等待其干燥后用细水磨砂纸打磨一次，直刮涂到细缝填平为止。最好用细砂纸慢慢打磨，打磨到以手触摸接缝处感觉光滑无阻挡即可。

作色——作色是瓷器修复中最难的一道工序，修复的水平高低主要看所作之色是否与原物一致。目前香港、日本等地生产的化工涂料效果较佳，国产涂料主要以丙稀酸快干色涂料为主，掺与其他颜料一起使用，这种涂料有附着力好、耐老化强度高、光色鲜明等优点；但瓷器的颜色大多

瓷器修复前后对比

很丰富，必须调配，只有调配的颜色与原物一致，修复出来的瓷器才能逼真。用毛笔或喷笔上到修复区域。

　　做旧——瓷釉光泽处理。陶瓷釉面光泽变化是一种自然现象，新瓷器人称"火强"，就是表面非常光亮。而古陶瓷因受环境、日光、风雨等的长期作用，光泽变得温润柔和。做旧可采用抛光打蜡的方法，即将修复过的地方涂擦一些蜡，然后用麻布擦，再用绸布擦；也可用牙刷来回刷。有些需要亮光的可采用玛瑙压子抛光，直至修复后的釉面与原物相同为止。

　　3. 古书画修复

　　古书画的修复主要有四个步骤：洗、揭、补、全。其中"洗"要用到清洗槽、毛巾、排笔、浆糊，有时，还有高锰酸钾和草酸等材料和工具，不过通常是用清水洗画；"揭"所用的工具有鬃刷、浆糊、镊子等；"补"则要用到纸、绢、浆糊、刀等；"全"即全色，要用毛笔和矿物质颜料。

4. 古籍修复

古籍修复因为时代和流派不同，修复过程也不同。大体可以分为如下几种。

记录书籍资料——以便修复时方便检查和配页。

拟定修复方法——古书的各种破损、污渍等被修复艺人叫做书病。古书修复也有"望闻问切"。望：指的是检查破损、污渍、纸张、绢帛等材质的现有情况。闻：指的是通过气味判定，纸张的矾化程度、有无霉烂。问：指的是要询问书籍来历，如果书籍现在的持有者是长期居住南方则选

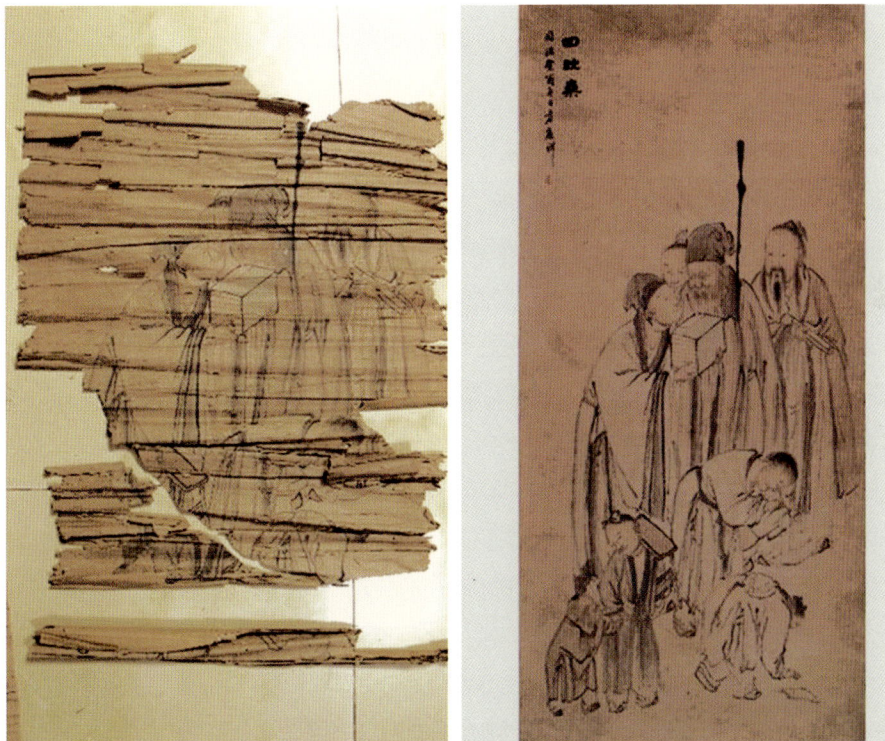

书画修复前后对比

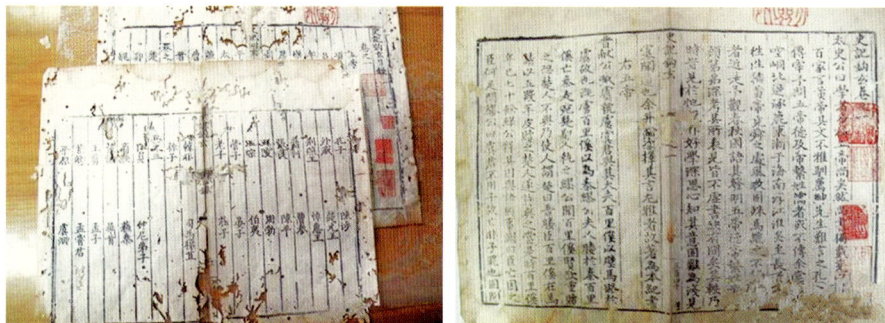

古籍修复前后对比

用白芨作为浆糊，如果长期居住北方则选用面糊作为浆糊。客户不同的居住地域也决定了修复方法和修复材料。而且要向书籍的持有者询问书籍的年代、版本、曾经印刷地域，这点很重要，因为修复师傅对于古籍断代能力不高，所以询问下书籍持有者这些详细内容很必要，对于修复甚至是决定成败的。切：指的是修复师傅抚摸和检查书籍材质的保存状况、纸张的薄厚、是不是曾经有修复等。

拆线—拆纸钉—拆包角—清洗书页，师傅们根据各自流派配置专门的洗书水—处理虫眼或者根据书病的情况托表或者点镶—装订—制作书函。

5. 古家具修复

清洗——修复前首先要把古旧家具清洗干净，在清洗的时候忌用湿抹布擦，宜用大功率吹风机吹走家具表面的浮沉和积土。对于黏附在部件上面的水泥浆、沥青、化学油漆等现代垃圾之类，应使用物理手段清除，如精细的刀刮和打磨，尽量不使用化学药剂清除。

检查——通过检查家具表面破损的情况以及家具结构的松动情况，才能确保正确制定修复方案。

拆散——拆散前需在不同部件上标好序号以方便后来安装，拆解家具时，结合处有胶的地方如卸不下可用开水浇烫，一定要注意保持家具的完整性，切忌破坏家具漆膜和形成新的损伤。

古家具修复前后对比

去漆——一般是用细砂纸轻轻打磨，较硬的部位使用刀刮。去漆时不能破坏原有的精雕部分，比如桌案类家具腿部常见的"一炷香"线脚，经过长时间的自然风化，十分脆弱，一旦磨掉，除非线脚改制别样，否则就成为永久损坏。

修配——遗留到今天的部分家具，在传承过程中不可避免地造成了一些零部件的缺失，这就需要补配所用的材料与原物一致，最好用旧料，雕刻纹饰应与原物风格一致。

家具表面加工处理——首先是打磨，家具的木质和纹路是最耐看的朴素美，通过打磨去除木材表面的毛刺，是为了表现自然的包浆效果。接下来就是做漆面，对古家具进行抛光打蜡。

6. 纺织品文物的修复

先利用专性生物酶技术对纺织品进行去污清洗，再筛选优化出可分泌与纺织品材质相似的菌种，对古代脆弱的纺织品加固。最后用人工针线法修复缺失的部分。

7. 竹木漆器文物的修复

（1）饱水竹简的修复

用醇-醚法脱水定型饱水竹简就是首先将竹简中的水分替换出来，再用乙醚替代竹简中的乙醇，竹简中的乙醚在一定条件下脱溢，竹简即可定型。此法对保存状况较好的饱水竹简的脱水处理是成功的，但对保存状况较差的竹简脱水效果不理想，因此引入多硅酸聚合物加固竹简。多硅酸聚合物对纤维有硬化作用，并能溶解残留在竹简内的有机腐败物，使竹简恢复其本色，提高了简文的清晰度。

纺织品修复前后对比

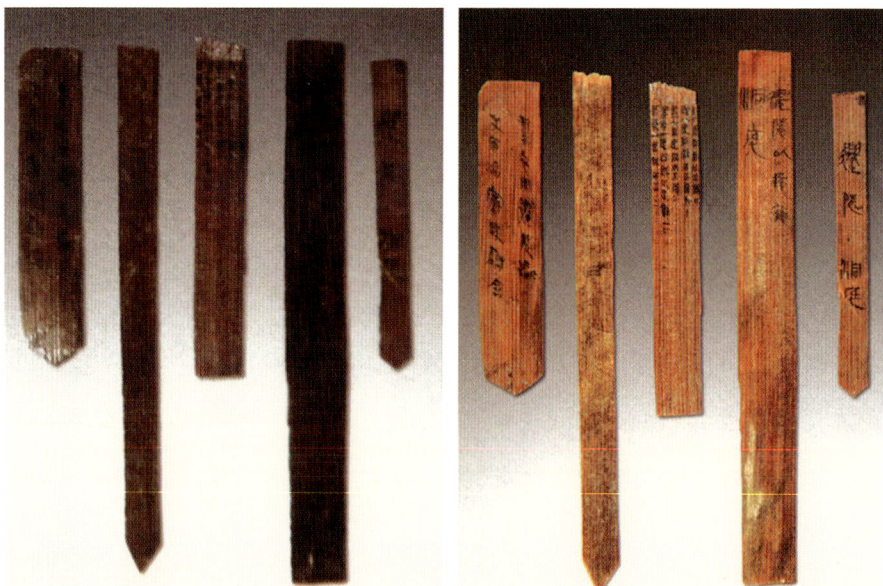

饱水竹简修复前后对比

饱水木器修复前后对比

（2）饱水木质文物的修复

十八醇脱水加固定型饱水木质文物操作过程：①将饱水木质文物浸泡在浓度逐渐递增的乙醇水溶液中（30%、50%、80%、100%）；②待木质文物中的水分全部被100%乙醇取代后，将其浸泡至逐渐递增的十八醇乙醇溶液中（10%、30%、60%），溶液温度恒定在60℃；③待60%十八醇乙醇溶液全部渗入木质文物后，将其从溶液中取出，用30℃的绝对乙醇洗去木质文物表面的十八醇蜡状物。以上操作在恒温脱水槽中进行。

（3）饱水漆器的修复

脱水整形——用PEG（聚乙二醇）+尿酸+二甲基脲复合液脱水加固定型饱水漆器，用木制模具将其夹紧固定，在特定的条件和工艺下实现器物的整形和干燥同步进行，期间逐渐加大模具对器物的压力，使其得到脱水干燥整形。

制胎——漆器是一种复合体，胎骨和漆膜是两种性质不同的物质材料。胎骨有木胎、竹胎、皮革胎等，出土时多已腐烂。而漆膜有极强的耐腐蚀性，所以需要按具体材质重做胎体。

漆膜软化——刮掉腐烂的胎体后，将漆膜用纯净水清洗干净，用配置好的溶液并控制温度让漆膜软化定型。

黏贴——先将漆膜按位置编号拷贝到制作完成的胎体上，再拼对漆

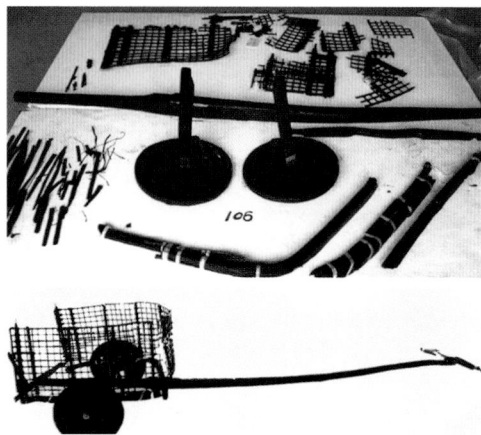

饱水漆器修复前后对比

膜。然后用小号树脂修正器将水溶性无机黏结剂涂刷到清洗软化处理好的漆膜和胎体上。最后将黏贴好的漆膜在还未干之前用透明胶带固定。

补配——缺失的漆面要寻找同时代、同颜色的漆膜补配完整。

修整——用小型专用打磨器将器物修复过程中的凸凹不平和边缘不整齐的部分进行修整，使其平整光滑。

上色、做旧——以硝基漆作为上色材料。用软毛笔一遍一遍将调好的硝基漆涂抹到需上色的部位，直至与原件漆膜色彩接近，并做局部脱色，有老旧的效果。

8. 玉石文物的修复

古玉的修复，不仅仅是简单地将破碎片清洗、拼对黏起了事。要想合理地利用茬口清洁剂、胶黏剂与黏接顺序及方法，首先要对古玉的质地有所了解。破碎玉器的修复以黏接为主，先用内酮或乙醇清洗茬口，因软玉的断碴多为参差不齐，所以棱碴凹陷处的污染物一定要洁除干净，不然会造成黏接缝隙不严密而错位。胶黏剂要选择无色透明、速干、黏接牢固的胶液。黏接处可以用透明硝基漆调配准颜色后喷涂，以1200目金相砂纸研磨抛光处理。

古玉器修复前后对比

9. 皮质文物的修复

干洗——用小毛刷轻轻刷掉灰尘，用细针轻轻松动吸附在皮革上的白色污染物，再用小儿吸痰器吸走污染物，用无水乙醇去污去霉。

修复——将皮革文物放入恒温恒湿的回潮箱，进行回潮，使它变软，再把起甲、开裂的皮子以及脱落的残片，用日本纸和纤维素黏上，用力度适中的夹子固定；用塑料纤维慢慢将变形部位矫形，使之变得结实，恢复其原有的形状和色泽。

保护——修复完成，并不意味着保护工作的结束。选用轻木，它原产南美洲西印度群岛，木材特别轻，木质细白，而且虫不吃、蚁不蛀，按皮质文物内空切割、打磨轻木，放入皮革文物的内部，起到一定支撑的作用，避免在放置过程中再次变形。最后放入无酸纸盒保存。

10. 油画修复

摸清油画原作的情况——首先要掌握修复对象的基本情况，必须先了解中西方油画历史背景和流派的相关资料，作者的创作年代、创作风格、创作观念、美学观点以及绘画技法和特质。同时又要明白作者惯用的材料、色彩、内在结构和关系。这样使修复人员对作品有更深入全面的认识，就能更准确掌握到作品的原始创作面貌。在修复之前，必须详细记录

修复整形后的 1400 多年前制作的皮鞋

油画及外框的规格、主题、作者签名和日期。其次，要分辨油画的基底物所使用的材料。搞清楚它究竟是棉布、大麻、亚麻、黄麻、混合纤维布、木板或是纤维板，还是"初涂"层的颜料。作品的保存状况，除可以使用电子显微镜观察外，还可通过紫外线照射来检测，它可透视到保护层与绘画颜料层内部，可分析绘画颜料层的化学反映。判断颜料使用的黏着剂，颜料的厚与薄，属透明或不透明绘画技法，是明色、暗色还是灰色色调，笔触是粗糙还是细腻，绘画颜料层是否龟裂，以及确定龟裂的范围和裂纹的深、浅程度，颜料层表面有无氧化腐蚀而破损、潮湿霉化或遭微生物和昆虫侵害现象，以及颜料层表面出现水泡使油彩脱落现象。还要再辨别该作品是否涂有保护层，所涂的范围和厚度，仔细分析凡尼斯层(保护层)的颜料与透明颜色是否有病变现象。

清洁整理画面画背——首先定制一个规格比待修复作品原画布每边大10～20cm 的空心粗木框作为修复框，在修复框上用胶纸带按十字相隔15cm 分布贴于框上(胶面朝里)，按画的尺寸，框边上四周黏贴无酸牛皮纸，在胶带无胶面上用两层绘图纸托底，目的是使要修复的油画能平整地放置于修复框上，同时能准确地控制其修复范围。接着将要修复的油画从内外框拆除下来，拆取画时要谨慎，决不可任意用力，避免伤害绘画层与基物。卸下的油画，表面的尘垢可用吸尘器轻轻吸干净，也可用软毛排笔或软毛刷（不能用抹布）轻轻地顺同一方向拂刷，不可纵横上下乱刷，要处处小心。如画面有颜料脱落现象，则不可进行。

把作过画面清洁的画平展放置于木框上，油画面上铺几层纯棉纱纸封护，以避免在拉平画布过程中产生颜料脱落现象。而后在贴满绵纸的画面四周边上再贴上较厚的牛皮纸，让上下两层牛皮纸夹着油画，使之固定，在阴干的过程中，旧画布被四边的张力自然绷紧拉平。待黏贴边上的浆糊干透后，剪去背后胶纸，去掉绘图垫纸露出油画背面。

在平台板上铺垫软纸，将已封护的画面朝下放于垫纸上，用吸尘器吸去画背的浮尘污垢。用细砂纸轻轻均匀打磨画背，然后铺上一层玻璃纸，用电熨斗低温平整画背，还可交替使用装有细铁珠的砂袋揉平。同时密切关注画面变化，动作力度要适中，这样整理，是为了能均匀地在画面背后托蜡。

油画底部托蜡加固——修复被损的油画，最重要的是选择一种良好的胶黏剂。这种胶黏剂要求具有很好的渗透性，能够把已经松动将要脱落，但又尚未完全脱落的油绘颜料层与画底、画布黏合在一起，而且不会对油彩发生溶解作用，不能出现白化现象，更不能改变画面色调。同时在其固化之后，又具有良好的柔软性和可逆性，以便将来根据需要随时可以将其去除掉。针对这些要求，首先对各种黏合剂进行试验和筛选，最后选用的理想胶黏剂是以纯蜂蜡、达玛树脂和松节油为主要成分制成的树脂蜡。我们选用纯蜂蜡是因为蜂蜡不像石蜡含有多种矿物质放射性元素，且比石蜡稳定和柔韧。加入达玛树脂能增加蜡的黏性，再加入松节油能使蜡更好地与油画颜料层结合，同时起到软化蜂蜡和达玛树脂的作用。这种配制的黏胶剂不仅有很好的黏合性，而且在其干固后仍相当柔软，具有弹性，即使是一些画布老化朽弱，油彩松浮龟裂，甚至部分画底脱离画布的油画作品，经使用这种黏合剂加固后，便可以重新卷曲。

下一步进入新旧画布的托蜡黏合加固工作。首先煮制树脂蜡，将一定比例的蜂蜡和达玛树脂加热熔化，加入松节油拌匀调和后冷却。树脂蜡的成分比例：

纯蜂蜡	：	达玛树脂	：	松节油
10	：	3	：	1

将配制好的树脂蜡加热至60℃左右熔解，用排笔将树脂蜡均匀地刷涂在画背上，用电熨斗低温熨均匀，充分让蜡渗进画布的纤维之间，通过加热，使树脂蜡溶液渐渐从画背通过纤维间的空隙渗到画布上颜料层的底部。然后用玻璃纸隔着用砂袋加压平整，如有部分蜡过多过厚，可揭开玻璃纸用熨斗加热把蜡刮向四周，直至均匀平整。待树脂蜡冷却后，将画从修复框上移下来。

用于加固油画的衬托底基物应选用颗粒细腻均匀的上等麻布，将这块新画布钉在修复框上，四周剪齐，绷布时一定要保持距离相等的直线，方能达到对绷布力量的平衡。而后用喷雾器将水洒湿新画布，使之松弛，接着又绷紧，待布晾干后用手掌在画布上搓磨，再将画布往框上绷紧，又洒湿水再绷紧，待晾干后用手掌又在画布上搓磨……如此反复进行"老化"处理三至四遍，使之以后不再变形和收缩，与旧画布协调，同时还可增加附着力。将树脂蜡加热熔解，用排笔将树脂蜡薄薄地涂一层于新画布上，接下来便可进行新、旧画布的托裱加固工作。首先将油画正面平张于台板上，又将新画布裁成与原画布尺寸大小一样，把已涂过蜡的那面覆盖在油画的背面，在新画布没涂蜡的一面铺上玻璃纸，然后用熨斗加热至60℃~65℃，使两层画布之间、画布与色层之间的蜡同时融化，充分渗透到油彩和画底，同时不断地用砂袋推压。推压力度要适中，蜡未完全冷却状态下用力不能过大，待蜡基本冷却时逐步增大力度，直到几个层面牢固地黏合在一起。而后用细铁珠做的砂袋均匀地铺置在玻璃纸上，加压一至两天，经固化后的油画起到了黏合加固作用，不但画面平整，具有很好的弹性，同时油画可以卷曲。

油画画面的修复——将油画画面翻转向上，用水喷湿棉纱纸后揭掉。对油画面进行修复，包括画面清洗、填补画面、颜料层全色和画面封护等技术。

（1）清洗画面

修复画面前，务必先将画面清洗干净，要根据作品所用颜料质地选用清洗溶剂，并严格分辨溶剂的强度。有些溶剂使用后将会严重破坏作品的材料，更有甚者会侵蚀作品的涂底层，致使底层的质地变软。一般常用的是乙醇、精炼松节油、丙酮、石油醚等有机溶剂。它们既能去除多种污垢，而且对各种材料的艺术品基本无害。遇到较顽固的污渍、油污、烟熏、虫卵、霉斑和水迹，根据其污染程度与承受程度来选择两、三种或四种溶剂的混合液使用，而每种溶剂都有它的特性与溶解功能，但在使用之前，必须在画面一边角上试验后方可铺开使用。

清洗过程是用棉球和棉签蘸调好的溶剂擦去渗透到表面的多余树脂蜡，较大的蜡块用竹签轻剔除掉。清洗画面时采用棉球点蘸或棉签滚动轻轻擦洗，每次蘸洗停留的时间不宜过长，清洗的液体同时用另一根棉签吸干。其目的是不让清洗剂过多而渗到颜料层内，从而使画遭到损害，尤其是对于间接画法的透明油彩浸染部分，更要特别小心谨慎。棉球和棉签洗擦出黄褐色保护油和污垢，如发现油彩被棉签蘸出时，应立刻停止该部位的清洗，以免将原色洗掉。清洗方式以每小方块面积逐块扩大，一般是直到棉花不再沾染黄色为止。

（2）填补画面

将已托裱加固和清洁好的油画重新装入原油画框内，为预防画布因经托裱后变厚而不平整，可将画布四角剪掉一小方块，再装入画框，四周布边用电熨斗加热熨平翘起部分，使其定型并紧贴画框。为防止画布生锈霉烂，在绷钉画布时最好选用不锈钢钉。

对油画各层之间发生的剥离，一开始总是表现为画面局部出现凸皱或油彩变得松浮起来。这些现象一经发现，要立即采取措施，可在脱片下面注射一种稀薄的动物胶或蜂蜡与树脂的混合剂，再加以轻微的热压，把油彩按平。油画的底子是颜料层的基础，正常的情况下应紧贴颜料，颜料的脱落会连底子也一块脱落，形成画面凹陷孔洞。要修复龟裂严重破损的颜料面，必须要先修复好油画的底子部分。在填补过程中，我们选用了聚乙烯醇溶液和钛白粉或立得粉，并加入少量亚麻仁油为填充物，根据原油画彩层厚度和笔触进行塑性修复，尽力做到填补处与周围衔接自然，多余的填充物用海绵磨平，然后自然晾干，待画面稳定。

（3）颜料层全色与画面封护

由于画面油彩部分脱落和填充料色泽的差异，必须进行颜料层全色，即对原油画损害的颜色进行全面修补。这是一项极其耐心细致的工作，是个人艺术修养与绘画技巧的体现，也是修复油画全过程中最关键和最费力的挑战。在进入全色工作前，首先对作品颜色层要作认真分析，保证确实做到油画的还原效果。使用油画颜料填涂已脱落的油彩，遵照作品原貌、色泽逐层补彩，原则上不能超出脱色部位，不改变原来的色感，务必达到与作品风格完全一致。

油画最表面一层是保护油，它对油画起着防污、防尘和防潮等保护作用。因此修复油画的最后阶段是给油画表面封护光油，我们采用达玛胶（最好用玛蒂树脂）和精纯松节油配制，其比例1∶3。然后用细毛排刷薄薄涂于整个画表面，一般涂擦两层，并让整个画面光泽度达至均匀，如果需要哑光效果，可在保护光油里加入适量蜂蜡，其比例为5∶1。

为了日后需要再修复时分别出原油画部分或曾修复过部分，应当在添加修复材料的地方用透明纸蒙上作记号。但如果不作为藏品的油画又急需陈列的就不必封纸。

油画修复前后对比

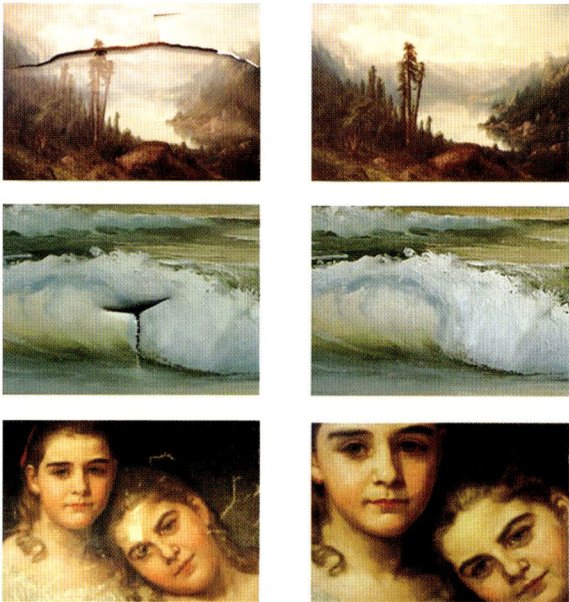

油画修复前后对比

第三节　可移动文物保护法规

一、与可移动文物保护相关的法规及内容

目前我国制定的与可移动文物保护有关的文物法律法规有：

《中华人民共和国文物保护法》

《中华人民共和国文物保护法实施条例》

《文物认定管理暂行办法》

《文物行政处罚程序暂行规定》

《文物进出境审核管理办法》

《文物出境展览管理规定》

《文物出境审核标准》

《文物进出境责任鉴定员管理办法》

《文物拍卖管理暂行规定》

《近现代一级文物藏品定级标准(试行)》

《近现代文物征集参考范围》

《文物保护行业标准管理办法(试行)》

《文物复制拓印管理办法》

《国家文物鉴定委员会管理规定》

《作品限制出境鉴定标准》

《中华人民共和国文物保护法》是保护可移动文物和不可移动文物等文化遗产的根本大法。它于 1982 年 11 月 19 日第五届全国人民代表大会常务委员会第二十五次会议通过。在实施过程中根据中国社会发展状况发生过 5 次修改，分别是：

1. 根据 1991 年 6 月 29 日第七届全国人民代表大会常务委员会第二十

次会议《关于修改〈中华人民共和国文物保护法〉第三十条、第三十一条的决定》第一次修正。

2. 2002 年 10 月 28 日第九届全国人民代表大会常务委员会第三十次会议修订。

3. 根据 2007 年 12 月 29 日第十届全国人民代表大会常务委员会第三十一次会议《关于修改〈中华人民共和国文物保护法〉的决定》第二次修正。

4. 根据 2013 年 6 月 29 日第十二届全国人民代表大会常务委员会第三次会议《关于修改〈中华人民共和国文物保护法〉等十二部法律的决定》第三次修正。

5. 根据 2015 年 4 月 24 日第十二届全国人民代表大会常务委员会第十四次会议《关于修改〈中华人民共和国文物保护法〉的决定》第四次修正）。

《中华人民共和国文物保护法》中对可移动文物保护的条款有：

第二条　历史上各时代重要实物、艺术品、文献、手稿、图书资料、代表性实物等可移动文物，分为珍贵文物和一般文物；珍贵文物分为一级文物、二级文物、三级文物。

第四条　文物工作贯彻保护为主、抢救第一、合理利用、加强管理的方针。

第五条　下列可移动文物，属于国家所有：

（一）中国境内出土的文物，国家另有规定的除外；

（二）国有文物收藏单位以及其他国家机关、部队和国有企业、事业组织等收藏、保管的文物；

（三）国家征集、购买的文物；

（四）公民、法人和其他组织捐赠给国家的文物；

（五）法律规定属于国家所有的其他文物。

属于国家所有的可移动文物的所有权不因其保管、收藏单位的终止或者变更而改变。

国有文物所有权受法律保护，不容侵犯。

第三十六条 博物馆、图书馆和其他文物收藏单位对收藏的文物，必须区分文物等级，设置藏品档案，建立严格的管理制度，并报主管的文物行政部门备案。县级以上地方人民政府文物行政部门应当分别建立本行政区域内的馆藏文物档案；国务院文物行政部门应当建立国家一级文物藏品档案和其主管的国有文物收藏单位馆藏文物档案。

第三十七条 文物收藏单位可以通过下列方式取得文物：

（一）购买；

（二）接受捐赠；

（三）依法交换；

（四）法律、行政法规规定的其他方式。

国有文物收藏单位还可以通过文物行政部门指定保管或者调拨方式取得文物。

第三十八条 文物收藏单位应当根据馆藏文物的保护需要，按照国家有关规定建立、健全管理制度，并报主管的文物行政部门备案。未经批准，任何单位或者个人不得调取馆藏文物。

文物收藏单位的法定代表人对馆藏文物的安全负责。国有文物收藏单位的法定代表人离任时，应当按照馆藏文物档案办理馆藏文物移交手续。

第三十九条 国务院文物行政部门可以调拨全国的国有馆藏文物。省、自治区、直辖市人民政府文物行政部门可以调拨本行政区域内其主管的国有文物收藏单位馆藏文物；调拨国有馆藏一级文物，应当报国务院文物行政部门备案。

国有文物收藏单位可以申请调拨国有馆藏文物。

第五十条 文物收藏单位以外的公民、法人和其他组织可以收藏通过下列方式取得的文物：

（一）依法继承或者接受赠与；

（二）从文物商店购买；

（三）从经营文物拍卖的拍卖企业购买；

（四）公民个人合法所有的文物相互交换或者依法转让；

（五）国家规定的其他合法方式。

文物收藏单位以外的公民、法人和其他组织收藏的前款文物可以依法流通。

第五十一条　公民、法人和其他组织不得买卖下列文物：

（一）国有文物，但是国家允许的除外；

（二）非国有馆藏珍贵文物；

（三）国有不可移动文物中的壁画、雕塑、建筑构件等，但是依法拆除的国有不可移动文物中的壁画、雕塑、建筑构件等不属于本法第二十条第四款规定的应由文物收藏单位收藏的除外；

（四）来源不符合本法第五十条规定的文物。

第五十二条　国家鼓励文物收藏单位以外的公民、法人和其他组织将其收藏的文物捐赠给国有文物收藏单位或者出借给文物收藏单位展览和研究。

国有文物收藏单位应当尊重并按照捐赠人的意愿，对捐赠的文物妥善收藏、保管和展示。

国家禁止出境的文物，不得转让、出租、质押给外国人。

第五十三条　文物商店应当由省、自治区、直辖市人民政府文物行政部门批准设立，依法进行管理。

文物商店不得从事文物拍卖经营活动，不得设立经营文物拍卖的拍卖企业。

第五十四条　依法设立的拍卖企业经营文物拍卖的，应当取得省、自治区、直辖市人民政府文物行政部门颁发的文物拍卖许可证。

经营文物拍卖的拍卖企业不得从事文物购销经营活动，不得设立文物商店。

第五十五条　文物行政部门的工作人员不得举办或者参与举办文物商店或者经营文物拍卖的拍卖企业。

文物收藏单位不得举办或者参与举办文物商店或者经营文物拍卖的拍卖企业。

禁止设立中外合资、中外合作和外商独资的文物商店或者经营文物拍卖的拍卖企业。

除经批准的文物商店、经营文物拍卖的拍卖企业外，其他单位或者个人不得从事文物的商业经营活动。

第五十六条　文物商店销售的文物，在销售前应当经省、自治区、直辖市人民政府文物行政部门审核；对允许销售的，省、自治区、直辖市人民政府文物行政部门应当作出标识。

拍卖企业拍卖的文物，在拍卖前应当经省、自治区、直辖市人民政府文物行政部门审核；并报国务院文物行政部门备案。

第五十七条　文物商店购买、销售文物，拍卖企业拍卖文物，应当按照国家有关规定作记录，并报原审核的文物行政部门备案。

拍卖文物时，委托人、买受人要求对其身份保密的，文物行政部门应当为其保密；但是，法律、行政法规另有规定的除外。

第五十八条　文物行政部门在审核拟拍卖的文物时，可以指定国有文物收藏单位优先购买其中的珍贵文物。购买价格由文物收藏单位的代表与文物的委托人协商确定。

第五十九条　银行、冶炼厂、造纸厂以及废旧物资回收单位，应当与当地文物行政部门共同负责拣选掺杂在金银器和废旧物资中的文物。拣选文物除供银行研究所必需的历史货币可以由人民银行留用外，应当移交当地文物行政部门。移交拣选文物，应当给予合理补偿。

第六十条　国有文物、非国有文物中的珍贵文物和国家规定禁止出境的其他文物，不得出境；但是依照本法规定出境展览或者因特殊需要经国务院批准出境的除外。

第六十一条　文物出境，应当经国务院文物行政部门指定的文物进出境审核机构审核。经审核允许出境的文物，由国务院文物行政部门发给文物出境许可证，从国务院文物行政部门指定的口岸出境。

任何单位或者个人运送、邮寄、携带文物出境，应当向海关申报；海关凭文物出境许可证放行。

第六十二条　文物出境展览，应当报国务院文物行政部门批准；一级文物超过国务院规定数量的，应当报国务院批准。

一级文物中的孤品和易损品，禁止出境展览。

出境展览的文物出境，由文物进出境审核机构审核、登记。海关凭国务院文物行政部门或者国务院的批准文件放行。出境展览的文物复进境，由原文物进出境审核机构审核查验。

第六十三条　文物临时进境，应当向海关申报，并报文物进出境审核机构审核、登记。

临时进境的文物复出境，必须经原审核、登记的文物进出境审核机构审核查验；经审核查验无误的，由国务院文物行政部门发给文物出境许可证，海关凭文物出境许可证放行。

二、法规在可移动文物保护中的作用

(一) 加强文物保护，强化管理措施

"为了加强对文物的保护"，这是文物保护法的基本出发点和根本目的。文物是特定民族、群体历史文明的物质载体，是绝对不可再生的文化资源。这一特性已越来越为人们所认识。

我国宪法规定："国家保护名胜古迹、珍贵文物和其他重要历史文化遗产。"(第二十二条第二款)。新中国成立以来，我国制定了若干法律法规

保护包括可移动文物在内的文化遗产。1997 年国务院颁发《关于加强和改善文物工作的通知》，强调各地政府对文物工作要做到"五纳入"，即纳入地方经济和社会发展计划，纳入城乡建设规划，纳入财政预算，纳入体制改革，纳入各级领导责任制。随着对文化遗产保护的认识的不断深化，我国文物保护工作所取得的成效相当显著。但是，随着改革开放的深入和社会主义市场经济的推进，文物工作情况发生了很大变化，出现了不少新问题、新矛盾。文物的破坏、盗掘、走私等情况相当严重。特别是有法不依、执法不严、法人违法、以言代法的现象较为普遍；属于政府和法人违法的案件比重逐年增加；文物行政管理机构和制度不健全，造成国有馆藏文物流失、损毁；文物流通领域秩序混乱，文物行政执法薄弱等。这些问题引起了社会的广泛关注，也引起了国家有关部门和立法机构的强烈关注。

通过制定和修改法律，进一步完善文物保护制度，强化文物行政管理措施，这是社会主义法制建设的必然要求。文物法对文物工作的各方面都给予了明确规范。例如在可移动文物保护方面：(1)进一步明确了文物保护的范围和标准。(2)规范和加强了文物保护的经费来源保障，如规定县级以上人民政府应当将文物保护事业纳入本级国民经济和社会发展规划，纳入本级财政预算，文物保护的财政经费应当随着财政收入的增长而增加；规定了文物单位事业性收入的用途；规定了社会力量用于文物保护的途径等。(2)完善了考古发掘制度，如明确了考古发掘的行政审批权；规定了行政审批前的咨询程序和范围；规定了建设工程或农业生产中发现文物者的职责和文物行政部门的职责及处理时限；增加对考古发掘结果管理方面的规定等。(3)完善了馆藏文物管理制度，明确规定文物收藏单位应建立健全管理制度，未经批准，任何单位或者个人不得调取馆藏文物；规定了文物收藏单位法定代表人的职责；扩大了国有文物收藏单位的交流渠道，规定了交流的程序；规定了依法调拨、交换、借用国有馆藏文物，取得方可以对提供方予以合理补偿；规定了文物收藏单位的安全制度等。
(4)完善了民间文物收藏管理制度，如规定了民间收藏活动的合法途径；
同时对公民、法人和其他组织禁止买卖的文物也作了明确规定；建立了文
物拍卖管理制度，增加了行政许可，规定了文物拍卖企业的职责和义务；
规定禁止设立中外合资、中外合作、外商投资的文物拍卖企业等。(5)完
善了文物出境入境管理制度，对文物的出境、入境、出境展览、临时入境
和复出境等，都作了相应规定。(6)完善了法律责任的规定，如与刑法相
衔接，对应当追究刑事责任的犯罪行为作出专项规定；明确规定了应受行
政处罚的具体行为及处罚标准，加大了处罚力度；对国家机关、文物单位
工作人员的法律责任也作了相应规定。可以相信，通过这些规定，将会极
大地促进文物保护工作的规范化、制度化，我国的文物保护事业必将出现
新的局面。

(二)更好地继承中华民族优秀的历史文化遗产

文物作为历史的物质遗存，以生动、直观的实体，记录、承载和见证
着人类的悠悠岁月。我国是一个有着五千年文明史的古国，又是一个由五
十六个民族组成的多民族国家，在漫长的历史进程中留存下来极为丰富多
彩的历史文化遗产。它们是中国历史源远流长和生生不息的重要见证，是
中华文明光辉灿烂的重要载体，是维系中华民族团结统一的精神纽带，也
是我们民族和国家立于世界之林的重要基石。优秀的历史文化遗产，是中
华文明的血脉和灵魂，是中华民族精神之所系。保护历史文化遗产，使之
世代传承，是我们义不容辞的责任和义务。

继承优秀的历史文化遗产，是在当今世界潮流中维护文化特性、坚持
民族精神的必然要求。从世界范围看，在经济全球化、科技全球化日趋严
重的今天，文化遗产对一个民族、国家的重要性越来越突出，对保持文化
多样性的重要性越来越突出。这种重要性远远超过了传统意义上对文化遗
产的认识。除了一般的文化意义外，还有政治意义、经济意义、民族意

义、社会意义和国家文化主权意义。

继承优秀的历史文化遗产，是发展社会主义先进文化的基础和源泉。文化是一个国家或民族的灵魂，是一定社会政治经济在观念形态上的反映。先进文化是能够反映时代发展的潮流、推动经济发展和社会进步的文化，是人类文明进步的结晶，是社会前进的精神动力。我国优秀的历史文化遗产有着丰富的内涵，它包括了博大精深的中华文明、道德伦理，也包括了坚强不屈的民族精神、民族性格，是中华民族认识世界、改造世界的伟大创造力的直观体现。

(三)促进科学研究工作

文物是我们祖先智慧和创造的结晶，反映着不同历史时期科学技术发展的成就，具有重要的科学价值。文物的科学价值，主要是指文物所反映的科学、技术的水平。任何文物都是人们在当时所掌握的技术条件下创造出来的，因而直接反映着文物创造者认识自然、利用自然的程度，反映着当时的科学技术与生产力发展的水平。正是通过文物，向人们展示出了中华民族千百年来在科学技术方面的历史发展和伟大创举。大量有关科学技术方面的出土文物，为天文、地理、冶金、农业、医学、纺织等各个方面的专门史研究提供了丰富而重要的资料，打破了许多传统的观点，取得了对这些科学技术史的新认识。而且，文物所记载、积累的科学技术成就，对人类科学技术的不断创新具有重要的启发和借鉴意义。

文物保护工作与科学技术发展有着十分密切的关系。文物保护工作为科学技术的发展提供了平台，科学技术的发展为文物保护工作的深入发展提供了依据和条件。考古发掘、文物的保护、保存、修复等，都离不开科学技术的支持。无论是在国际还是国内，文物保护工作的一些科学技术问题，很多都成为当代科学技术发展的前沿问题、尖端问题。文物法的制定将更有益于文物保护和科学技术的相互融合和共同发展。

(四)有利于进行爱国主义和革命传统教育

所谓继承中华民族优秀的历史遗产，其本质就是继承和弘扬中华民族优秀文化和民族精神，增强民族的自尊心和凝聚力。爱国主义传统是中华民族优秀传统文化的最重要组成部分，是民族精神的集中反映。它们在丰富多彩的历史文物、民族文物和革命文物中得到了生动体现。

文物法有利于保护好和利用好我国丰富的历史文物、革命文物，对人民群众尤其是青少年进行爱国主义和革命传统教育，发挥其直观、形象、真实、可信的特点，是了解历史、认识国情、学习传统的重要途径和生动教材。

(五) 保障社会主义精神文明和物质文明建设的和谐共进

社会主义精神文明和物质文明建设是社会主义现代化建设中不可分割的组成部分，是中国特色社会主义的重要特征。随着社会主义市场经济的发展，文物在经济建设、旅游发展等方面所发挥的作用愈来愈突出，成为促进社会经济全面发展的一个不可或缺的重要力量。因此，文物工作既是精神文明建设，也是物质文明建设。要在坚持社会效益第一的原则下，努力实现社会效益和经济效益的统一，这是全面建设小康社会对文物工作的必然要求。

但是，也应该看到，在文物的社会效益与经济效益、文物保护与旅游发展、文物保护与开发利用之间出现了不少矛盾和冲突，存在一些亟待解决的问题。针对这些问题文物法有明确的规定，"总则"一章中规定："各级人民政府应当重视文物保护，正确处理经济建设、社会发展与文物保护的关系，确保文物安全。基本建设、旅游发展必须遵守文物保护工作的方针，其活动不得对文物造成损害。"在法律上保障了社会主义精神文明和物质文明建设的和谐共进。

三、可移动文物法规保护的国际公约和文件

文物是祖先留给我们的无价之宝，不是以金钱来衡量的精神财富和物质财富，有着不可再生的特点。随着时间的推移，以及世间的动乱，能够

留传于世的文物会越来越少，所以文物十分珍贵。全世界都十分重视这个问题，为此制订了许多相关的国际公约。保护缔约国文物的安全。

1989 年我国加入了 1970 年联合国教科文组织《关于禁止和预防非法进出口文化财产和非法转让其所有权的方法的公约》（以下简称 1970 年公约），1995 年参与起草、制定并加入《国际统一私法协会关于被盗或者非法出口文物公约》（以下简称 1995 年公约）。

1970 年公约承认国际合作的重要性，提倡通过外交渠道追索流失文物，要求缔约国采取措施防止文物的非法进、出口以及非法转让，并要求缔约国承担文物返还的义务。公约中关于禁止文物进口的条款对我国十分有利，它主要约束缔约国的博物馆或类似机构，禁止从其他国家进口非法出口的文物，禁止从他国博物馆、公共纪念馆进口盗窃的文物。

作为对 1970 年公约的补充，1995 年公约主要涉及两方面问题：文物的非法移转以及原始所有人与善意占有人的利益冲突与平衡。该公约将一切违法发掘的或者虽然挖掘行为是合法的但是其持有状态是非法的文物都定性为被盗文化财产。缔约国购买人在取得他国文物时必须承担审慎义务以确保所取得的文物来源合法的，对该文物的善意占有人给予一定补偿。并且，只要某一文物的转移严重损害了请求国特殊利益或者被移转文物对请求国具有特殊意义的，缔约国即负有返还请求国该文物的义务。

1978 年 11 月，联合国教科文组织第 20 届会议又通过了《关于保护可移动文化财产的建议》。其中第 5 条明确指出，公众的合作对于实现真正有效的保护至为重要。这就要求缔约国在本国内广泛宣传文物保护的重要性，调动起广大人民群众保护文物的积极性。其中第 9 条又讲到，对文物的保护及风险预防比发生损坏或丢失时的赔偿更为重要，因为根本的目的是为了保护文化遗产而不是用一笔钱款来取代不可替代的物品。

四、可移动文物法规保护的中国元素

文物保护法规中大部分是国际通行法则，但有一部分是根据我国的历史发展情况、文化传统和文物保存现状作出的针对性的规定，它集中反映在以下两个方面：

（一）民间收藏的法律规定

1. 民间文物收藏

《中华人民共和国文物保护法实施条例》规定文物收藏单位以外的公民、法人和其他组织可以收藏通过下列方式取得的文物：

（1）依法继承或者接受赠与；

（2）从文物商店购买；

（3）从经营文物拍卖的拍卖企业购买；

（4）公民个人合法所有的文物相互交换或者依法转让；

（5）国家规定的其他合法方式。

文物收藏单位以外的公民、法人和其他组织收藏的前款文物可以依法流通。公民、法人和其他组织不得买卖下列文物：

（1）国有文物，但是国家允许的除外；

（2）非国有馆藏珍贵文物。

2. 文物商店的设立标准

设立文物商店，应当具备下列条件：

（1）有 200 万元人民币以上的注册资本；

（2）有 5 名以上取得中级以上文物博物专业技术职务的人员；

（3）有保管文物的场所、设施和技术条件；

（4）法律、行政法规规定的其他条件。

设立文物商店，应当向省、自治区、直辖市人民政府文物行政主管部门提出申请。省、自治区、直辖市人民政府文物行政主管部门应当自收到申请之日起 30 个工作日内作出批准或者不批准的决定。决定批准的，发给批准文件；决定不批准的，应当书面通知当事人并说明理由。

3. 公司的设立标准

依法设立的拍卖企业，从事文物拍卖经营活动的，应当有 5 名以上取得高级文物博物专业技术职务的文物拍卖专业人员，并取得国务院文物行政主管部门发给的文物拍卖许可证。

依法设立的拍卖企业申领文物拍卖许可证，应当向国务院文物行政主管部门提出申请。国务院文物行政主管部门应当自收到申请之日起 30 个工作日内作出批准或者不批准的决定。决定批准的，发给文物拍卖许可证；决定不批准的，应当书面通知当事人并说明理由。

文物商店购买、销售文物，经营文物拍卖的拍卖企业拍卖文物，应当记录文物的名称、图录、来源、文物的出卖人、委托人和买受人的姓名或者名称、住所、有效身份证件号码或者有效证照号码以及成交价格，并报核准其销售、拍卖文物的文物行政主管部门备案。接受备案的文物行政主管部门应当依法为其保密，并将该记录保存 75 年。

文物行政主管部门应当加强对文物商店和经营文物拍卖的拍卖企业的监督检查。

(二) 出入境对文物的分类

2007 年 6 月 5 日国家文物局施行《文物出境审核标准》，标准以 1949 年为主要标准线。凡在 1949 年以前(含 1949 年)生产、制作的具有一定历史、艺术、科学价值的文物，原则上禁止出境。其中，1911 年以前(含 1911 年)生产、制作的文物一律禁止出境；少数民族文物以 1966 年为主要标准线。凡在 1966 年以前(含 1966 年)生产、制作的有代表性的少数民族文物禁止出境；现存我国境内的外国文物、图书，与我国的文物、图书一样，分类执行本标准；凡有损国家、民族利益，或者有可能引起不良社会影响的文物，不论年限，一律禁止出境；未列入本标准范围之内的文物，如经文物进出境审核机构审核，确有重大历史、艺术、科学价值的，应禁止出境。

具体情况按文物类型和材质分为 16 个大类 127 个小类，逐一作出规定。

2001 年 11 月 15 日，国家文物局《关于颁发"一九四九年后已故著名书画家"和"一七九五年至一九四九年间著名书画家"作品限制出境鉴定标准的通知》，其中规定：一九四九年后已故著名书画家作品限制出境的鉴定标准为：作品一律不准出境者有王式廓等 10 人，作品原则上不准出境者有于右任等 23 人，代表作不准出境者有丁衍庸等 107 人；一七九五年至一九四九年间著名书画家作品限制出境的鉴定标准作品一律不准出境者有王文治等 20 人，作品原则上不准出境者有王杰等 32 人，代表作不准出境者有丁以诚等 193 人。

2005 年 5 月 27 日国家文物局施行《文物出境展览管理规定》中规定：下列文物禁止出境展览：

（1）古尸；

（2）宗教场所的主尊造像；

（3）一级文物中的孤品和易损品；

（4）列入禁止出境文物目录的；

（5）文物保存状况不宜出境展览的。

下列文物限制出境展览：

（1）简牍、帛书；

（2）元代以前的书画、缂丝作品；

（3）宋、元时期有代表性的瓷器孤品；

（4）唐写本、宋刻本古籍；

（5）宋代以前的大幅完整丝织品；

（6）大幅壁画和重要壁画；

（7）唐宋以前的陵墓石刻及泥塑造像；

（8）质地为象牙、犀角等被《濒危野生动植物物种国际贸易公约》列为禁止进出口物品种类的文物。

第四节　可移动文物的包装和运输

一、文物包装的技术要求与规范

随着文博事业和文物艺术品收藏投资的蓬勃发展，可移动文物的利用范围在不断扩大，利用率也在不断增多，这充分显示出了文物的历史价值、艺术价值、科学价值及社会价值越来越受到世人瞩目。展览与交流活动与日俱增，如何保证可移动文物在保管和运输转移中的安全无恙，就成为了一个非常重要的环节。2009 年 12 月 1 日开始施行《文物运输包装规范》中华人民共和国国家标准。

ICS 03.220
A 16

GB

中 华 人 民 共 和 国 国 家 标 准

GB/T 23862—2009

文物运输包装规范

Specification of shipping packaging of cultural relics

2009-05-04 发布　　　　　　　　2009-12-01 实施

中华人民共和国国家质量监督检验检疫总局
中国国家标准化管理委员会　发布

《文物运输包装规范》中华人民共和国国家标准

二、文物提用和运输的基本原则

1. 文物的唯一性和不能再生的特殊性，决定了它的特殊价值。对于需要提取、使用的文物，原则规定：必须是健康的(无腐蚀、无霉菌、无破损、无掉色等)；对已受损的文物，相当脆弱的文物，应当拒绝提用；

2. 对于准备将文物提出参加的陈列展出(包括其他方式的展示)的场所，必须保证文物所需的最佳适宜环境的要求，不符合规定标准的，可能会对展出文物造成损害的，应拒绝提出文物参展；

3. 文物不同于其他物品，为防失窃、防破坏等，负责运输的部门一定要是国家正规的、专业化的运输机构。选择的运输(交通)工具，要考虑文物的特征和安全性，不适宜的，不能强行使用运输文物。更不能在没用任何安全保障的情况下运送文物。

三、运输前的包装保护

1. 文物的内包装保护

有包装物保护的文物，可减少挪动、搬运中由于过失、不慎等原因造成的震动、摩擦、碰撞等机械性的损伤。对大多数器物型文物来说，一般的内包装大多采用硬纸板制作外壳。内絮经消毒处理的棉花做囊的囊匣，并根据文物情况和种类选择软囊与硬囊。也有的用较好的木制板作外壳，里面根据收藏品的形状，制作出各种各样的，对文物能起到固定和保护作用的内囊。制做囊匣存放收藏品是一种传统的工艺和保护文物的方式。这种内包装可以在文物被突然闪失中起到保护作用，也可以对文物起到一定的屏蔽作用，隔断外界环境中有害气体的直接危害，避免光对有机质地文物的分解破坏和造成机械强度的下降。这种内包装保护的优点是，防止尘埃落在文物上。如果没有囊匣这种包装(或密闭的厢、柜、橱)保护文物，一旦尘埃落定，环境潮湿，尘埃中可供养料的成分，就容易滋生霉菌，造成文物的霉变、腐蚀、褪色、脱落等。尘埃不仅吸收空气中的水分，而且吸附大气中的化学杂质。

在囊匣的使用过程中，应注意的是：用于囊匣中的填充物应选择经消毒处理的天然棉花，不要使用海绵，因为这种材料与投放的化学防虫药物发生化学反应，变成黏(油)性豆渣状物质(目前对这种反应机理尚不清楚)，即失去海绵原有的弹性，还会污染文物。

2. 文物的外包装保护

外包装是将配有内包装的文物根据装箱的规格，集合在适合运输的大木箱或铝合金箱、铁箱或混合材料的箱中。外包装箱应根据所装的文物的特殊要求，如防潮、防水、防震、防摩擦、防挤压和防温湿度变化等，选择适宜的包装方法和材料。外包装箱的规格必须考虑到所要使用的交通工具的各部位的宽度和高度，以保证有足够的空间使文物箱通过，无论是采用飞机空运、火车汽车陆运，还是用船水运，都应按照运输所用的交通工具中的运输舱(箱)的超格尺寸去设计外包装箱。采用船运时，要考虑外包装箱的防潮。要在箱内垫防潮材料，而且对湿度敏感的文物，其箱内要放干燥剂或调湿材料，以确保文物在包装箱的运输过程中所处环境的稳定。另外须经海运的外包装箱应当装入集装箱，箱体要经特别的加固，使其能经得住运输中的海浪形成的冲击及摇摆下集装箱重压等多方的外力撞击等，故在这种运输外包装箱与内包装囊匣之间，一般尽量采用防震、防冲撞、抗压、质地柔软、富有弹性、具有缓冲作用、不挥发污染物的材料，如瓦楞纸板、聚苯乙烯硬质泡沫塑料等。对那些容易产生污染、腐蚀、霉变、虫蛀的材料则禁用于填充于器物大而重的文物，如铜鼎、铜禁、大件的木器等，一般直接用木质的外包装箱。用于大的金属器的外包装箱，要选择弱酸性经烘干处理的木材，避免木材中释放的酸物质(乙酸，甲酸等)对金属器造成的腐蚀。包装箱内固定器物的填充物，要依器物的情况来考虑，如用聚苯乙烯硬质泡沫塑料块。

大件木器的包装要考虑器物的边、角、腿和一些镂空等处的保护。应先用一些软的材料，将这些部位包、捆、固定和填充好，再对整体进行固定，填充牢固。

总之，文物的外包装箱要求结构合理，坚固耐用，拆卸方便，整齐简洁，适于长途运输。

四、搬移及运输中的保护

文物装入外包装箱后，要使用打带机在箱体(纵，横)上打上铁箍，以防搬移或震动使箱体破裂；要在箱体外贴封条和加锁，并刷上或贴上相关的标志，如编号、勿压、易碎、怕湿、不可倒置、小心轻放等。搬移过程要轻、要稳，要严格按照搬运文物的操作规程进行装车(机，船)之后，包装箱要用绳、网等，将其固定在交通工具上，以防交通工具在行驶过程中颠簸或急刹时出现的撞击，造成对文物箱内文物的损伤。尽可能地减少装上卸下的次数；能在搬移后使用一种交通工具一次直接运达为最好，这样可以避免在多次转运中发生震动而使文物受损。

文物运输要做好保密和防范措施，文物运输的路线、时间、地点的知情人要控制在最小范围内，每一次起运至到达目的地的运输过程中，都应有正规的保安人员(或武警，或公安人员)随行押运，负责运输过程中的安全保卫。要做到人不离物，物不离人，以高度的责任心，最大限度地保证文物的安全。

综上所述，馆藏文物的包装运输是文物保护工作的一个重要组成部分。认真、细致、严格、规范地把这项工作做好，将会对文物的宣传和交流工起到很好的推动作用。

需要注意的是：包装过程层层叠叠，不同文物如书画、雕塑、金属和陶瓷等，都应因其物料、形态、物理特性不同，采用不同的保护和运送方式，但最重要的是当地专家全程监控，物流公司的工作人员，基本上不能直接触碰文物，只能在抵达目的地后，拆箱或负责货箱的提举上下。以茶壶为例，运送的包装至少有五层，最内层用没黏附性的软纸包着茶壶，接着根据茶壶形态切割出海绵内胆，把茶壶刚刚好收藏在海绵内，以防运送过程颠簸震荡。外面再分别包两层中硬度和高硬度海绵，最后才放进木箱内。海绵的密度跟吸震能力的关系要充分掌握，否则不能预计运送风险。文物送到当地后，工作人员须保留货箱和包装，以便在展览完后，再装箱运回。

文物的最大敌人是湿度，如三星堆出土文物，大多是三四千年前的青铜器，要弄清楚文物内有无隐藏裂缝和氧化，温差达摄氏二三十度会令裂缝加剧，湿度也会令青铜器发霉及氧化；植物纤维性高的文物对湿度极为敏感，以北京故宫博物馆展品《清明上河图》为例，这幅千年绢画极为脆弱，要用特制防潮板组成的运送箱运送，湿度变化维持不超过2%至3%，确保在飞机舱的低温和高湿环境下维持原有状况；这类古书画每次开合都会有损耗，包装也要选用不会分解和释放化学物质的物料。

运送珍贵文物除用特制木箱和保护棉外，箱外还需贴上"防震钟"，若遇到震动，防震钟的显示器会变色，提醒职员拆封时小心。

文物包装箱外观的国家标准如下：

上盖（可开面）

拉手

侧面

垫木

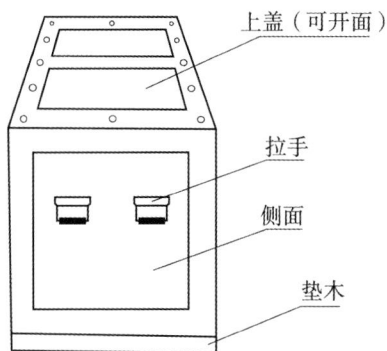

图 A　包装箱外观

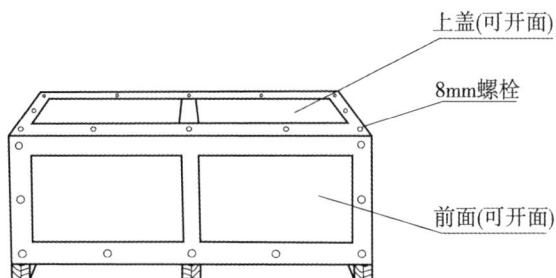

上盖(可开面)

8mm螺栓

前面(可开面)

图 B　包装箱外观(端面、侧面)

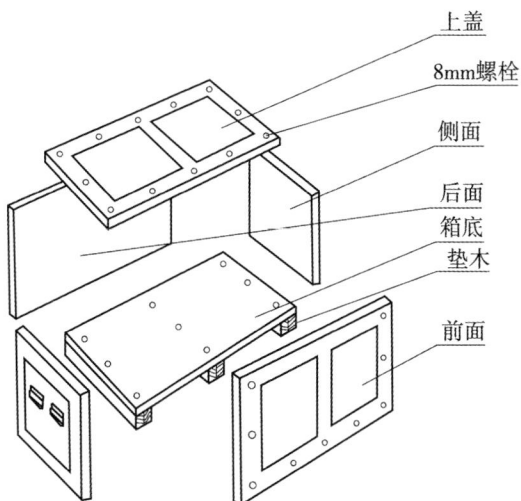

上盖

8mm螺栓

侧面

后面

箱底

垫木

前面

图 C　包装箱结构分解图

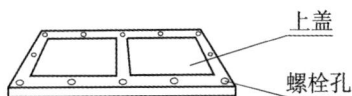

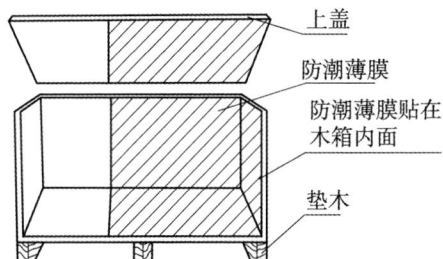

上盖

螺栓孔

上盖

防潮薄膜

防潮薄膜贴在
木箱内面

垫木

图 D　包装箱内部防潮示意图

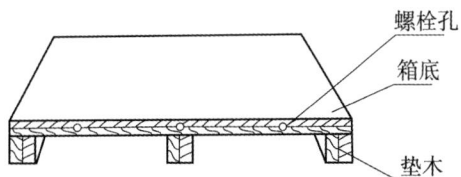

螺栓孔

箱底

垫木

图 E　包装箱底座

五、文物包装的发展历史与最新动态

中国文物包装的发展同中国经济、文化的发展密切相关，特别是与把玩文物的宫廷贵族和士大夫审美情趣的变化、手工业发展状况以及各文物品种造型、功能的变化紧密相连。其中最主要是使用文物囊匣包装。

文物囊匣就是根据文物的材质、形状、器形的大小、重量等多种因素，选用特殊的材料和多种多样的制作方法为每一件文物设计制作的外包装容器，这种传统的包装工艺技术属于特种包装。

从保护文物的角度出发，为不同类型的文物制作不同品式、不同内装结构的囊匣，其内装结构的设计不仅要把握文物的整体情况，更重要的是要保护好文物的顶盖、耳部、把部、口沿、颈部、腰部、腿部等细微之处，因为这些部位最容易发生伤残、断裂。每一件精工细作的文物囊匣都可以使千古流传的古代文物延年益寿并且可以使文物在保管和运输中起到防震、防尘、防风、防晒、防潮之功效。

囊匣是我国传统手工艺品的重要组成部分，也是我国最早的包装装潢工艺品，具有一定的艺术欣赏价值。

在古代，囊匣制作多以楠木、红木等木材为原料，这种材料的好处是，既坚固又可防蛀。但是也受到方方面面条件的限制，工艺技术发展很慢，精湛的手工艺技术也很少以文字记载的形式流传下来。宋元以前古匣因受气候、温度、湿度影响，易腐易坏，难以保存和流传。据史料记载，到了明清时期匣式文化有了很大的发展，开始用纸板作为制匣的板材；用丝织锦、缎作为囊匣的外包装材料；用绫子、丝绸做内衬材料，以优质纯棉物作为防震的缓冲材料。用这些高档华丽的材料制成的各式各样的囊匣一直为达官贵人所享用。随着时间的流逝，这些用于保护珍贵的艺术品、书画的囊匣，其本身也具有相当的艺术价值和文物价值。明清时代囊匣用料考究、造型多样。古朴、典雅、庄重的囊匣还凸显着一定的艺术美感。

囊匣制作有其自身发展、演变的历史过程，制作囊匣的手工技术伴随着时代的发展也在不断地进步，并一直以父传子承或师徒间以口传心授的方式代代相传，延续至今。

　　新中国成立以后，随着文物事业的发展，囊匣制作工艺也得到进一步的提升和全方位的广泛应用。对于囊匣在保护文物工作中所起作用的认识也越来越高。1958 年出版的《中国手工艺品大全》中，有一首民谣写道："古玩精品藏锦匣，裁剪硬纸巧搭配。糊好绫绢配玻盖，免得碰撞受损坏。"

　　在文物保护科技的推动下，当前可移动文物的保护已进入微环境控制的层面上，强调文物个体保存的环境控制。这其中最重要的是提高文物囊匣制作的科学性和环保性。技术方向主要有两个：

　　一是随环境自动调节。德国已生产出能根据周边环境状况自动调节囊

文物囊匣

匣内温湿度的囊匣制作材料，以确保文物在保存、运输过程中不受环境因素变化的影响。江西省博物馆已引进这项技术；

二是彻底阻断外界的影响。即使用无酸囊匣制作材料。

无酸纸制文物囊匣

无酸纸制文物囊匣

六、文物包装的设计风格

1. 实用型

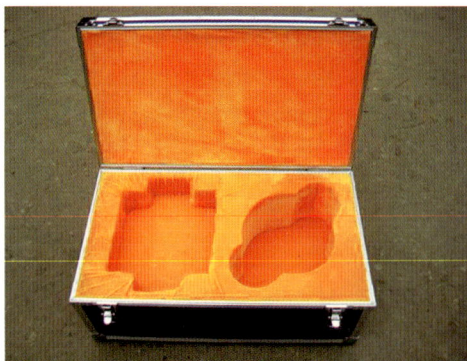

实用型囊匣

2. 套装型

组合套装型囊匣

3. 器物连座型

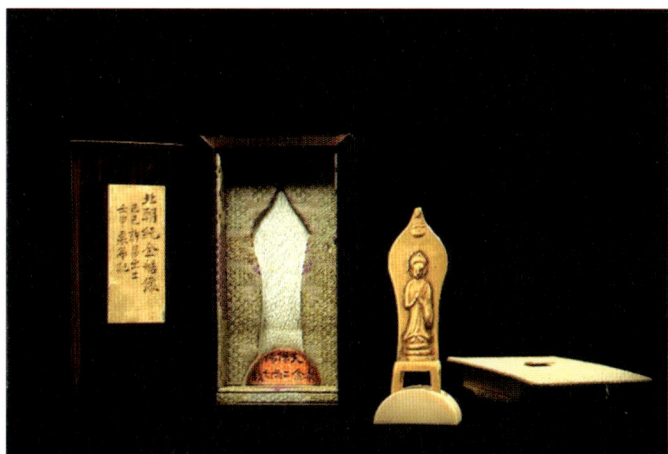

文物和底座一起放入的囊匣

4. 经卷分装型

用不同颜色图案的织锦分装经卷的囊匣

5. 瓷器平放型

瓷器平躺其中的囊匣

6. 瓷器立放型

瓷器立式放入的囊匣

7. 书箱型

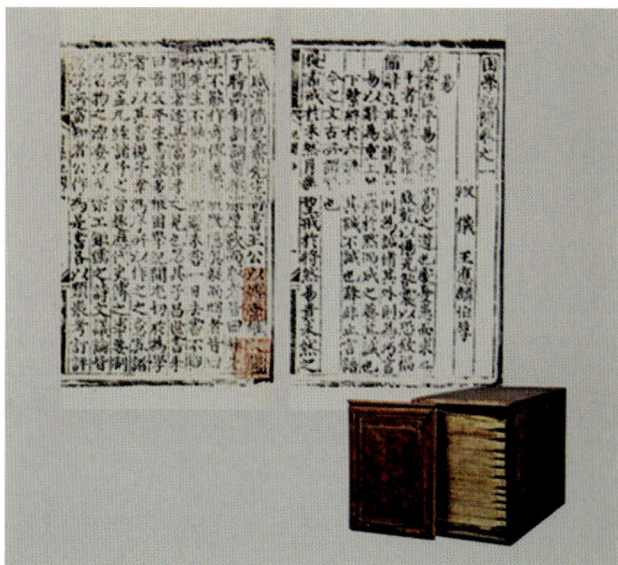

存放古籍善本的囊匣

8. 包装艺术加工型

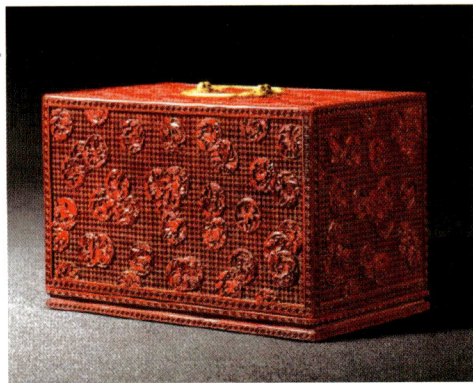

外观经过艺术加工的囊匣

9. 日本包裹型

日本包裹型囊匣

第三章 可移动文物研究

文物是人类历史的见证者，同时也是我们研究古代社会、复原古史最重要的实物资料。数万年前，我们的祖先便在中国这片古老的大地上生存繁衍，遗留下了丰富多样的物质文化遗存。孔子曰："述而不作，信而好古。"正是由于"好古"之情，中国古代先人很早便开始注重古器物的收藏与研究，并且在范围和方法上不断改进。20世纪初，随着西方考古学理论的传入，中国传统古器物研究汇入近代考古学，使得可移动文物研究走向了更为科学化、系统化的发展之路，取得了丰硕的成果以及举世瞩目的成绩，真实再现了中国古代文明灿烂辉煌的历史轨迹。

第一节 可移动文物研究史

可移动文物研究是以中国历史上各个时代的青铜器、玉器、陶瓷等可移动文化遗存为主要研究对象的一门学问。作为中国传统古器物学的重要组成部分，中国对可移动文物的研究自先秦时期便已开始萌芽。北宋时期兴起为一项专门之学，并确立了古器物研究的基本方法和著述体例。至清代则臻于鼎盛，名家辈出，著述丰富，为中国近代考古学的诞生奠定了深厚的根基与丰富的材料。近现代以来，考古学理论的进步、技术水平的提高以及先进科技的引进使得大量古代文化遗存得以科学系统地发现与发掘，从而促使可移动文物研究获得了飞跃发展，并逐渐走向了全面繁荣。

一、宋代以前

中国先人对于古器物的收藏与研究，可以追溯至先秦时期。1976 年，在商代中晚期殷墟妇好墓的考古发掘中曾出土了一些疑似新石器时代的玉器，这说明至迟在商代已经有人开始注意对前代古物的收藏。商周时期是礼制社会，"藏礼于器"的观念十分浓厚。据《周礼》记载，"天府，掌祖庙之守藏与其禁令。凡国之玉镇、大宝器藏焉。"（《周礼·春官·天府》）"玉府，掌王之金玉玩好兵器，凡良货贿之藏。"（《周礼·天官·玉府》）这说明西周时已经有专职官员负责王室的古物收藏。礼乐制度的兴盛，古物收藏的累积，吸引了一些好古敏求的学者开始自发地展开了一系列朴素的古器物研究工作。

殷墟妇好墓玉凤

据文献记载，对于可移动古器物的研究大约始于春秋时期的大学问家孔子。孔子为了宣传自己的政治理想，非常重视对古代典章制度的阐明，所以他周游列国时，特别注重对前代文物的调查研究。《荀子·宥坐》篇曾记载孔子到鲁桓公之庙参观，见到一种名为"敧器"的器物，便向守庙者询问此器物的来历和用途。因此他在古器物方面的知识非常渊博。《国语·鲁语下》记载："仲尼在陈，有隼集于陈侯之庭而死，楛矢贯之，石砮其长尺有咫。陈惠公使人以隼如仲尼之馆，问之。仲尼曰：'隼之来也远矣，此肃慎之矢也。昔武王克商，通道于九夷、百蛮，使各以其方贿来贡，使无忘职业。于是肃慎氏贡楛矢、石砮，其长尺有咫。先王欲昭其令德之致远也，以示后人，使永监焉，故铭其栝曰'肃慎氏之贡矢'。"孔子不仅辨识出了肃慎氏楛矢、石砮，并向陈惠公详细说明了它的历史与价值。

除了孔子之外，先秦时期已经有很多学者展开了对古器物的研究。《韩非子·十过》曾指出尧时"饭于土簋，饮于土铏"，舜时"斩山木而财之，削锯修其迹，流漆墨其上，输之于宫，作为食器"，殷人"食器雕琢，觞酌刻镂"。由此可以看出，古人已经开始对古器物进行初步的分类，并根据其形制和特点推断制作年代。此外，《吕氏春秋》等书还曾对古器物纹饰及其内涵方面做过一些推测，《吕氏春秋·先识》篇云："周鼎著饕餮，有首无身，食人未咽，害及其身，以言报更也"；《慎势》篇云："周鼎著象，为其理之通也"；《离谓》篇云："周鼎著倕而龁其指，先王有以见大巧之不可为也"；《适威》篇云："周鼎有窃曲，状甚长，上下皆曲，以见极之败也"；《达郁》篇云："周鼎著鼠，令马履之，为其不阳也。"此时甚至还出现了文物鉴定的实例，《韩非子·说林下》："齐伐鲁，索谗鼎，鲁以其雁往。齐人曰：'雁也'；鲁人曰：'真也'。"这些记载说明先秦时期开始古人已经意识到了古器物的学术价值和历史价值，并开始有意识地进行了收集与初步研究工作。

两汉时期，经学盛行，一些古文经学家不仅注重对古逸书的搜集，同时开始了对古器物铭文的探究。《汉书·郊祀志》云，宣帝时"美阳得鼎，献之，下有司议。多以为宜荐见宗庙，如元鼎时故事。张敞好古文字，按鼎铭勒而上议曰：……'今鼎出于郊东，中有刻书曰：王命尸臣，官此栒邑，赐尔旂鸾、黼黻、瑚戈。尸臣拜手稽首曰：敢对扬天子丕显休命。'臣愚不足以迹古文，窃以传记言之，此鼎殆周之所以褒赐大臣，大臣子孙刻铭其先功，藏之于宫庙也。'"张敞对该鼎的铭文做出了正确的考释，并且根据出土地点、铭文等推测出了此鼎的时代与用途。许慎撰《说文解字》，收录了大量的古文字，他在《自序》中说明这些古文大多来自于当时出土的青铜器铭文："郡国亦往往于山川得鼎彝，其铭文即前代之古文，皆自相似，虽叵复见远流，其详可得而略也。"可见许慎曾见到大量古器物铭文，并且据此考察了汉字的形态演变。

东汉史学家袁康在《越绝书·宝剑篇》中曾根据工具、质地等因素将汉代之前的中国历史划分为石器、玉器、青铜器、铁器四个时代："时各有使然：轩辕、神农、赫胥之时，以石为兵，断树木为宫室，死而龙藏，夫神圣主使然。至黄帝之时，以玉为兵，以伐树木宫室、凿地。夫玉亦神物也，又遇圣主使然，死而龙藏。禹穴之时，以铜为兵，以凿伊阙，通龙门，决江导河，东注于东海，天下通乎，治为宫室，岂非圣主之力哉？当此之时，作铁兵，威服三军，天下闻之，莫敢不服，此亦铁兵之神。"他的这种朴素的文化"四期说"与十九世纪丹麦学者汤姆逊以生产工具划分的"史前三期说"理论极为相似。

随着对古器物认识的逐渐加深以及古器物收藏风气的浓厚，通过盗墓挖掘古物的现象开始出现。西晋时期最重要的一次古代简牍资料的出土，就是因盗墓而得。晋太康年间，汲郡人不准盗发魏国古冢，出土大量战国竹简。后晋武帝命荀勖、束皙等人经历二十余年的整理，将其校定为《竹书纪年》、《易经》、《国语》、《穆天子传》等古佚书十余种。晋永嘉时曹嶷在青州盗发齐景公冢，挖得牺、象二尊，形状为牛、象。后传至梁代，刘杳据此驳斥了郑玄旧说牺尊为"刻凤皇于尊，其羽形婆娑然也"、"象尊以

牺尊，春秋晚期

象尊，商代

象骨饰尊"此类牵强附会之谈。出土文物的发现在此时就开始对于古史及古文字学研究起到了非常重要的推动作用。

西晋以后，随着古代器物的大量收集，将古器物辑为"著录式"的专书也开始产生，这使得古器物研究逐渐向专门化方向发展。其中具有代表性的著作有东晋虞荔《鼎录》、南朝梁陶弘景《古今刀剑录》、梁顾烜《钱谱》、唐封演《续钱谱》、唐吴协《三代鼎器录》等。唐代书画研究兴起，张彦远《历代名画记》不仅记载了历代书画的特点，还阐述了有关鉴识、装裱、收藏等方面的标准等。

这一时期的可移动文物研究，尚处于萌芽时期，对古器物的研究是零星的，但涉及的门类已有青铜器、陶器、竹简木牍、兵器、钱币、书画等，他们对古器物的重视，尤其是对出土文献的整理、古器物铭文的研究等，推进了古器物学的发展，为宋代金石学的大兴奠定了基础。

二、宋代至清代

陈寅恪在《金明馆丛稿二编》中曾云："华夏民族之文化，历数千载之演进，造极于赵宋之世。"古器物学研究也是如此，宋代随着古物收藏与著录的增加，加之统治阶层大力提倡经学借以重建礼乐制度以巩固政权，学者对历史古物、金石文玩的兴味浓厚，造纸、印刷业、墨拓技术的发展与进步等各方面因素，使古器物研究在宋初获得了迅速的发展并开始成为专门的学问。

宋仁宗时期，欧阳修、刘敞首开风气之先，将古器铭文摹绘著录刊行。欧阳修广泛搜集公私收藏的金石铭文，将其辑为《集古录》十卷。刘敞将家藏的十一件古器摹绘图文刻于碑石，名为《先秦古器图碑》(已佚)，并撰写《先秦古器记》，首次明确提出了古器物的研究方法和目的："礼家明其制度，小学正其文字，谱牒次其世谥。"在他们的影响下，两宋时期涌现出了一大批古器物收藏家与研究者，他们编撰了大量系统性的古器物图录、叙录文献，古器物学研究蔚为大观。

根据著录体例，宋代古器物学著作主要分为三大类：第一类是既写其形，复摹其款的图录类。此类著作既摹绘器物图像，又著录铭文，如吕大临《考古图》、宋徽宗敕撰、王黼等编《宣和博古图》及赵九成《续考古图》等。

元祐、宣和年间，《考古图》、《宣和博古图》先后问世，它们是现存年代最早且较为系统的古器物图录，代表了两宋在古器物研究方面所达到的水平。它们采用了"综合著录"的方式，著录器物首先根据时代和形制进行分类，然后精细记录器物的图形、铭文、尺寸、容量、比例、出土地和收藏地等，并加以考证，兼及考订了部分铜器的定名和用途。李济在《中国古器物学的新基础》中评价到："完成于 1092 年的吕大临的《考古图》，用最准确的方法、最简单的文字、以最客观的态度，处理一批最容易动人感情的材料。他们开始并且很成功地，用图像摹画代替文字描写；所测量的，不仅是每一个器物的高度、宽度、长度，连容量与重量都记录下了注意的范围，已由器物的本身扩大到它们的流传经过及原在地位。考订的方面，除款识外，兼及器物的形制与文饰。"这种著录与研究方式对后世古器物学乃至近代考古学都具有很强的理论与实践指导作用。

第二类是以录文为主的铭文集录类。此类著作仅录铭文而不附器物图，偏重文字的摹写与考释，如薛尚功的《历代钟鼎彝器款识法帖》、王俅的《啸堂集古录》和王楚的《钟鼎篆韵》等。《历代钟鼎彝器款识法帖》共收三代钟鼎彝器、石鼓、兵器、秦玺、汉钟等 511 器的铭文，并有字形字义的一些考释，搜罗较为丰富，基本包含了宋代所见彝器铭文的大部。《啸堂集古录》著录商、周、秦、汉、唐的青铜彝器及印、镜共 345 器的铭文，下附释文但无考证。

第三类是综合考订类。此类著作不录图文，而是偏重于某一类古器物的综合研究考证。如欧阳修的《集古录跋尾》、赵明诚的《金石录》、张抡的《绍兴内府古器评》、黄伯思的《东观余论》和董逌的《广川书跋》。《集古

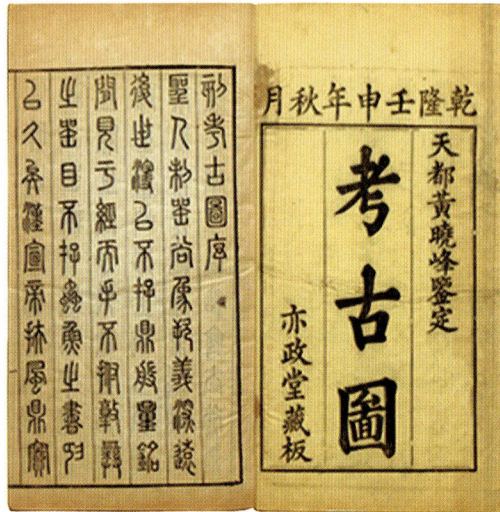

《考古图》

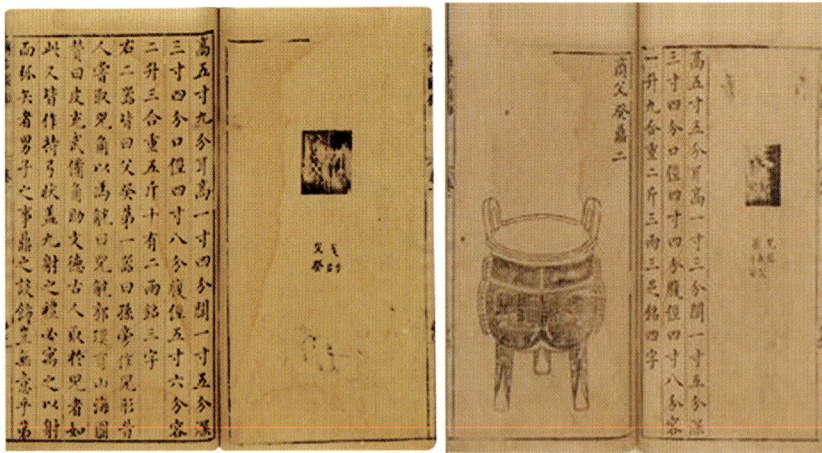

《宣和博古图》

录跋尾》是欧阳修对家藏金石铭刻拓本所作题跋的汇集，每铭文皆录释文，并考证要旨。此书也开创了跋尾这种考订形式。《金石录》著录了其所见夏商周以来历代钟鼎彝器和碑铭墓志的铭文款识，并对部分铜器铭文、碑刻撰写了考订跋尾五百余条，其题跋非常注重铭文与史籍的互相考订，推动了金石证史的发展。

此外，还有一些著作中论及了文物鉴定，如赵希鹄在《洞天清录》中记载有鉴定古钟鼎彝器的方法二十余条，非常精审。张世南《游宦纪闻》中探讨了铜器的分类、定名以及根据款识、形制、纹饰等鉴别铜器的方法。

宋代古器物学研究虽然以金石为主，但研究范围已经扩展到钱币、玺印、书画、玉器、砖瓦、汉简等领域。钱币方面如洪遵《泉志》是我国现存最早的钱币学专著，收录了五代以前中外历代各种钱币三百余种，分为正用品、伪品、不知年代品、天品、刀布品、外国品、奇品、神品、厌胜品等九类，保存了古代钱币的重要资料。玺印方面如王厚之《汉晋印章图谱》，每印皆摹写印文，加注释文，并注明钮制、印文的朱白、收藏者等。书画方面则有《宣和画谱》、《宣和书谱》，均是宋徽宗敕撰的宫廷所藏古书画作品的著录，并对历代书画的起源、发展、代表人物等进行了梳理。

宋代是中国传统古器物学研究的第一次高潮，宋代学者对于古器物研究的内容和方法已经较为详备。他们对古器物所进行的搜集、保存、著录、刊布以及鉴别、考订等一系列整理与研究工作，确立了古器物学研究的基本方法和著述体例；研究内容也已经广泛涉及器物的分类、定名、器形、纹饰、色泽以及真伪鉴别等，为后世古器物学研究奠定了深厚的基础。尤其是宋代开创了运用古代典籍中的术语命名器物及纹饰的传统，王国维曾指出："凡传世古礼器之名，皆宋人所定也，曰钟、曰鼎、曰鬲、曰甗、曰敦、曰簠、曰簋、曰尊、曰壶、曰盉、曰盘、曰匜、曰盦，皆古器自载其名，而宋人因以名之者也。曰爵、曰觚、曰觯、曰角、曰斝，古器铭辞中均无明文，宋人但以大小之差定之，然至今日，仍无以易其说。

知宋代古器之学，其说虽疏，其识则不可及也。"（王国维《观堂集林》，北京：中华书局，1959 年）宋人对古青铜器纹饰的定名，依然沿用至今，如《博古图录》所定的饕餮纹、蟠螭纹、蝉纹、云雷纹、夔龙纹等。此外还有器物的相关术语，如珥、兽首耳、贯耳、附耳、圈足、方座、援、内、胡等也流传至今。应该说至今中国学界对于青铜器相关命名依然延续了宋人的体系。

元明两代，由于理学空谈之风盛行，古器物学研究有所衰落。朱剑心在《金石学》中云："元代八十余年，金石著作，屈指可数。明承其弊，稍稍振起，然宋人古器之学，仍无继承。"应该说这一时期古器物研究方面，无论是著作数量还是研究水平，均不如两宋。

元代比较重要的研究著作有朱德润的《古玉图》，是现存最早的一部玉器专著；吾丘衍《学古编》是第一部专门研究印学的著作；古书画著录方面有周密《云烟过眼录》、汤垕《古今画鉴》等。

明代研究水平略有提高，其中在文物鉴定与研究方面产生了较多重要的著作。如曹昭《格古要论》、都穆《铁网珊瑚》、文震亨《长物志》与王佐《新增格古要论》、高濂《遵生八笺》等。《格古要论》是中国现存最早的文物鉴定专著，内容涉及古琴、古墨迹、古碑、法帖、金石遗文、古画、珍宝、古铜、古砚、异石、石窑、古锦、异木、竹、文房等的鉴定方法。如古铜器鉴定列举了古铜色、纹饰、铭文、制作工艺等方法。此外，吕震《宣德鼎彝谱》、项元汴《宣炉博论》分别论及明宣德炉的原料、名目、造型、色彩及铸冶等。玺印方面有顾从德《集古印谱》、吴元维《秦汉印统》、孙桢《石云先生印谱考释》等；书画研究方面有文熹《钤山堂书画记》、王世贞《弇州山人续稿》、董其昌《容台别集》、汪砢玉《珊瑚网》等。

有清一代，考证学极为兴盛，为配合解释经义和整理史籍，古器物学因此受到极大的重视，得到了显著的发展。继宋代之后，古器物研究又进入了一个鼎盛时期。

乾隆以前的古器物学尚不发达。乾隆时期，内府着力于收藏古器，并敕命梁诗正等将皇家收藏的鼎、尊、彝等铜器纂修为《西清古鉴》四十卷附《钱录》十六卷，又命王杰等编纂《西清续鉴甲编》及《西清续鉴乙编》，三书共收录商周至唐的铜器 3000 余件，附收唐宋以后铜器和玺印等 30 余件；而后贮藏于宁寿宫的商周至唐的铜器 701 件又被编纂为《宁寿鉴古》。此四书合称为《西清四鉴》，体例均摹仿《考古图》、《宣和博古图》，摹绘器形、铭文，注明器物的方圆围径、高广轻重等，并兼及考证。

"四鉴"的成书，极大地推动了清代学者研究古器物的风潮。据统计，清代的古器物学家多达千余位，而《清史稿·艺文志》及《补编》、《拾遗》三书共著录清人所著古器物学研究书籍也多达 1200 余部。这些著作的编纂体例依然大多继承了宋代，主要分为两类：一类是效仿《考古图》、《宣和博古图》，既摹绘器型、铭文，又兼及考证。如钱坫《十六长乐堂古器款识考》、曹载奎《怀米山房吉金图》、刘喜海《长安获古编》、冯云鹏、冯云鹓《金石索》、吴云《两罍轩彝器图释》、潘祖荫《攀古楼彝器款识》、吴大澂《恒轩所见所藏吉金录》、端方《陶斋吉金录》等；另一类则摹仿薛尚功《历代钟鼎彝器款识法帖》的体例，注重铭文的摹写、考证，如阮元《积古斋钟鼎彝器款识考》、朱彝尊《曝书亭金石跋》、王昶《金石萃编》、刘喜海《清爱堂家藏钟鼎彝器款识法帖》、吴式芬《攈古录金文》、吴荣光《筠清馆金文》、吴大澂《愙斋集古录》、方浚益《缀遗斋彝器款识考释》、刘心源《奇觚室吉金文述》等。在这些集录性著作大量产生的基础上，出现了以金石铭文资料为依据撰写而成的古文字专著，如吴大澂《说文古籀补》、《字说》、刘心源《古文审》、孙诒让《古籀拾遗》等均极大地推动了古文字学的研究。

同时，清代古物学研究范围、对象进一步拓宽，陶瓷、玉器、泉币、镜鉴、封泥、玺印、砖瓦、造像、度量衡、明器等皆有搜辑、著录、考证专书，研究内容亦已涉及鉴定、断代、形制、铭文、历史等诸多方面，各门类纷纷开始成为专门之学，推动了古物学研究的扩展和深入。重要的著

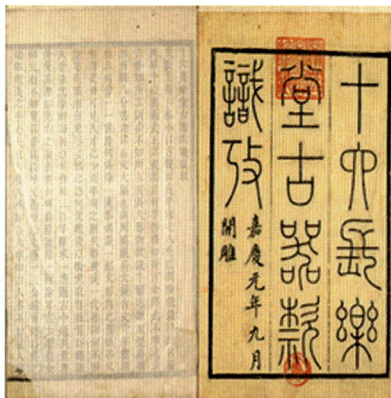

《十六长乐堂古器款识考》　　　　　《积古斋钟鼎彝器款识考》

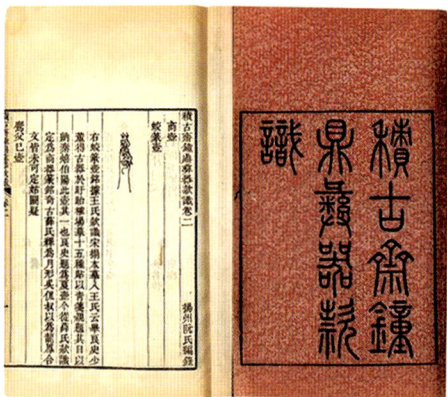

作如朱琰《陶说》、瞿中溶《奕载堂古玉图考》、《集古虎符鱼符考》、钱坫《浣花拜石轩镜铭集录》、程敦《秦汉瓦当文字》、吴隐《遯庵秦汉瓦当存》、朱枫《秦汉瓦当图记》、陆心源《千甓亭古砖图释》、戴熙《古泉丛话》、马昂《货币文字考》、李佐贤《古泉汇》、《续泉汇》、吴式芬、陈介祺《封泥考略》、吴大澂《古玉图考》、《权衡度量实验考》、汪启椒《汉铜印丛》、陈介祺《十钟山房印举》等。在书画方面，清代内府美术品收藏丰富。乾隆、嘉庆年间，将宫廷所藏万余件历代书画作品编撰为《秘殿珠林》、《石渠宝笈》、《秘殿珠林石渠宝笈续编》、《秘殿珠林石渠宝笈三编》，其丰富的资料对画史、书画传承的研究有着重要意义。

　　由于清代学者能够大量接触公藏与私藏的实物，使得这一时期的古器物鉴定、分类、考证水平都有了明显提高。王国维曾云，此前"诸家著录之器，往往真赝错出，同光以后鉴别始精。"同时在清代考据学的影响下，古器物学者更加自觉将古器物学与经史研究结合起来，考订古器物"文字、事实、形制"。缪荃孙认为："国朝谈金石者……惟考据家专注意于小学舆地职官氏族事实之类，高者可以订经史之讹误，次者亦可广学者之闻见，繁称博引，曲畅旁通，不屑以议论见长，似较专主书法者有实用矣。"他们利用金石铭文校勘古籍、补阙正误，取得了丰硕的成果，同时带动了文字、书法、艺术等相关领域研究。

三、民国以来

清朝末年，西方近代考古学理论与方法开始传入中国，引起了罗振玉、王国维等传统古器物学者的关注。他们开始反思传统古物学仅仅停留在搜集、整理、鉴定资料等方面，偏重于著录和考证文字等不足，并试图借鉴采用西方理论来引导古器物学研究更为科学系统地发展。同时由于甲骨文、敦煌遗书、汉晋简牍等三大考古发现纷纷问世，促使传统古器物学开始进入转型阶段，逐渐融入了西学东渐的近代考古学。

罗振玉、王国维是清末民初最重要的两位古器物学家。罗振玉的研究领域几乎遍及文物学的所有门类，并且著述等身。张舜徽曾将罗振玉的学术功绩概括为六类：对殷墟甲骨文字的整理、对金石刻辞的整理、对古器物学的研究、对汉《熹平石经》残字和汉晋木简的整理、对敦煌石室遗书的整理、对内阁大库档案的保存和整理。尤其是在甲骨学和敦煌学研究方面，均可以称之为奠基者。《殷墟古器物图录》、《殷墟书契前编》、《菁华》、《后编》、《续编》、《敦煌石室遗书》、《鸣沙石室佚书》、《流沙坠简》、《敦煌石室碎金》等一大批整理性著作以及《殷商贞卜文字考》、《殷墟书契考释》等考释著作，在资料搜集、研究方法、甲骨文字考释、时代判定等方面均有所建树。面对诸多文献考古大发现问世的情况下，王国维在吸收传统古器物学金石证史的基础上，开创了以"地下之新材料"与"纸上之材料"互证的"二重证据法"，撰写了《观堂古金文考释五种》、《殷卜辞中所见先公先王考》、《殷卜辞中所见先公先王续考》、《殷周制度论》、《古史新证》等一系列重要的研究论著，他以史籍与出土甲骨、金文及简牍文书互证，探讨了商周时代的历史、地理、典章制度等问题。这一研究方法成为了近代以来文献考订的主流，对中国近现代考古学、文物学、历史学都产生了重要影响。

甲骨四堂：罗振玉（号雪堂）、王国维（号观堂）、郭沫若（字鼎堂）、董作宾（字彦堂）

　　随着国内学者对西方考古学的著文介绍以及鸦片战争后外国探险家在中国边疆开展调查考古活动，1920年前后，北洋政府开始聘请外国学者和学术团体联合进行考古工作。瑞典地质学家安特生在周口店、仰韶村遗址以及甘肃、青海地区进行了大范围的考古调查，做出了一系列开创性的考古工作。1928年，中央研究院历史语言研究所成立，内设考古学组。同年十月，董作宾被派往安阳小屯村进行考古调查，这是中国学术机构独立进行的首次科学发掘，这也被认为是中国考古学诞生的重要标志之一。

　　此时留学欧美的李济、梁思永、裴文中、夏鼐、冯汉骥、曾昭燏等人纷纷归国，使得我国学术界拥有了一支具有西方考古学知识的专业队伍，并独立开展了一系列田野考古发掘与研究工作。他们有效借鉴了西方考古学以地层学与类型学相结合对出土器物进行整理研究的方法，并汲取了人类学、民族学和社会学的研究成果以及自然科学技术手段，在中国的史前文明、器物类型学研究方面取得了重要的成就。如李济以殷墟发掘资料为中心开展了系列研究。《殷商陶器初论》开始初步探索出土陶器的分类、定名，并对殷墟文化与史前文化之间的关系进行年代学的探索。《殷墟铜器五种及其相关之问题》、《记小屯出土青铜器》则综合运用化学分析、人类学、民族学等多学科对青铜器开展综合研究。《殷墟有刃石器图说》、《殷墟器物甲编：陶器（上辑）》、《筓形八类及其文饰之演变》、《殷墟出土青铜觚形器之研究：花纹的比较》、《殷墟出土青铜爵形器之研究：青铜爵形器的形制、花纹与铭文》等通过对器物的质料、纹饰等考古发掘记录及制作方法、形制、功能等类型学分析探讨器物的年代、历史及不同式样的演变轨迹。梁思永《山西西阴村史前遗址的新石器时代的陶器》探索了陶器以陶衣、颜色、口缘、器底、柄与把等分层次的分类方法。苏秉琦的《斗鸡台沟东区墓葬》、《瓦鬲的研究》第一次系统地根据形制及制法对器物进行型、亚型、式的分型分式，为型式演变的分析树立了典范，奠定了中国考古类型学研究的基础。

　　这一时期围绕考古发掘成果开展的甲骨、金文、青铜器、简牍等研

1929 年李济在殷墟发掘现场

	A 袋足类	B 联档类	C 折足类	D 矮脚类
半成品				
制成品				
纵剖面				
底面				
横剖面				

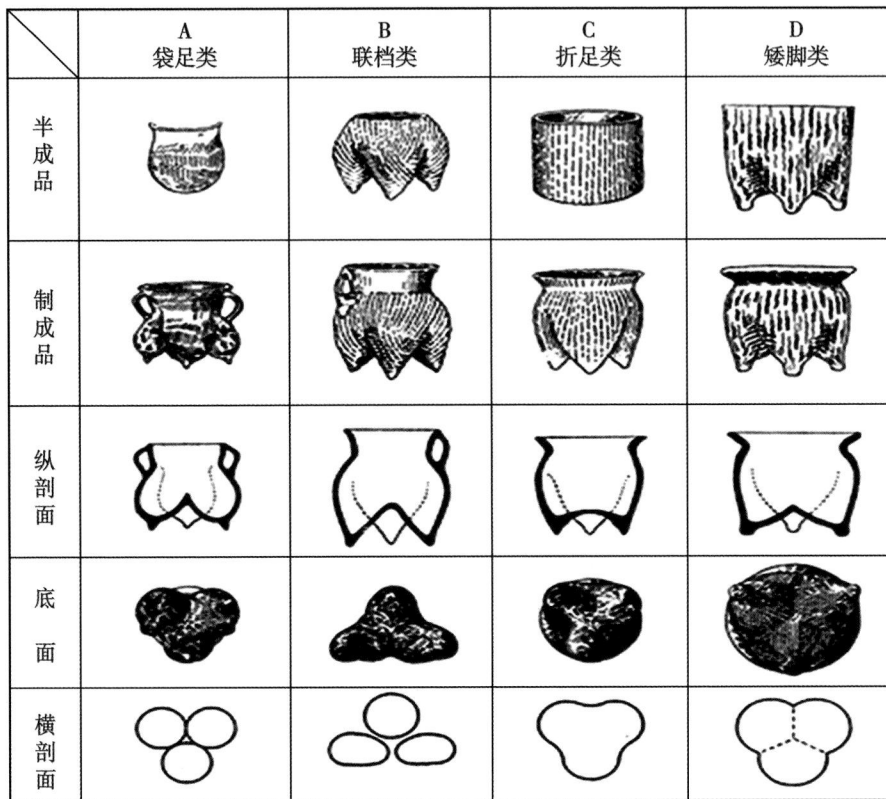

苏秉琦《瓦鬲的研究》图一《瓦鬲的分类》

究，也取得了许多重要成就。如董作宾《甲骨文断代研究例》开创了甲骨文的分期研究，提出了甲骨文五期断代学说和十项标准。郭沫若的《卜辞通纂》、《两周金文辞大系》、《殷契粹编》、《两周金文辞大系考释》、《中国古代的社会研究》等在甲骨文断代缀合研究以及将甲骨文、金文的释读与社会历史研究相结合、青铜器的分期断代演变研究等方面都做出了开拓性贡献。容庚《商周彝器通考》则首次对青铜器起源、发见、类别、时代、铭文、花纹、铸法、价值、去锈、拓墨、仿造、辨伪、销毁、收藏、著录以及器物的用途、形制、名称等进行了全面而综合的梳理研究。

中华人民共和国成立后，政府首先在文化部设立了国家文物局，后又在中国科学院成立了考古研究所，并在高校设置了考古专业，创办了《文物》、《考古》、《考古学报》三大专业期刊。即便在万马齐喑的新中国成立前30年，相比各行各业，文物考古研究是受到冲击和影响最小的行业。20世纪80年代初期，各省市、自治区也相继成立了文物考古研究机构，负责文物保护和考古发掘研究工作；各级各类博物馆也如雨后春笋般涌现，为文物管理和研究提供了优质场所，发掘保护管理研究体制日渐完善。这一时期，随着中国考古学日益成熟，大量的古代遗存得以科学地发掘，出土文物大多地层明确，时代清晰，为后续开展综合研究奠定了良好的基础，从而使得可移动文物研究走上了科学之途。同时随着出土文物数量和种类的日益增加，文物学的研究领域与门类逐渐增多，并且呈现出专门化、专业化局面，推动了专题文物研究得以朝向纵深发展，文物的定名与分类、鉴定与修复、管理与保护全面发展，研究体系逐渐完整。文物工作者在详细占有大量考古资料的基础上开展深入研究，逐步建立起中国考古学的体系，取得了一系列丰硕的成果，充实和改善了中国的古史研究。

这一时期可移动文物研究方面较为值得关注的特点是：（1）学者的史学意识逐渐增强，研究思维亦更加拓展。研究者不仅更加注重将器物本身的研究与历史、社会研究紧密结合，同时更加重视器物研究的整体性与全面性。器物所处的社会人文环境、技术条件以及所反映的古人的行为意识、人际关系，乃至折射出的更深层次的古代人的精神世界、宗教信仰、艺术审美等种种方面都成为研究探索的关注点。这样的研究方式不仅有助于更全面地认识器物本身，同时更能进一步研究古代物质文化形态、社会组织、意识形态等的相互关系，真正帮助我们接近和理解古人所处历史时期的文化内涵、生活状况。（2）自然科学技术手段的运用日益广泛。自然科学技术的进步为可移动文物研究提供了有力的研究工具，地质学、环境科学、动植物学、分子生物学、原子物理学、分析化学、遥感技术、物理探测技术、计算机技术等各种高科技手段极大地丰富了研究手段。如在对石器、玉器、陶瓷器、铜器等的分析研究中，引入了先进的质子激发 X 射线荧光分析、中子活化分析、穆斯堡尔谱分析、同位素质谱分析等测定方法，使得我们对器物的原料、成分和制作工艺有了更加深入的认知，为不同考古学文化区系类型的划分提供了更加科学的依据。自然科学手段的引进，有力推动了可移动文物研究朝向多学科交叉综合性发展。

这一时期虽有过政治干预学术的研究中断，但干预减退后爆发出了极大的潜能。新中国成立以来，历年出版的重要考古报告和考古资料集录是可移动文物研究重要的基础资料，如《殷墟发掘报告》、《西安半坡》、《长沙发掘报告》、《郑州二里冈》、《殷墟妇好墓》、《三星堆祭祀坑》、《云梦睡虎地秦墓》、《长沙马王堆一号汉墓》、《满城汉墓发掘报告》、《小屯南地甲骨》、《陕西出土商周青铜器》、《河南出土商周青铜器》、《商周青铜器纹饰》、《侯马盟书》、《古玺汇编》、《睡虎地秦墓竹简》、《银雀山汉墓竹简》、《马王堆汉墓帛书》、《郭店楚墓竹简》等，大型的资料合集如《殷周金文集成》、《甲骨文合集》、《甲骨文文献集成》、《居延汉简甲乙编》等。

此外，最重要的研究成果就是学者的研究论著及学术论文，如尹达《中国新石器时代》、夏鼐《考古学论文集》及《考古学和科技史》、李济《安阳》、胡厚宣《甲骨学商史论丛》、容庚、张维持《殷周青铜器通论》、唐兰《西周青铜器铭文分代史征》、安志敏《中国新石器时代论集》、邹衡《夏商周考古学论文集》、马衡《凡将斋金石丛稿》、于省吾《甲骨文字释林》、王宇信《甲骨学通论》、杨树达《积微居金文说》、陈梦家《殷墟卜辞综述》、《西周铜器断代》及《汉简缀述》、郭宝钧《商周铜器群综合研究》、陈直《居延汉简研究》、马承源《中国青铜器》、张光直《中国青铜时代》、孙机《汉代物质文化资料图说》、蒋若是《秦汉钱币研究》、朱凤瀚《古代中国青铜器》、卢兆荫《玉振金声——玉器、金银器考古学研究》、冯先铭《中国陶瓷》，等等。

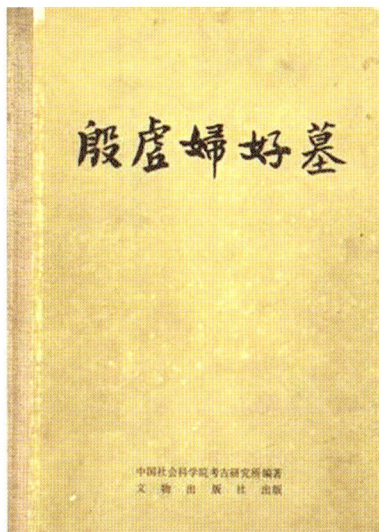

《殷墟妇好墓》，中国社会科学院考古
研究所编著，文物出版社，1989年。

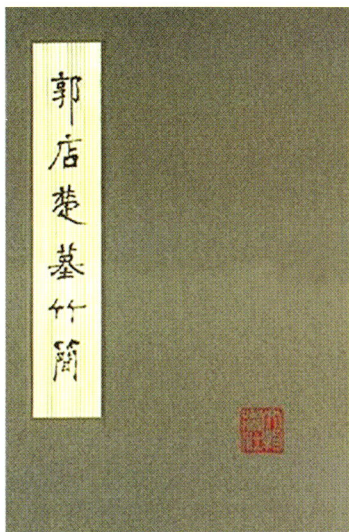

郭店楚墓竹简，荆门市博物馆编，
文物出版社，1998年。

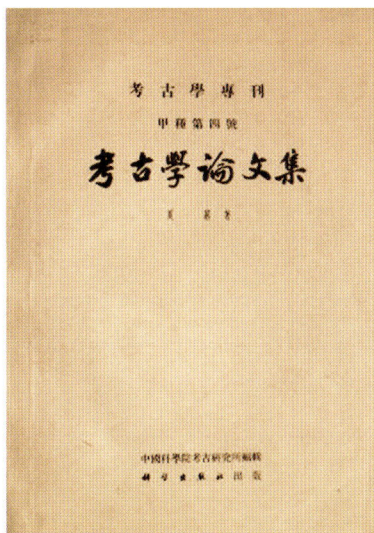

《考古学论文集》，夏鼐著，
科学出版社，1961年。

《中国青铜时代》，张光直著，
三联书店，1983年。

第二节　可移动文物研究发挥的作用

文物作为古代人类社会的重要物质遗存，是人类历史与文明的实物体现。考古学便是根据这些文化遗存以研究人类古代社会历史的一门科学，所以透物见人，以物论史，发掘文物中所蕴含的丰富信息，观察历史的演变与发展，以期重建复原历史，是文物研究最重要的目标。在此基础之上，文物研究者通过文物展览，将其所揭示还原的历史图景以实物形态直观地呈现给观众，让观众更加准确地了解过去，更加真切地感受历史。

一、证史补史

人类在历史长河中创造了丰富多彩的物质文化遗存。可移动文物作为具体、形象的物质实体，是一定历史时期的社会产物，蕴含着各个历史时期人类社会活动、社会关系、意识形态以及人们利用自然、改造自然的成就。通过研究文物，解读它所承载的历史信息，可以了解不同历史时期的政治、经济、文化、艺术、科学技术等，揭示历史的真实面貌。

丰富多彩的文物作为历史的见证与信息载体，可以与传世史籍互相参证，证实史籍的记载，纠正史籍的谬误，补充文献记载的缺佚，这样不仅可以增加文献记载的真实性，也可以纠正历史文献中因流传或人为篡改出现的记载失误。尤其是对年代久远缺少文献记载的史前史研究，更加需要通过研究史前人类创造的文化遗存填补文字记载失缺的历史。此外，一些本身带有文字的文物，则直接带有大量珍贵的史料，为历史研究提供了可靠的文字依据。同时通过对文物进行科学技术分析，可以为如青铜器史、陶瓷史、书画史、服饰史、冶金史、货币史等一些专门史研究提供精确的实物资料，其所发挥的史料作用亦是文献资料所不能比拟的。因此将文物与文献结合，正确解读文物承载的历史信息，揭示人类社会历史的发展变迁，从而帮助人们走近、理解历史。

在我国可移动文物研究史中，利用古器物及其铭文证经补史有着非常悠久的传统。北齐颜之推就已经开始运用出土文物校正《史记·始皇本纪》中所记载的丞相"隗林"之误。《颜氏家训·书证篇》："开皇二年五月，长安民掘得秦时铁称权，旁有铜涂镌铭两所。其一所曰：'廿六年，皇帝尽并兼天下诸侯，黔首大安，立号为皇帝，乃诏丞相状、绾，法度量则不壹嫌疑者，皆明壹之。'……见此称权，今在官库；其'丞相状'字，乃为'状貌'之'状'，爿旁作犬。则知俗本作'隗林'，非也，当为'隗状'耳。"颜之推运用出土的秦代铁称权铭文订正了《史记》传本中的错讹。

兴盛于宋代的古器物学，是作为统治阶级希冀恢复古代礼乐制度为经史小学研究提供新资料的需要而发展起来的一门学问，其主要内容之一就是考证经史。古器物学研究者更是将通过对古器物的时代、真伪、制作、文字等的详细考证补证经史的缺谬得失作为著书立说的旨趣。如刘敞便认为古器物研究的价值主要体现在研究古代制度、语言文字及谱牒三个方面："三王之事万不存一，《诗》、《书》所记，圣王所立，有可长太息者矣。独器也乎哉！兑之戈、和之弓、离磬崇鼎，三代传以为宝，非赖其用也。亦云上古而已矣。……终此意者，礼家明其制度，小学正其文字，谱牒次其世谥，乃为能尽之。"吕大临的《考古图序》亦云："观其器，诵其言，形容仿佛，以追三代之遗风，如见其人矣。以意逆志，或探其制作之源，以补经传之阙亡，正诸儒之谬误。天下后世之君子有意于古者，亦将有考焉。"吕大临认为古器物作为一个时代的物质文化遗存，是当时社会政治、制度、文化变迁的缩影，同时可以反映出古人的精神风貌、审美特点、文化追求等特点，所以通过探究古器物，可以有助于更为全面地认识史籍记载之外的历史面貌。欧阳修的《集古录》、赵明诚的《金石录》等被认为是宋代学者古器物证史的典范之作。我国历史悠久，文献浩繁，有些史籍在传抄过程中出现错误而引起后世误解；有些甚至被有意篡改，遮蔽了历史真相；更有很多文献在历史流传过程中缺佚，故赵明诚《金石录序》云：
"《诗》、《书》以后，君臣行事之迹，悉载于史，虽是非褒贬，出于秉笔者
私意，或失其实；然至于善恶大迹，有不可诬，而又传说既久，理当依
据。失岁月地理官爵世次，以金石刻考之，其抵牾十常三四，盖史牒出于
后人之手，不能无失，而刻辞乃当时所立，可信不疑。"尽信书，不如无
书。赵明诚就充分利用出土文物与史籍所载互证，对有争议的记载做出校
正。如《金石录·爵铭跋尾》云："右《爵铭》，大观中，潍之昌乐丹水岸
坼，得此爵及一觚。案《考工记》：'爵，一升；觚，三升。献以爵而酬以
觚，一献而三酬，则一豆矣。'而汉儒皆以为'爵一升，觚二升'。今此二器
同出，以觚量之，适容三爵，与《考工记》合。以此知古器不独玩好，又可
以决经义之疑也。"赵明诚以出土的"爵"、"觚"实物验证文献记载，从而
证明了《考工记》的正确性，而汉儒的说法则是错误的。

因出土文物日益丰富，且在古器物学与考据学的相互推动下，清代学
者对于文物的史料价值认识更加全面深入。文物证史不仅成为了清代学者
从事历史研究的一个重要方法和手段，同时在利用金石文字与历史文献对
勘方面更加纯熟。如瞿中溶《古泉山馆金石文编》"建安黄氏兽洗款识"条中
云："右铜洗得自长沙市肆，似新出土者，不知出于何地。以汉尺度之，
高六寸，口径一尺四寸，底径八寸五分，底内模一兽形似羊，盖取吉祥之
意。羊之上一黄字，下一式字，俱篆书，径七八分，字末笔下屈曲拖长寸
许，结构甚有古致。口上周围隐隐有文，俱为青绿锈蚀，予手自洗剔，出
之阴款共三十三字，不可辨者三字，隶书，径三四分，笔画细不可榻，而
瘦劲秀媚，颇类武梁祠石刻画像旁题字，真汉制也。惜黄氏名字已漫灭不
可辨。考《后汉书·献帝纪》兴平三年正月癸酉改元建安，夏六月乙未帝
幸闻喜，秋七月甲子车驾至洛阳。司马温公《通鉴》据长历推是年四月乙
未朔，七月甲子朔，而五月六月皆缺。今验洗文知六月乙未朔，则五月
必乙丑朔矣。黄氏自署郡县云长沙安成，考两汉长沙属县皆有安成，吴

宝鼎元年置安成郡，县名如故，晋太康初年，更名安复县，隋废郡县改属庐陵郡，唐武德七年，更名安福，属吉州，至今仍之，即江西吉安府所属之安福县也。《太平寰宇记》谓安成故城在安福县七十里，《郡国志》作'安城'，据此当从地理志作'成'。汉器往往识重与所值，如此洗文有'值钱七千，重十五斤'之语，可以考见当时铜价及权衡大小。一器之微，有裨于学不少，询可宝矣。"瞿氏在对此件铜洗的考订中，将有关汉代器物的形制、书体特点以及汉代干支历法、地理沿革、铜价与权衡大小等诸多方面进行了梳理，为更加感性和全面地认知汉代历史、制度等增添了第一手的史料。

　　清朝末年，随着甲骨、敦煌等考古发现的问世，传统古器物学逐渐向近代考古学过渡。王国维于此时开创了"二重证据法"："吾辈生于今日，幸于纸上之材料外，更得地下之新材料。由此种材料，我辈固得以据以补正纸上之材料，亦得证明古书之某部分全为实录；即百家不雅训之言，亦无不表示一面之事实。此二重证据法，惟在今日始得为之。"他在乾嘉考据学重视文物史料价值的基础上，更是将地下材料的证史价值提高到与文献并重的地位，并强调在古史研究中应更加自觉地广泛占有地上地下的资料，相互比勘，反复考证，方可获得更全面、更真实的史料和结论。"二重证据法"是王国维在其学术研究过程中逐步总结形成的，在商史研究中，他利用甲骨卜辞，结合传世古籍进行综合研究，从商代的历史地理、商王世系及商代礼制等三个方面，比较全面和系统地论证了商史的真实性。如他在《殷卜辞中所见先公先王考》及《续考》中，根据甲骨卜辞，并与《史记》、《山海经》、《竹书纪年》、《楚辞》等书相互印证，从而证明了《史记·殷本纪》所载商王朝世系，基本符合历史实际，并进而订正了其中商代先公先王位次记载的失误之处。甲骨文的发现，把中国有文字可证的历史上提了一千多年。而甲骨文与传世典籍的综合考证研究方法，则为殷商史乃至整个上古史研究的发展提供了契机与科学手段。

近代以来，考古学日渐成熟，出土文物越来越丰富，作为中华文明的重要载体，通过出土文物研究古史已经成为一种学术潮流。正如李学勤所说："几十年的学术史说明，我们在古史领域中的进步，就是依靠历史学同考古学的结合，传世文献与考古发现的互证。今后对上古时期社会、经济和思想观念的探索，还是要沿着这个方向走下去。"

二、为文物展示服务

近现代以来，博物馆事业取得了突飞猛进的发展，并逐渐成为了可移动文物收藏保管、陈列展览、宣传教育和科学研究的主要机构。文物藏品是博物馆成立的物质基础，而对藏品进行征集收藏、科学分类、策划展陈则是博物馆的基础业务工作，也是博物馆为公众提供社会教育与审美欣赏的重要途径。而如何有效开展文物藏品的征集以及择选馆藏精品搭建高质量的展陈就成为了博物馆事业的一项重要课题，应该说这些工作的开展都是需要建立在高水平的文物研究基础之上的。

我国博物馆的数量和种类都十分丰富，主要可以分为社会历史类、文化艺术类、自然科学类以及综合类，若再加以细分还可以分为军事类、纪念类、民俗类、地质类、生物类等诸多类型。而我国文物的种类也同样繁多，所以博物馆在征集藏品时首先要根据自身特色及业务性质，充分调查研究本馆馆藏文物的种类、数量、质量与特点，以及结合本馆陈列与研究的需要，界定文物征集的范畴与种类。文物征集的目的是为了充实本馆馆藏，提高馆藏质量，从而使馆藏文物更具系统性、科学性。因此，馆藏文物研究是制定文物征集目标和方案的先导。不是所有的文物都可以成为某个特定博物馆的藏品，所以需要在研究基础上将不符合本馆特色、没有陈列和展览价值的文物筛选出去，以确保文物征集的有效性与科学性。同时在征集文物时，也需要对每件文物进行认真细致的分析鉴定，详细调查了解文物的来源、流传经纬、历史内涵等方面，方能挑选出真实并具有价值的藏品。

除选择藏品需要依赖细致的研究之外，将文物藏品晋升为展品更是一个学术研究的过程。陈寅恪曾这样描述历史研究，他说："吾人今日可依据之材料，仅当时所遗存最小之一部；欲藉此残余断片，以窥测其全部结构，必须备艺术家欣赏古代绘画雕刻之眼光及精神，然后古人立说之用意与对象，始可以真了解。"陈列展览也同样面临这一境况。藏品无论多么丰富，都仅仅是"所遗存最小之一部"，需要依靠研究者对馆藏文物进行全面了解和深入研究，充分挖掘每一件文物所蕴含的丰富信息，建立起文物与文物之间的关联，在文物的相互关联中提炼出主题思想。一个成功的陈列展览，一定是建立在长期细致严谨、不断积累地深入研究基础之上。

当前的博物馆陈展类型包括基本陈列、专题陈列和临时展览。无论何种陈列类型，都需要有一个明确的陈列主题。主题是展览的灵魂，没有主题的展览仅仅是文物的堆砌，全无意义可言。然而想要提炼出符合自身藏品特点、具有鲜明特色的陈列主题，只有持续深入地研究馆藏文物，熟知藏品价值，才能挖掘出它们共同的内涵。例如湖北省博物馆，馆藏中包含大量楚墓出土文物，种类广泛，金石玉瓷、钟鼎彝器、陶罐瓦砾，不一而足。若是简单的陈列，只需按类摆放则可。但湖北省博物馆经过深入研究，发现它们可以作为楚文明的共同代表集中表现楚地的物质世界和精神世界，所以设立了《楚文化展》，并分设了"开疆拓土"、"铄石镂金"、"髹漆饰纹"、"力农重商"、"车驰马奔"、"习俗风尚"、"妙理惊彩"等选题，将楚国社会文化生活等各个方面浓缩凝聚在精心选择的文物精品之中，生动地体现了楚文化作为先秦时期的一个区域文化，独具一格、自成一体而又博大精深的特色。因此，深入研究藏品，确定一个基于自身藏品特点的展示主题，是展览取得成功的先决条件。

湖北省博物馆常设展览《楚文化展》

　　在确定陈列主题后，文物研究者需要进一步围绕陈列内容，确定哪些藏品可以成为展品，编写陈列大纲，列出全部展品——让最能揭示主题的文物脱颖而出成为核心展品，与表现主题相关的文物成为辅助展品，使有可能起旁证作用的文物成为备用展品，这是进行陈列内容设计的基础。这一过程需要研究者深入了解每一件藏品，才能不遗珠、不滥竽，使所有展品各得其所。例如，同为玉器，玉琮体现的是政治、宗教权力，而佩玉的权力意味减弱，更多蕴含着一种温润的文化气质。若不了解两者在当时的功用，则有可能出现陈列中的错位。又如假若不了解一件陶器是生活品还是祭祀品，便难以确定应该将其置于反映古人生活场景的主题中还是纳入探讨古人精神世界的陈列里。一个成功的展览，需要让每一件文物恰得其所、物尽其用，而成功的关键则是对馆藏文物的充分研究与了解。

　　确定了展览文物之后，接下来就是需要为每件文物搭建一个展览舞

广东省博物馆"异趣·同辉
——馆藏清代外销瓷艺术精品展"中的"近代欧洲中国风家居场景"复原陈列

台，使它们能够更好地呈现在观众面前。因此设计人员需要了解文物的名称、年代、数量、级别、尺寸、重量、质地、用途等详细信息，方能实现精准地设计展台与背景。

　　另外，一个成功的陈列，应该营造出一种历史氛围，能够让观众在展厅中有一种身临其境的感觉，从而可以帮助观众更好地理解与鉴赏文物。例如，湖北省博物馆的"九连墩纪事"、苏州博物馆"衡山仰止——吴门画派之文徵明特展"里的"明清文人书房"、广东博物馆"异趣·同辉——馆藏清代外销瓷艺术精品展"的"近代欧洲中国风家居场景"等复原陈列形式，生动形象且直观地表现了文物展品的本来面貌，同时也再现了历史环境，较好地为观众提供了知识与教育。这种对于历史的还原背后其实是文物研究者在对历史背景、时代特征的研究中提炼出具有代表性的历史符号、图案、造型，结合深入把握文物特点与内涵的基础上精心设计出的产物。

　　文物研究是博物馆工作的基础，直接影响着各项业务水平与工作质量，尤其决定着陈列展览的成败。只有重视藏品研究，才能准确有效地向观众传递展品的内涵与价值。

三、为文物鉴赏服务

　　文物是人类社会历史发展过程中创造的具有历史、艺术、科学和纪念价值的珍贵物质文化遗存，然而，它所承载的诸种价值与所蕴含的特定时代的社会文化、制作工艺、科学技术等诸多信息，都并非直观可见，而是以物化的形式隐含在文物自身内部之中，只有通过深入的研究分析才能够获取和正确揭示。此外，在历史长河的发展变迁中，由于自然和人为的种种原因，许多文物的原貌发生了改变，特别是一些年代久远、没有文字的文物，使得人们难以准确认知它的年代，从而导致无法深入了解文物的内涵与价值。同时，自古以来，人们出于各种各样的目的，伪造了大量赝品与仿制品，导致许多文物的真伪难以辨别。如《韩非子·说林下》记载："齐伐鲁，索谗鼎，鲁以其雁往。齐人曰：'雁也。'鲁人曰：'真也。'""雁"即"伪"，赝品的意思。这说明文物作伪自古有之，甚至有些仿制品水平极高，可以达到以假乱真的程度。因此，在对出土地层明晰的真实文物进行造型、纹饰、质料、工艺等全方面的研究后，掌握不同时期文物的时代特征和风格，就可以通过认真鉴定与科学分析，判明文物的年代与价值；反之，如果是仿制水平较高的赝品，也可以通过细致鉴别，找出作伪的痕迹。由此可见，可移动文物的综合分析研究是品鉴、挖掘文物内涵与价值的重要基础。

　　应该说，人类对于可移动文物的鉴赏正是随着文物研究的深入处于循序渐进的过程中。以对玉器的鉴赏为例，在中国古代尚未对玉器展开科学研究时，古人就已经开始对玉器的内涵展开了阐释。玉器文化中的"六器"与"六瑞"就是商周时期礼玉制度的表述。春秋末期，儒家又赋予玉的特性以人格化、道德化的阐释，即"君子比德如玉"，如东汉许慎《说文解字》云："玉，石之美者，有五德。润泽以温，仁之方也；理自外，可以知中，义之方也；其声舒扬，专以远闻，智之方也；不挠而折，勇之方也；锐廉而不忮，洁之方也。"寓玉于礼与寓德于玉，此时古人对于玉器的阐释均是形而上的人文理念的比附。真正开始将玉器纳入器物学研究范畴始于元代朱德润的《古玉图》，他对其所见的古玉进行了分类、质料、形制、玉色、用途等多方面的初步研究。而后吴大澂撰《古玉图考》将古玉实物与先秦文献记载互证，在器名、断代、形制、用途以及名物制度等方面进行了详细考订。近代考古学兴起之后，古玉研究迎来了研究方法的变革与创新。随着大批经过科学发掘、时代明确且跨度广泛的玉器的出土，为古玉的科学研究提供了大量标准器，以及现代测定技术的广泛应用，为玉器的分期断代、质料分析、风格解析，功能判定等研究提供了实物依据和科学技术手段。随着玉器研究的深化，中国古玉编年序列得以逐步建立，同时通过对玉器展开社会学、人类学、艺术学、哲学、地质学、矿物学等多学科综合研究，不断揭示出了玉器所蕴含的中华文明起源形成过程以及独特的社会功用、艺术形态、工艺水平、宗教观念等历史信息，玉器的鉴赏也愈发全面与深刻。

　　器物学研究的深入为文物鉴定也打下了坚实的学术基础。随着宋代学者对青铜器的分类、命名、纹饰、用途等研究方法的逐渐成熟，南宋时期便出现了有关青铜文物鉴定的总结。赵希鹄《洞天清录·古钟鼎彝器辨》将铜器的鉴定方法归纳为锈色、气味、纹饰、铭文、款识、工艺等。张世南《游宦纪闻》鉴赏古铜器的色泽、纹饰与形制时云："辨古器，则有所谓款识、腊茶色、朱砂斑、真青绿、井口之类，方为真古。其制作，有云纹、雷纹、山纹、轻重雷纹、垂花雷纹、鳞纹、细纹、粟纹、蝉纹、黄目、飞廉、饕餮、蛟螭、虬龙、麟、凤、熊、虎、龟、蛇、鹿、马、象、鸾、夔、牺、蜼、凫、双鱼、蟠虺、如意、圆络、盘云、百乳、蠡耳、贯耳、偃耳、直耳、附耳、挟耳、兽耳、虎耳、兽足、夔足、百兽、三螭、毯草、瑞草、篆带(若虬结之势)、星带(四旁饰以星象)、辅乳(钟名,用以节乐者)、碎乳(钟名,大乳三十六外复有小乳周之)、立夔、双夔之类。"熟悉掌握某一类文物的特征风格需要经过大量的系统研究,宋代学者对于古铜器纹饰、形制、工艺等方面细致的辨析与总结就是在对器物的大量收集、目见以及比较研究基础上获得的,他们通过实践印证不断探索领悟,最终从感性认识升华为理性总结。文物鉴定就是需要通过这种究其理、明其原,才能够准确判断是非真伪。

此外,文物是人类文明发展的见证,除了具有历史与科学价值之外,还有文化与艺术欣赏价值。文物的外在艺术形象与内涵是特定历史环境下的文化风俗、艺术追求与审美情趣的表现形态。文物的审美欣赏不单单是指对造型、色彩、图案等感性上的欣赏,更是需要通过了解器物内含的时代特征,才能更加深入领会器物的韵致,所以文物研究有助于提升鉴赏者的审美层次。陶瓷是中国艺术的宝库,不同时期的陶瓷器蕴含着丰富多样的审美情趣。如唐三彩器物形体圆润饱满,色彩绚丽斑斓,造型奔放自由,这与气韵生动的"盛唐气象"以及唐代艺术的丰满阔硕的审美追求相一致。而与之相反,宋代汝窑的色泽清新淡雅、莹润如玉,造型简约含蓄,这种特点折射出的是宋代平淡雅致的时代审美特征,也是宋代程朱理学影响下文人士大夫的美学追求所决定的。应该说文物的外在特征、工艺技术、艺术风格、历史背景等方面的研究均与审美欣赏是相辅相成的。只有对文物多方面的深入研究,才能使得文物的形、色、质与其文化内蕴作为一个整体带给鉴赏者更加深刻清晰的审美享受,才能对文物的艺术之美进行准确鉴赏。

第四章　可移动文物陈展

可移动文物的陈展即可移动文物的陈列展览，《中国博物馆学概论》对陈展概念作了专门描述："陈展是指在一定的空间内，以可移动文物标本为基础，配合适当的辅助展品，按一定的主题、序列和艺术形式组合成的，进行直观教育和传播信息的展品群体。"我们把凡是与博物馆馆性质、任务相适应的，有自己的独有陈列品和陈列体系的，内容比较固定和常年对外开放的，称为基本陈列。而内容专一、形式多样、短期展出、经常更换的，叫展览。陈展是博物馆一项非常重要的工作，是博物馆对外的窗口，是它与观众沟通的桥梁、联系社会的纽带，也是其实现其社会功能的主要方式。英国哲学家培根曾经说过："科学的力量取决于大众对它的了解。"博物馆的展品是"物"化了的人类精神文化的重要表现形式之一，如何让藏在深闺中的藏品"活"起来，让大众去接触并了解它的价值，是历史赋予博物陈展的神圣职责。

第一节　可移动文物陈展作用

在人们的传统印象中，博物馆就是"收藏各种文物，然后用柜子摆出来"而已。造成这种印象的主要原因是很多博物馆忽略了文物陈展的作用，2013 年 12 月，习近平主席在中共中央政治局就提高国家文化软势力第十二次学习时强调"让收藏在禁宫里的文物、陈列在广阔大地上的遗产、书写在古籍里的文字都活起来",进一步强调了博物馆陈展的作用,因此,要充分发挥博物馆陈展的作用,我们必须为那些不会说话的文物搭建一个舞台,让它们走出深闺,诉说它们的故事,通过这些文物我们认识过去,启迪心智,体会审美愉悦。

一、认识过去

地球上自有人类以来,所有的活动都是社会活动,任何历史遗迹和遗物都是一定历史时期人类社会活动的产物,而文物就是指这些经历了时间的沉淀、承载着一定文化蕴涵的人类社会活动的产物,因此每一件文物有着与其所处时代相符的历史价值。透过这些文物,我们可以了解文物所在时代的生产力发展水平、科学技术的发展程度、精神文化生活的发展高度、社会意识形态的发展阶段等。这些都是文物历史价值的具体体现,是我们认识人类发展的重要凭借。通过文物历史价值所反映出来的信息,可以帮助我们追本溯源,它不仅是研究、恢复其社会面貌的实物史料,还是证史、正史、补史借鉴研究不可或缺的资料。

文物可以带给观众更直接的视觉冲击力,更容易把观众带入特定的历史环境,回到当时的"现场",让他们对相关事件具体的前因后果产生兴趣,进行提问或联想——这是文物展陈所起的巨大作用。在国家博物馆《复兴之路》的基本陈列中,陈展了这样一件文物——绞刑架。通过这件文物,参观者不仅仅了解到这是杀害李大钊的绞刑架原件,由此还会想到李大钊是个什么样的人?他有哪些经历?反动军阀为什么要杀害他?这件珍贵文物是怎样保存下来征集入馆的?通过这件物品,我们可以了解到这件文物背后的人,从而使文物更加鲜活。

中国国家博物馆展出的杀害李大钊的绞刑架

二、启迪心智

人们常说，博物馆是人们终生教育的殿堂，也是广大青少年的第二课堂。人们的参观过程就是一个复杂的智力活动过程。

首先它可以有效地提高观众，特别是青少年的观察力。观察力是有目的有计划主动感知客观事物的认识能力，它是发展智力的基础，也是观众参观陈列展览活动获得收益的前提条件。我们要根据参观者的年龄特征，有目的、有重点地使观众掌握文物的相关知识，帮助观众选择最佳观察对象，激发他们的观察兴趣，培养良好的观察品质。如中国地质大学博物馆里，著名的黑龙江东北龙、和平永川龙、鹦鹉嘴龙等恐龙骨架化石以及各种珍贵的矿物、宝玉石、化石标本让孩子们产生了浓厚的兴趣，也许未来的自然科学专家就从这里开始。其次参观陈展可以引导观众记忆力的增强。记忆力是感知客观事物的识记、保持和再生能力。美国心理学家布鲁纳认为"人类记忆的首要问题不是储存而是检索。"观众特别是青少年在参观的过程中，我们要提出该记忆的内容以及这些知识的应用价值。这样，既组织了知觉和注意的过程，又启发了积极思考。而青少年是人一生中记忆力的高峰期，因此我们要选择和理解富有教育意义的陈列内容，便于观众加深理解、强化思维，从而提高记忆力。如在中国地质大学博物馆里参观能源矿产陈列时，每一类矿产都有其明显的特点，通过综合运用多感官，促使观众眼、耳、口、手、脑并用，听、说、读、写、思并举，提高记忆力。有的馆还设置了参与声、光、电原理简单机械的操作(动手)，做自然知识竞赛题(动脑)，触摸电脑屏，让观众按下按钮，自选屏幕节目(动手和动脑)等形式，这些形式对增强记忆力十分有效。另外参观可以调

中国地质大学逸夫博物馆恐龙化石展

动参观者思维力的敏捷。思维力是人脑对事物联系、本质和规律的认识能力。我们要调动青少年观众深刻性、敏捷性、独创性的思维能力，并增强形象思维、逻辑思维和辩证思维能力。另外还可以让观众开启想像力的翅膀。想象力是受客观事物的影响，在言语的调节下，改造旧表象，组合产生新形象的活动能力。自然陈列对于培养青少年观众的想像力是有着优越条件的，被誉为"培养想像力的学校。"想像力又分形象想像、再造想像和创造想像。形象想像是根据自然标本的固态陈列在头脑中出现新形象的过程。通过直观标本，引发形象想像。如通过直观海洋动物标本陈列，引发想像大海里的这些动物，有的在海底爬行，有的善于游泳，有的凶猛无比，有的色彩斑斓，等等。运用悬念等形式，启发再造想像。丰富多彩的自然类陈列，可以培养想像力的多种心理品质和再造智力。通过参与实践，激发创造想像。创造想像是根据一定的目的、任务、独立创造新想像的过程。如海豚的雷达功能、鸟类的滑翔本领，引发人们去思考、去创造，并研制出雷达、飞机等，有力地促进了人类社会的发展。

三、审美愉悦

博物馆是一个与美丽对话的场所，是一个集结人们谈话的地方。观众走进博物馆，参观过程本身就是一个欣赏过程，欣赏的实质是审美。观众在参观过程中接触的文物就是艺术品，有如书法、绘画、雕塑、舞蹈、富有特色的建筑、工艺属视觉艺术；有如背景音乐、器乐表演类属听觉艺术；有如美妙的散文诗般的陈列语言类的属想像艺术。当然，在陈列展览中相应的色彩设计、陈列空间的装饰以及我们播放的辅助的视频资料也都是艺术作品。如武汉大学的万林艺术博物馆，毗邻未名湖，傲居珞珈山畔，静卧在武汉大学校园的中心位置。建筑外立面用铝合金一块一块人工拼接，金属凹凸质感令它好似一块从天外飞来的巨大陨石，又像一颗"钻石"，这本身就是一件艺术作品。这些艺术品形象地、典型地反映生活，具有形象性和典型性，它是受作者的是非观念、爱憎态度的驱使而制作的，具有主观性和情感性；它主要诉诸于人的耳目视听，因而又具有赏心悦目、陶冶性情的愉悦性；它离不开对艺术媒介和艺术技巧的成功运用，因此，还具有巧夺天工的创造性和工艺性。在欣赏过程中，观众与这些艺术品发生共鸣。这个共鸣不仅仅是观众与文物蕴含的历史内容中的思想感情的共鸣，而且还有观众的思想感情与陈列者的思想感情对文物感受上的共鸣。

伴随着审美感情、审美认识、审美想像、审美心理活动的产生，以感性与理性的统一为特征的精神上的愉悦也就产生。孔子所谓："在齐闻《韶》，三月不知肉味"，则生动地赞美了这种精神享受。在欣赏过程中，观众与这些艺术品发生共鸣。前南京博物院院长曾昭燏在《博物馆》一书中，把"陶养性情，使人人有爱美之心"作为"实施精神教育"的一个方面列

武汉大学万林艺术博物馆外观

入博物馆的四大"功用"之一。美国等西方博物馆把供给娱乐、探险等作为博物馆的职能。审美功能是其他功能的目的或最后归宿。审美功能是指凭借艺术意象、意境感染力、诱发力、震撼力来使接受主体在获得美感的同时获得审美愉悦。

第二节　可移动文物陈展类型

博物馆的性质决定可移动文物陈展的性质，对于陈展的分类，依据其不同的标准，分类也不一样。按内容分可分为社会历史类陈列(如中国通史陈列、中国革命史陈列、地方史陈列、民族史陈列、考古学陈列等)、自然历史类陈列(自然史陈列、人类学陈列等)、艺术类陈列、科学技术类陈列(科技史陈列、各种科技类专题陈列等)；按陈列场所分可分为室内陈列和室外陈列(露天陈列)；按观众对象来区分，可分为儿童陈列、盲人陈列；按陈列材料分为有形陈列和无形陈列。而我国博物馆界一般将长期展出(最少在一年以上)、内容十分丰富的陈展称为(基本)陈列；长期展出，但内容为专题性的则称为专题陈列；时间短(基本不超过三个月)、内容少的称为(临时)展览。本书则按通用的分类方法。

一、基本陈列

《中国博物馆学概论》对基本陈列所下的定义为："陈列由比较稳定的主题、内容、展品(主要是馆藏文物标本)和较完美的艺术形式构成陈列体系，我们通常称之为基本陈列。"其含义包括三个方面的内容：一是与本馆的性质、任务相适应，二是有自己的独特展品和陈列体系，三是内容比较固定和常年对外开放的陈列。每一个博物馆，都有一个反映本馆性质和地域特色的基本陈列。它是立馆之本，是实现博物馆宣传教育功能的灵魂，是博物馆的主体，是博物馆的基础，是博物馆最基本、最系统、最全面的反映。

基本陈列的特性表现在以下几个方面：

(一)主导性

基本陈列是博物馆生存和发展的基础，是人们认识博物馆的窗口，是博物馆工作的中心。一个地方博物馆、纪念馆，必须要有自己的基本陈列，如果没有基本陈列，那么这个馆就只能是等同于一个文物储藏仓库。基本陈列是一个博物馆的拳头产品，它最能体现一个博物馆、纪念馆的水平，最能体现一个博物馆、纪念馆的体系和方向，最能够突出博物馆、纪念馆的地方特色。没有基本陈列，会使陈列缺乏相对的稳定性和系统性，将会严重影响到诸如科研和保管等工作的开展。因此各馆都充分利用博物馆资源，展示本馆亮点，将基本陈列作为本馆工作的重中之重，而基本陈列的主导性也由此彰显。

其主导性首先表现在陈展的内容上，譬如，一个历史性质的博物馆，它是属于社会历史类型的。社会历史类博物馆，是以研究和反映社会历史的发展过程、发展规律以及历史上的重要事件和重要人物等为主要内容的。如中国历史博物馆，是属于全国性的通史馆，它的基本陈列就要以全国的社会历史为对象，来阐明全国各地区上下几千年、几万年的历史过程及规律。而像地方博物馆，则是一座文明史积淀的宝库，它兼容了本地各个时期的政治、经济、教育等方面的历史风情。如武汉博物馆共收藏各类文物近 10 万件，举办有近 4000 平方米的基本陈列，重点突出武汉及周边的地域文化特色。它的基本陈列《武汉古代陈列》曾获"第五届全国十大陈列展览精品"，其后还根据该馆收藏的文物精品，举办了《古代陶瓷艺术》、《明清书画艺术陈列》、《历代文物珍藏》、《武汉近现代历史陈列》等几个基本陈列，这些都是反映武汉地域特色的"活字典"，用文物解读武汉历史，观众可以从中寻找到武汉的城市之根。因此对于基本陈列的主题定位，必须要深入挖掘文物的内涵，体现该馆性质或地域特色的具有典型意义的文物。

武汉市博物馆《武汉古代历史陈列》基本陈列

　　基本陈列的主导性不仅仅表现在展品内容上，还表现在基本陈列的规模上，博物馆在人力、财力、物力的投入以及占地面积上都占博物馆的主导地位。作为一个基本陈列，一定是要在充分占有第一手资料的基础上经过反复研究然后决定用哪些材料，怎么用这些材料，上什么文物不上什么文物，这一切最后都体现在陈列大纲里。接着是形式设计完成布展任务。所以我们看到好的基本陈列都是通过挖掘本地区的历史元素提炼彰显本地区的精、气、神，内容全面丰富，展出文物较有代表性，表现手法多样，规模较大的陈展。

(二) 稳定性

　　从《中国博物馆学概论》对基本陈列所下的概念(陈列由比较稳定的主题、内容、展品和较完美的艺术形式构成为陈列体系，我们通常称之为基本陈列)来看，稳定性是基本陈列最主要的特征，由于基本陈列的规模较大，长期性的布展任务相对较繁重，用时相对较长，不可能在较短时间内完成。同时一定会投入大量的人力、物力、财力，打攻坚战才能把陈列办好。由此基本陈列一旦展出，都是十年甚至几十年都不会改变，短时期内就更不会做大的改动，以保持其稳定性。

二、专题陈列

专题陈列是博物馆设立的关于某一专题内容的陈列。专题陈列是基本陈列的补充、拓展和深入，以精致、专业、特色鲜明为特点，陈列选题主要以馆藏优势为原则，突出文物的精品意识。它是介于基本陈列与临时展览之外的一种陈展形式。

专题陈列有两种类型，一种是在基本陈列之外独立存在的。像湖北省博物馆的《楚天风云百年展》就属于这种，另一种则是构成基本陈列的一个组成部分。它是基本陈列，但它又相对独立。这种情况在自然类、艺术类博物馆较多。如黑龙江馆的《动物冻川》、《古动物陈列》。

专题陈列的基本特征：

(一) 专业性

专题陈列和基本陈列的主要不同点在于它的内容是比较专一的，是某一方面的，它的主题鲜明，文物标本丰富，结构严谨，自成体系，比较固定。举办这种陈列，往往是基于一项重要的考古发掘，或是一项重大征集、一项重大研究成果，但更多的则是长期收集、积累而成的。专题陈列给人以深刻的印象，对社会影响极大。有的专题陈列，也可以逐步发展成为基本陈列，也就是说，由几个专题来构成一个完整的陈列体系。但在大多数的情况下专题陈列是长期存在于基本陈列之外的，成为它的一个补充部分。

(二) 灵活性

基本陈列，由于展出目的的限定、陈列结构的制约以及参观线路的限

湖北省博物馆的楚文化专题陈列

制等，只能选择有代表性的、典型性的文物标本作概括性的介绍，某些部分不可能十分详细。所以，在基本陈列之外，各馆根据自己馆藏的条件搞几个专题陈列，把那些众多的、成套的文物标本作为基本陈列的补充，相对基本陈列，专题陈列在选题、展陈时间、展陈形式、展陈规模上更加灵活。但是专题陈列与临时展览也有所区别，其展出时间比临时展览长一些，相对来说是比较固定的，而不是经常更换的。比如湖南省博物馆既有马王堆汉墓文物馆作为专馆，长期开放，又在湘南通史陈列中选其精华，作通史陈列的部分内容扼要地展出。

三、临时展览

临时展览的概念是相对于基本陈列而提出的，是根据博物馆自身基本陈列情况，进行形式多样、定期或不定期更换的专题性展览。它一般小型多样，展品选择比较自由，陈列内容和陈列艺术比较灵活，是基本陈列的补充和辅助，是活跃博物馆对外宣传教育的有效方法，是评价博物馆服务民众和交流水平的重要指标。

临时展览大致可以分为自行设计制作和租借两类。第一类主要展现本馆的研究、收藏成果，常常成为巡展或对外租借展。第二类展览涉及的收藏和研究成果往往是本馆收藏、研究工作未涉足的领域，比如异域文化等。

临时展览具有以下特征：

(一) 多样性

基本陈列是一个博物馆的灵魂，内容丰富，布局科学，结构严密，往往是十几年，甚至是几十年都不更改，观众参观一次后，就不会再来第二次。而临时展览则可以弥补基本陈列的局限性，为基本陈列增加新的内容，注入新鲜血液，它可以根据博物馆的藏品选择灵活多样的选题，比如根据时下的政治经济形势，举办和重大活动、重要历史事件、历史人物纪念日等相关的临时展览，定期不定期地进行更换。同时，临时展览并不一定全部要围绕本地的历史文化来做文章，也可以采用请进来的办法，举办各种形式各种内容的展览，如秦代兵马俑、汉代服饰，只要条件许可，各个博物馆都可以拿出来展览。如可以开办文物特展、艺术展、科教展、时政展等，使展览常展常新，使博物馆具有很强的吸引力。从各大博物馆的实践经验中不难看到，那些立足于时代、弘扬时代主旋律的展览最受观众欢迎。临时展览的多样性还表现在形式上。临时展览由于不受地点、时间的限制，因此其展览的形式多种多样，既可以在本馆展出，也可以在别的馆展出，可以走进社区，也以走进学校等地方。而展览的形式则可以用图片展览也可以实物展出，还可以利用多媒体等相应的技术。

(二) 时效性

由于临时展览的内容是非固定性的，因此每一次展览的时间不可能很长，需要经常更换。一般来说，人们的关注点都是贴近时代、现实感很强的东西。故我们的展览也要贴近时代，只有这样，我们才能与观众拉近距离。在不同的时期，人们的关注点与关注程度有所不同，确定选题的时候应具有针对性，力求使其既具有时代精神，又是观众最为关注的，努力使临时展览满足观众的需求。这既是实施教育的需要，也是博物馆服务于大众及谋求自身发展的需要。否则，举办各类展览也就失去了意义。

(三) 交流性

临时展览与基本陈列一样，也是博物馆对外宣传的窗口和平台，同时因为临时展览具有灵活多样性，博物馆在进行馆际交流的时候，临时展览起到了非常重要的作用，临时展览不受本馆的性质所约束，变动性较大，可经常调换，长则一两年，短则几个月，只要有一定教育意义的展览都可以办。因此在对外宣传以及在与各馆的交流中，大大扩大了博物馆的影响力。

基本陈列是博物馆展陈的主导，是博物馆各项工作的基础，专题陈列和临时展览则是基本陈列有力的补充，三者都是博物馆各项工作的核心环节和纽带，是相辅相成的组成部分。

北京自然博物馆临时展览"海洋瑰宝——珊瑚特展"

第三节 可移动文物陈展艺术

可移动文物的陈列是以形象传播为基础，以形式艺术为表现手段的科学。它是可移动文物与观众沟通交流的主要途径，它在吸引观众目光的同时将相关的讯息传递给大众，以实现其教育、传播功能。可移动文物陈列的发展大致经历了三个阶段。第一个阶段要从英国的阿什莫林艺术与考古博物馆说起。那时候，陈列与收藏并没有本质上的区别，整所博物馆只相当于是一所开放了的收藏室。随着社会的发展，刻板的收藏室已经不能满足观众了解可移动文物的需求。为了让观众看懂陈列品，工作人员开始在陈列品上加入文字、图片等辅助资料。收藏柜也逐步被尺寸规格统一、线条简洁、实用的立柜、中心柜和桌柜等展柜所取代。进入20世纪七八十年代，可移动文物陈列品的教育功能得到了进一步的重视，与此同时，传播学得到了重大发展，展示传播的效果成为了可移动文物陈列设计的核心，促使百年来可移动文物陈列完成了从看物到叙事，到以信息传播为主导的华丽转身。

一、总体艺术设计

展厅的存在是为了陈列品的展示，而展陈设计则是为了让观众更好地理解展陈品，因而可移动文物的展陈设计占据着举足轻重的位置。可移动文物的陈列展览是一项包含选题策划、内容创意、环境设计、形式艺术设计等多个环节的系统工程。设计者需要综合考虑陈列的科学性、知识性、艺术性、趣味性、科普性、情节性和观众体验性。因此，可移动文物展陈的总体艺术设计应该以观众的需求为主旨，将科学、艺术与技术结合起来，对展陈品进行合适的统筹规划和设计。

可移动文物的展陈是一门具有跨学科性质的科学，它涉及建筑学、博物馆学、心理学、艺术史、工程学、传播学、美学、经济学、营销学等多门学科。这种跨学科性决定了可移动文物展陈的复杂性，也显示了它的发展空间与潜力。

可移动文物展陈设计的基本程序是：主题策展—内容设计—陈列形式设计—艺术形式深化设计。主题策展包括前期调查、研究、组织产品工作；内容设计包括编写陈列内容大纲；陈列形式设计包括陈列艺术形式从整体到细节的设计；艺术形式深化设计包括对内容和形式匹配度的审核、修改，并在此基础上绘制施工图，制定经费预算，制订陈列工程实施任务书，组织施工。

1. 主题策划

可移动文物的主题策划是展陈设计的第一步，也是非常重要的一步。可移动文物的主题策划既要兼顾学术性、科普性，更要利用科技发展的成果，将其融入新颖、通俗易懂的表现形式中。同时，可移动文物展陈的主题策划还应该充分考虑自身的条件，扬展品之长。所以，在主题策划之前，首先要充分了解、研究与展出的可移动文物相关的各种历史文化资源。此外，策展人还需要对文化、科学、技术、材料、工艺、信息传播等有深入的了解，以保证在对可移动文物陈列做整体规划时，对展陈品进行合理的规划，并对展陈空间进行合理的布局和安排。

2. 内容设计

展陈的主题确定之后，并不能急于对展陈品进行形式的设计，而是应该先对展览进行内容设计。内容设计应围绕展览的主题展开，结合陈列品和陈列空间，对计划展陈的展品和展陈的目的、意义进行构思，并对其进行深入浅出的文字性表达。内容设计的基本项目包括：整体风格的确立；每件展陈品和展区的图像内容和文字内容的设计；特殊内容和重点内容的详细说明，以及可操作的形式设计建议等。

优秀的展览内容设计稿本能够勾勒出风格化的展览主题，科学、准确地表达可移动文物展品的细节，挖掘出展品的深层次内涵，并创造出能让观众接受的艺术性表达，最终起到科普、宣传的作用。如由中国文物交流中心主办，北京首都博物馆、内蒙古自治区博物馆、河北省博物馆、宁夏回族自治区博物馆等联合组织的赴意大利"丝绸之路"展览，意大利策展人根据西方人对东方文化的理解，给展览取名为"成吉思汗与蒙古人的富有"，以西方观众熟悉的蒙古族著名领袖成吉思汗为噱头，吸引观众对展览的关注。美国纽约著名的大都会博物馆举办的"走向盛唐"展览，以盛唐文化为主线，反应魏晋南北朝走向盛唐的历史发展与名族融合的过程，完美地宣传了展品，起到了很好的宣传作用。

3. 陈列形式设计

可移动文物展品的陈列形式设计就是根据陈列内容的要求，通过对展

丝绸之路展览

馆陈列的主题、内容及形式进行预先设计，创作出符合审美要求、空间环境布局合理、迎合观众兴趣点的方案，绘制成图样，最后以视觉形式虚拟出来的创作工作。

国内外可移动文物展陈空间设计，在历经传统的单一图版展示、文物静态摆放陈列阶段，以及图文展示陈列与静态场景化设计相结合的阶段以后，进入新的发展时期。信息化的应用与信息全球化的发展给文博展馆的展陈空间的形式表现带来了新的机遇与挑战。展陈空间的意境感染力、艺术氛围、震撼力使参观者获得了独特的审美愉悦，现代展陈空间的形式表现手法已经强大起来。但是，无论展陈技术如何变化，可移动文物的陈列都必须要考虑：（1）与场馆空间、美感的匹配；（2）展陈设备的安全性、稳定性和可维护性；（3）参观游览的展线设计；（4）展品对采光的要求。

走向盛唐展览

二、艺术设计的条件和方法

可移动文物陈列在展品与观众之间建立了沟通的桥梁，使得展馆和展品得以实现其教育、研究、欣赏的存在目标，以及社会服务等功能。因此，展览陈列是可移动文物实现其存在意义的重要途径。

艺术作为人类非物质文化遗产的一个重要部分，在人类文化传承中起着媒介作用，是可移动文物展陈必不可少的内容之一。艺术不但可以反映不同时代人们的生活方式，而且可以反映其精神世界，因此在人类文明中占有重要地位。人类社会的发展伴随着艺术的发展，公众对精神生活的要求决定了其对艺术的需求。而展品的艺术展陈是公众得以近距离接触艺术、欣赏艺术的最佳途径。通过艺术展陈，公众可以认知历史，了解过去时代人们的生活和内心世界，同时由于艺术的审美特性，人们可以藉此丰富精神生活，提高自身修养。

(一)展陈空间的分类和设计准备工作

在进行可移动文物陈列的艺术设计之前，首先应做好准备工作，这些准备工作包括：(1)依据陈列大纲熟悉展品；(2)深入了解展陈空间环境，做好技术方面的准备。在熟悉陈列大纲和展品的过程中，策展人应深入探寻展品、文献、场景之间的内在联系。在技术准备环节，策展人应依据相关的技术文件，包括陈列大纲、可移动文物展品资料、建筑结构图纸、建筑环境资料等，明确设计的内容、范围，同时也要详细了解展厅层高、地面荷载、承重墙的位置、水电空调的管网布线，等等，确保展陈的安全性。

进入到陈列形式艺术设计的环节，设计师应理清以下几个方面的关系：

(1)陈列内容与陈列艺术形式的关系；

（2）展厅建筑与陈列艺术形式设计之间的关系；

（3）可移动文物展陈品与展陈主题之间的关系；

（4）展线设计与陈列艺术形式设计之间的关系；

（5）展览风格与施工材料选择应用的关系；

（6）陈列预算与陈列艺术形式设计之间的关系；

（7）可持续性发展与陈列艺术形式设计之间的关系。

陈列艺术设计形式应先宏观再微观。即，首先确立整体风格、布局和展线，再设计具体的陈列形式。

展陈区域根据各个区域的功能可划分为基本陈列、专题陈列和临时展览。基本陈列主要反映博物馆的主要藏品内容；专题陈列主要展示某一专题的陈列品；适时更换展品的陈列则被称为临时展览。陈列展览根据所展示的主题又可细分为综合类展览、艺术类展览、历史类展览、科学技术类展览等（见下表）。不同的主题直接影响着展览的风格和定位。

陈列展览类型分类表

序号	分类	展陈品性质与展示内容	案例
1	综合类	收藏和展示研究某地区、民族的社会历史、文化艺术、自然环境的综合社会科学和自然科学	南通博物苑、广东省博物馆
2	艺术类	主要展示藏品的艺术和美学价值，如绘画、雕塑、工业艺术等	故宫博物院、中国美术馆

续表

序号	分类		展陈品性质与展示内容	案例
3	历史类		以历史为主线展示藏品，常按编年次序为重要的历史事件、人物、遗址、史迹提供文献资料	中国人民抗日战争纪念馆、上海鲁迅纪念馆
4	科学与技术类	自然类	收藏和展示自然环境、自然物质及其变化；展示人类认识、保护、改造自然的过程及前景	上海自然博物馆、天津自然博物馆
		产业类	收藏和展示人类所创造的科学、技术和产业成果	铁道博物馆、上海航海博物馆
		科技类	以提高公众科技文化素质为目的，向公众开展科普展览、科技培训等科普教育活动的宣传教育机构	中国科学技术馆、上海科技馆

＊根据《博物馆建筑设计规范(修订版)》改编。

1. 综合类展陈空间的特点

综合类展陈空间综合展示地方自然、历史、文化、艺术等，藏品复杂、学科背景多样。这一类型的展陈空间要兼顾自由与多样化的特点，突出主题陈列。展线方面，一般应设计多流线选择，以满足不同参观者的需求。相较于其他类别的展陈空间，综合类的展览馆面积大、展陈品多、功能复杂。所以，突出重点陈列品，使相关陈列品既烘托主题又不喧宾夺主，还能引发观众的思考和共鸣，是综合类展陈空间设计者需要考虑的问题。

2. 艺术类展陈空间的特点

艺术类展陈空间的陈列品通常为绘画、书法、雕塑、古玩、手工艺品等。展览空间之间相对独立，连续性较弱。艺术风格以典雅、简洁、沉静的格调为主，突出艺术品的重要性，另外，对灯光的运用也十分重要。总之，艺术类展陈空间对视觉感的要求极高。

3. 历史类展陈空间的特点

社会历史类展陈空间主要是按照编年次序来展示陈列品。所以，展线设计也基本符合这一特点。在展陈空间艺术形式的设计上，应把握空间和时间的特点，根据历史演进，从空间上体现历史事件的顺序性和系统性。

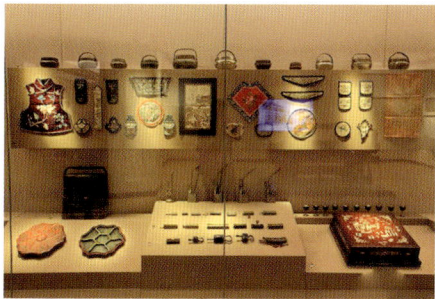

综合类展陈空间

综合类展陈空间

艺术类展陈空间

艺术类展陈空间

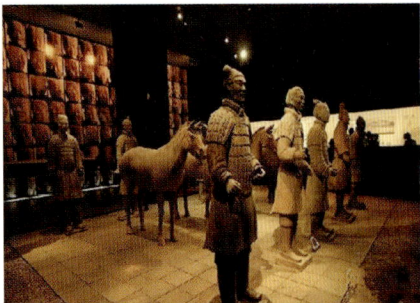

历史类展陈空间　　　　　　　　　　　历史类展陈空间

在历史类展陈空间中，常常会用到场景复原的手法，再现历史年代和时间。由于场景复原会占用较大的空间，所以历史类博物馆要特别注重合理布局，也要考虑历史时期、民族风格、地方色彩的真实性和准确性。

　　4. 科学与技术类展陈空间的特点

　　（1）自然类展陈空间的特点

　　自然类展览主要是展示自然界万事万物和规律常识，它在揭示自然与生命的奥秘的同时，也启发观众思考科学的未来。因此，自然类展示空间的展品主要依据自然科学的学科体系设计布置。同时，要考虑观众对科普和科研的需要，既要采用生动、活泼的声光电等展示手段，吸引无学科背景的观众的兴趣，又要考虑专业人士对学科前沿的求知需要。设计者应对学科背景有足够的了解，才可能深入浅出地向参观者表达所陈列的知识内容。

　　（2）产业类展陈空间的特点

　　产业类展陈空间以收藏和展示人类所创造的科学、技术和产业成果为主。这类展陈空间的时间脉络和发展规律非常清晰。设计风格应产业特点和受众人群而变。例如，美国 M&M 巧克力博物馆的主要参观群体为少年儿童，所以其设计风格活泼，充满童趣。美国底特律汽车博物馆的主题是汽车工业的发展以及其对城市的影响，所以其风格严肃、稳重。由于具有

北京自然博物馆

南京地质博物馆

产业类展陈空间(M&M巧克力博物馆)

产业类博物馆(底特律汽车博物馆)

逻辑性、关联性强的特点，产业类展陈空间的艺术形式设计也常常含有场景设计部分，使观众身临其境地感受产业文化的魅力。

（3）科技类展陈空间

科技类展陈空间主要向观众展示人类科技发展的前世今生和未来走向。科技类展陈空间一般采用自由灵活的布局。参观者可以根据自己的兴趣进行选择性的参观。为了使新兴的科技更直观，科技类展陈空间往往会运用大量的多媒体技术，使观众更直接理解科技。科技类展陈空间的艺术风格常常是绚丽、醒目、富有现代感的。大多数科技类展陈空间常常会安

科技类展陈空间

科技类展陈空间

排互动演示活动，所以设计者还应考虑科技类展陈空间中活动空间的功能性设计。

总而言之，展陈艺术设计是一种高度综合的学科，综合视觉传达艺术、建筑艺术学、审美心理学、认知生理学、人体功能学等自然人文学科，体现出跨学科属性。它是一种空间表达方式，将抽象的理念、概念、想法及意图转化为空间视觉形象，使受众在特定的有限的环境中有效地接收到有形与无形的信息。展陈艺术设计需结合特定环境中的文化氛围、展品类型、功能特点、使用人群、展示目的，运用空间规划、材料选择、色彩装饰、平面布置、灯光控制、陈列手段，同时利用各种道具，有计划、有逻辑、有秩序地呈现展示内容和展品特点，实现良好的展示效果，发挥展陈空间的作用。

(二) 艺术设计的条件

在对各种类型的展陈空间进行艺术设计之前，设计者应考量艺术设计条件是否充分。艺术设计的条件包括硬件条件和软件条件两大类。硬件条件主要指展览场馆、展示空间及建筑设备设施等固定要素。陈列设计必须重视对硬件的合理利用。展厅的空间应满足艺术设计的要求，不同类型的展陈空间有不同的建筑要求、展线设计要求、场景要求等。展厅的设备也应达到安全、耐用、可维护的条件。软件条件主要包括与展览方向匹配的专业人员团队、专业的藏品管理信息、对观众的需求和感受的充分认知和完整可操作的内容设计。

(三) 艺术设计的方法

可移动文物展陈的艺术形式设计是一项综合性很强、形式变化丰富、观赏性要求高的艺术创作。这类型的创作必须在设计美学的指导思想下，充分运用与陈列内容匹配的形式美，才可能最大程度地显示艺术的感染力。

对可移动文物的展陈空间进行艺术设计主要需要厘清展览建筑与内外

环境的特点、展陈空间的类型(综合类、艺术类、历史类、科学技术类)、公共空间的要求、整体艺术风格和色彩、展品设计风格、辅助展项设计要求、设备设施的设计要求、材料的选择与运用、采光照明设计要求等。

1. 公共空间的设计方法

可移动文物展陈空间的公共空间部分包括休息区、游客服务中心、资料室、会议室、贵宾厅、纪念品店、水吧等。在建筑规范和旅游景区操作规范中都对公共空间的安全、功能、标示标牌做出了要求。因此，在对公共空间进行设计时，首先应考虑的是安全性。其次，这一区域的标识标牌应醒目、规范，并与整体风格保持一致。同时，公共区域的舒适性也是设计者应该考虑的内容。

2. 展示空间设计的艺术方法

(1)直接展示法

直接展示法是可移动文物展陈中最传统的艺术设计方法。这种展示方法直接把展品陈列在展柜中，辅以简洁明了的文字说明，给观众以直观的现实感。

(2)突出特征法

使用示意图、沙盘、雕塑等手段，抓住和强调展品或主题本身与众不同的特征，并把它鲜明地表现出来，引发观众的视觉兴趣。这样的手法，经常运用到重点展品的展示上。

(3)对比衬托法

对比是一种趋向于对立冲突的艺术美中最突出的表现手法。它把作品中所描绘的事物的性质和特点放在鲜明的对照和直接对比中来表现，借彼显此，互比互衬，从对比所呈现的差别中，达到集中、简洁、曲折变化的表现。通过这种手法更鲜明地强调或提示展品特点，使观众多角度了解展品。

(4)合理夸张法

借助想象，对展陈品的品质或特性的某个方面进行相当明显的夸大，以加深或扩大观众对这些特征的认识，加强展陈的艺术效果。

（5）以小见大法

在设计中对立体形象进行强调、取舍、浓缩，以独到的想象抓住一点或一个局部加以集中描写或延伸放大，以更充分地表达主题思想。这种艺术处理以一点观全面，以小见大，从不全到全的表现手法，给观众提供了广阔的想象空间，获得生动的情趣和丰富的联想。例如，美国史密森自然历史博物馆的动物展区，以动物标本为展示核心，制作了仿真的动物生活场景，使观众不仅了解了动物，还了解了其生活环境，同时也使展区充满生机和美感。

（6）运用联想法

合乎审美规律的心理现象。在审美的过程中通过丰富的联想，能突破时空的界限，扩大艺术形象的容量，加深画面的意境。通过联想，人们在审美对象上看到自己或与自己有关的经验，美感往往显得特别强烈，从而使审美对象与展品融合为一体，在产生联想的过程中引发了美感共鸣。

3. 辅助展项设计要点

可移动文物展陈品的辅助展项包括展品展示图、地图、雕塑、场景、模型、沙盘、仿制品等。展览的陈列设计中经常要借助辅助产品来表达陈列品的细节信息。在对辅助展项进行设计时，最应该注意的是它们的"辅助功能"，而不能滥用辅助展项，导致其喧宾夺主。另外，设计者还应该考虑展厅的空间条件和展线规划等。

4. 陈列色彩的设计

可移动文物的陈列色彩设计，总体上应当使用安静、和谐、统一的色彩。在陈列文物、标本等展品的柜、架区域，要避免造成影响展品固有色的环境色彩因素，以保证观众获取准确的展品信息。在色调上，应选择间色（二次色），避免使用复色（多次色）。应以偏冷、灰调作为环境色，以免让观众产生疲劳感，也可以使视觉空间距离加大。当然，在一些局部的区

陈列空间的色彩以安静、和谐、统一的色彩为主

域，也可以使用补色等跳跃的颜色，以突出不同主题的特点。灯光对色彩的影响较大，色彩设计需要考虑灯光和环境光线对其的影响。

5. 采光照明设计

可移动文物展陈空间的照明要重视、珍惜、充分利用自然光，要营造舒适健康的光环境与艺术氛围，增强文物展品、辅助展品的感染力，统筹设计展陈空间的照明。展厅陈列照明还需要对光照形成的光斑、阴影进行控制性设计。

展陈空间的自然光

文物展品照明

　　展陈空间具有严格的整体性和主题性。展陈空间给观众带来的不同感受都源自不同的空间氛围所造成的不同的心理感受。不管是强调突出展品自身价值与信息的功能派展陈空间、强调生活气息的生活派展陈空间、营造艺术氛围的艺术派以及充满科技气息的科技派展陈空间，都不是文物展品随意的摆放与空间形态的任意搭建，都是展陈形式元素与展陈主题内容相辅相成的结果。展陈空间的艺术表现不仅要与传达的主题相一致，还需保持纯粹性和统一性，就是避免把不同风格、品味的元素混合到同一个空间中。因此，可移动文物的展陈形式要展现独特的个性，主题与形式要达到完美的统一。

　　展陈空间气氛的营造不是材质、灯光或者是色彩单独一方面的问题，关键是要素之间相互配合，整体性考虑：参观动线与展陈情节的一致性、文物组合方式、辅助展具造型、图文版式设计与展陈主题的一致性，等等。

　　随着科技的发展，展陈艺术形式呈现出多样化的态势，展陈艺术手段也让人应接不暇，但是展陈艺术形式为展品服务的以人为本的宗旨始终不会改变。

三、艺术设计的新趋势

任何一门艺术都有符合自身规律的传播方式。可移动文物的展陈艺术是艺术设计中的特殊的一支。它不能是天马行空、随心所欲，也不能以艺术形式美作为其所追求的唯一目标。

目前，我们已经进入了高科技、信息化的时代，在短短的几十年的时间里，信息传播的方式，以类多、量大、质高、快捷等为特色。高科技、新材料、新工艺的日新月异为可移动文物的展陈方式和理念带来了翻天覆地的变化。

可移动文物的展陈出现了以下几种发展趋势：

1. 现代科学技术使传统陈列走向现代化，陈列的类型、功能不断扩展，空间尺度区域多元化；

2. 空间布局的设计更加注重人性化，从以物为中心转向以人为本，强调为整个社会服务；

3. 新展陈理念的提出，推动了布展观念的转变和发展。展览馆的科技化、信息化元素在不断增多。新型的展陈方式在探索中前行。

面对展品与空间谁是主角的选择，现代的设计不再仅仅采用人工手法去弱化和消解，而是凸显二者之间的冲突与张力，以期达到动态和谐的展陈空间。个性化的展陈空间的形态、色彩、尺度、光照为特定的展品而设计，空间与展品之间存在一对一的关系，但空间并非消极地为展品服务，而是积极介入，呈现与展品的互动状态。展品的表达内容涉及对空间的实验探索，空间也反过来影响展品的特质，为参观者营造一种特殊的空间感受。

另外，在高科技影响下，人们对展陈空间的审美规律和观念也发生了变化，更加关注空间及其环境的审美信息的反馈与交流，强调现代与传统、新与旧、复杂与简单等要素的平衡与统一。展陈空间作为与展品的信息交流的主要场所，空间审美观念的变异对空间类型的信息、审美、交流的影响更加紧密。于是自由、柔和、不规则的展陈空间的设计也起到了加强对展品理解的作用，总体上，展品与展陈空间在一定程度上受到当代审美观念的影响，并反馈出时代的新精神，呈现动态的和谐状态。

在互联网及数字化媒体技术盛行的今天，多媒体技术以其信息容量大、互动性强等优点，逐渐取代过去被动、静止的展陈方式，在当今陈列展览中被广泛应用。例如：

（1）多点触摸系统

多点触摸系统利用计算机的图像处理技术和视频捕捉技术，通过投影机将影像投射到桌面或地面背景上。系统会在背景上呈现各种自然景观效果，使观众有身临其境的感觉。

（2）多媒体触屏

多媒体触屏近年来在展陈空间的应用极其普遍。多媒体触屏设备上安装有介绍短片、查询软件。参观者通过点击自己感兴趣的标题，即可进行深入了解。这种设备可以满足观众不同的需求。

（3）全息成像

全息成像通过立体成像仪的处理，产生悬浮在空中的三维成像，立体成像可以是连续的图像，也可以是静止的，或者是通过立体处理的高质量视频。参观者可以360度观看投影在空中的影像。这种展示技术常用于展示重要的历史文物，使参观者在无损条件下，全维度地了解文物。

（4）虚拟翻书

虚拟翻书的展示方式具有感应功能。当观众做出翻书的动作时，系统会呈现逼真的翻书动作，展现更为全面的知识。

（5）虚拟幻象

虚拟幻象技术将真实的场景与虚拟场景叠加在一起，从而生动展现一些无法让参观者到实际场景中体验或不可再现的生动场景，该技术可以使历史人物、事件或现代文明逼真再现，呈现直观、生动的场景，深受观众喜爱。

总而言之，展陈空间越来越强调人的参与和互动。整个展示厅完全靠图片文字的展陈形式，参观者不能真切感受展陈空间的魅力所在。通过多媒体数字技术的引用，展示光纤传感技术的所有知识信息都能通过参观者互动体验实践得到验证。在展厅空间布局上留出了互动展示区域，便于参观者通过与展品的真实操作，光纤技术得到更深刻的印象。模型台上搭建了工程应用许多实际场景的微缩模型，有桥梁、隧道、油管的模型场景，人只要轻轻按压模型台上的桥梁微缩模型，显示屏上就会立刻显示出桥梁震动幅度的信息数据。这种即时显示的数据，让参观者参与到信息传播的过程中，从而激发参观者的兴趣，达到一种审美过程。

不同类型的展陈空间尽管在艺术表现形式上存在差异，性格和具体任务不尽相同，定位不同，观众的需求不同，基本陈列的主体也不相同。然而它们为了更好地让观众解读博物馆蕴藏的精神文化内涵与历史文化底韵，都力求了解当时的历史背景，还原最真实的历史状态，去提炼和挖掘展陈空间的设计元素，把展览蕴含的潜在精神揭示出来，把文物承载的历史人文内涵予以彰显，让参观者领会到展陈内容主题的精神实质。

无论展陈科技怎样发展，万变不离其宗的核心都是展品。展品本身就具有吸引观众的注意力和散发美学的魅力。每件精致的展品都具有一段文化脉络，通过怎样的方式将这段文化信息传递给参观者、应搭建怎样的空间环境与展品之间形成呼应关系，这是策展的精髓。展陈空间设计是人、展品、空间环境三位一体的整合设计，人与空间、展品之间互为融合渗透，密不可分，使当代博物馆展陈空间呈现出多方位的趋势。展陈空间设计围绕着展品展开。展品的组合形式、展品周围环境的布置以及展品文化气质意境的营造，是展陈空间设计的关键。可移动文物展品陈列并不是静止孤立的实物或知识，而是动态、升华的社会文明的行为过程，它们涵括

和反映了过去社会发展的进程以及时代风貌。"让展品自己说话"的观念在
20 世纪 80 年代被多次提出。一个完美的展览一方面需要把建筑的美感、
文脉、外部环境的地域特征融入到陈列空间中，另一方面要注重将陈列内
容的精神内涵向建筑空间及其外部环境空间予以渗透。通过这种历史展品
与现代空间互为转换，实现过去与历史的融合。在多元化成为时尚的今
天，可移动文物展陈空间已经成为了许多特定历史文化的载体，这类展陈
空间的设计正走在保护文化价值的旅途上。

◎ 参考文献

[1]承少兰. 博物馆的陈列与展览[J]. 北方文物，1984(3).

[2]柳彦章. 论博物馆的专题陈列[J]. 北方文物，1985(1).

[3]杨庆昌. 博物馆专题展览断想录[J]. 中国博物馆，1989(3).

[4]邓丁三，沈平. 对专题展览的一般性认识及若干问题深层探讨[J]. 中
　　国博物馆，1997(3).

[5]李威球. 谈临时展览的特点及作用[J]. 北方文物，1997(4).

[6]丁三，沈平. 对专题展览的一般性认识及若干问题深层探讨[J]. 中国
　　博物馆，1997(3).

[7]王宏钧. 中国博物馆学基础[M]. 上海：上海古籍出版社，2006.

[8]齐玫. 博物馆陈列展览内容策划与实施[M]. 北京：文物出版
　　社，2009.

[9]赵大明，李笙清. 博物馆的基本陈列与临时展览的和谐统一——以武
　　汉博物馆为例[J]. 武汉文博，2010(3).

[10]马英民. 论博物馆的观赏性[J]. 中国博物馆，2011(1).

[11]姚安. 博物馆 12 讲[M]. 北京：科学出版社，2011.

[12]白宁. 博物馆基本陈列的探索[J]. 中国文物报，2011(8).

[13]北京博物馆学会. 策展——博物馆陈列构建的多元维度[M]. 北京：

中国书籍出版社，2012.

[14]周欣. 临时展览是激活博物馆的良方[J]. 客家文博，2013(2).

[15]范小明. 试论临时展览在中小型博物馆中的作用[J]. 文物工作，2013(11).

[16]王雪莲. 博物馆展陈空间设计[M]. 北京：中国建筑工业出版社，2014.

[17]上海博物馆等. 智造展览——博物馆馆长讲博物馆[M]. 北京：北京大学出版社，2014.10.

[18]张煦然. 论博物馆的特征及陈列类型[J]. 才智，2015(3).

[19]涂其鹏. 对博物馆陈列展览点滴认识[J]. 大众文艺，2015(4).

第五章 可移动文物与社会教育

社会教育是社会文化机构以及有关的社会团体或组织，对社会成员所进行的教育，一般具有开放性、多样性、群众性、融合性等特点，是提高人们人文素养、增强国民素质的重要教育方式。而种类丰富、数量庞大、价值突出的可移动文物，作为中华民族文化的实物见证，是进行社会教育的重要资源。社会应当充分重视其作用，结合新技术的发展与应用，努力探索发挥可移动文物社会教育功能的方式与方法。

第一节 可移动文物在社会教育中发挥的作用

可移动文物是反应人类社会活动的重要物证，蕴含着民族智慧，凝聚着民族文化，维系着民族情感，是一种重要的社会教育资源，能够在社会教育中发挥重要的作用，突出表现在三个方面：

（1）认知历史；

（2）美育；

（3）增强民族情感。

一、认知历史

可移动文物是物化的历史，具有很高的历史价值，它可以证实文献记载，校正文献谬误，补充文献记载缺佚，对于无文字记载的史前社会，它则是研究、恢复其社会面貌的实物史料，成为帮助人们了解、认知这一历史阶段人类活动和社会发展的主要依据。人们通过这些看得见的历史遗存，能更好更直观地感知过去的历史，从而从这种认知中继承和发展历史。

(一) 可移动文物的证史作用

我们了解历史的最主要途径是通过阅读流传下来的古代文献，但文献经过长久流传，会出现损毁散失，加之解读不一，因此对一些历史事件会出现争议。而丰富多彩的文物，对古文献记载的证实，不仅增加了文献记载的真实性、可靠性与珍贵性，而且又增加了实物资料，成为文献记载的真实见证。从另一个角度讲，文物可以证明文献记载的历史，将文献和文物密切结合，相互印证，对社会历史各个方面进行深入的研究，会取得更好的效果。

一个典型的例子是关于"二孙"之争。《史记·孙武吴起列传》中，记载了孙武仕吴、孙膑仕齐并各有兵法传世的史实，《汉书·艺文志》中也作了著录，但由于《孙子兵法》失传，因此对于孙武、孙膑谁早谁先，他们是什么关系等众说不一。1972 年 4 月我国山东临沂银雀山一号和二号西汉墓出土的竹简，其上的墨书内容包括《孙子兵法》、《孙膑兵法》、《六韬》等先秦古籍，还有西汉武帝元光元年 (公元前 134 年) 历谱等。这些文物彻底澄清了千余年来关于孙武与孙膑其人、其书争论未果的问题，也证明《史记》和《汉书》记载的正确性。就此历史学家们依据出土文物认定：孙武是吴孙子，孙膑是齐孙子；分别是春秋、战国人，孙膑乃孙武之后世子孙，各有兵法相传。千年聚讼，一朝得释。

(二) 可移动文物的正史作用

人类社会步入文明社会门槛，就开始用文字记载历史，形成大量古籍流传于世。但在阶级社会里，由于文化为统治阶级和御用文人所垄断，所以当时所产生的史籍带有阶级偏见，往往出现记载与史实不符的现象。此

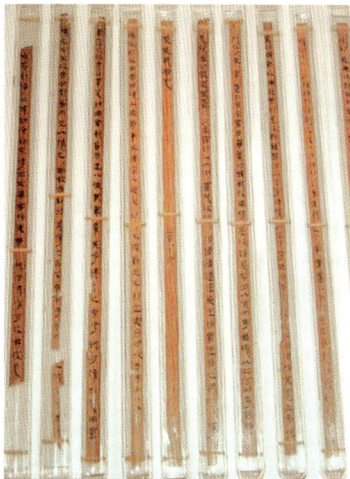

银雀山汉墓出土的竹简

外，有些史籍因被后人篡改或者残缺不全，经后人整理而失实，等等。因此要究其正误就得依靠"记载"着历史本来面目的文物。文物的正史作用就是纠正史籍记载之谬误，订正史传，防止以讹传讹。

　　例如曹操"七十二疑冢"之谜。在中国古人中，曹操堪称是争议最多的历史人物，从"济世之才"到"乱世奸雄"，再到戏曲舞台上的白脸奸贼，曹操奸臣的形象逐步被定格在人们的心目中。曹操逝后的数百年间，历代诗人对曹操陵墓多有吟咏，自宋代起，曹操"七十二疑冢说"开始流传。宋王安石诗："青山如浪入漳州，铜雀台西八九邱。蝼蚁往还空陇亩，麒麟埋没几春秋。"此诗以"铜雀台"、"八九邱"和"麒麟"等词语暗喻曹操七十二疑冢，虽不知何据，却是中国最早关于曹操七十二疑冢的记载。南宋诗人范成大在《揽辔录》里记载说："过漳河，入曹操讲武城，……城外有操疑冢七十二，散在数里间。"罗大经《鹤林玉露》里还记载过范成大讽咏曹操疑冢的诗作："一棺何用冢如林，谁复如公负此心。岁岁蕃酋为封土，世间随事有知音。"《明一统志》卷28《彰德府志》记载："曹操疑冢在讲武城外，凡七十二处。森然弥望，高者如小山，布列直至磁州而止。"后经过《三国演义》的宣扬，曹操"七十二疑冢"的说法更是妇孺皆知。但一批可移动文物的出土，证明了河南省安阳县安丰乡西高穴村村南的一座东汉大墓就是曹操墓，而所谓的"七十二疑冢"实际上是北朝的大型古墓群，并指出其确切数字也不是七十二座，而是一百三十四座，从而订正了史籍的谬误。

(三) 可移动文物的补史作用

人类社会的发展是一个漫长的过程，经历了无文字记载的史前社会，我们要对史前史进行研究，只有仰仗于"记载"史前史的文物。尽管是在有文献记载的历史阶段，由于正史及其他史籍受阶级局限和当时条件的限制，有大量史实，特别是关于劳动生产者的史实并未被记载，使为数众多的史实失传；还有不少史籍在历史上散失不传，许多史实被湮没。另外，人类社会是一个极为复杂的整体，文献记载的史实，年代愈早的文献，记载的史实愈简略，甚或不予记载，使许许多多能说明社会各个方面的史实缺载。这就需要通过可移动文物对无文字可考的历史提供实物资料，以研究和恢复其历史面貌；对有文字记载的历史，则补文字记载的缺佚，以提供比文字记载更丰富多彩的资料。

例如宝鼎填补西周"断代史"。1978 年考古人员在湖北省随州市擂鼓墩发现了一座 2400 多年前的古墓，即曾侯乙墓，出土了震惊世界的曾侯乙编钟，将中国音乐史向前推进了 500 年。2011 年 2 月，湖北省文物考古研究

曹操高陵出土刻铭"魏武王"石牌

"魏武王常用慰项石"石枕

所在该市叶家山发掘了西周早期曾国高等级墓葬 65 座和一座马坑，出土等各类文物达 739 件/套，其中青铜器多达 325 件。叶家山墓葬是西周早期曾国的一处墓地，其年代比曾侯乙墓要早 500 余年，墓主人曾侯谏，是曾侯乙的祖辈。根据史料记载，曾国建国 700 年，曾侯宝是曾侯乙的祖先，比曾侯乙早约 200 到 300 年，是曾侯谏之后，但遗憾的是，此前一直没有文物印证。2012 年，湖北警方破获一桩文物案件，追回了一个鼎，其上有铭文"曾侯宝"三个字，显示该鼎为曾侯宝所有，这是史学上的一大突破，它的出现，填补了曾侯谏和曾侯乙之间的空白。

二、美育功能

美育就是审美教育或美感教育，它以美的形式、美的内容、美的力量感染人，塑造人的灵魂，培养人们去感受和正确认识自然美、生活美和艺术美。可移动文物是美育的生动教材，它具有内在美和形象美的二重性，是进行美的教育、研究美的内涵的主要依据。

(一)可移动文物以美的形式吸引人

可移动文物往往都是精美绝伦的艺术珍品，本身具有很高的艺术价值，展现出的艺术美往往令人如痴如醉，能唤起人们美的意识，丰富人们

国宝级文物"曾侯宝"宝鼎

唐三彩

宋代瓷器

的知识，陶冶人们的情操。如在我国丰富的文物中，商周青铜器造型生动传神、古朴别致；秦兵马俑气宇恢弘、技艺卓绝；唐三彩栩栩如生；宋瓷典雅华贵；明式家具舒适大方；清玉雕精美绝伦，这些都时时刻刻吸引着人的眼球，吸引着人们去了解、欣赏美。

(二) 可移动文物以美的内容感染人

可移动文物具有美的内容，与其相联系的当时的政治、经济、文化、科技等所引起人们的思维联想而产生美感。从粗笨的旧石器中，可以感受到人类文明的最初进化过程；从笔调简单古朴的彩陶中，可以感觉到那个时代人类单纯而明朗的心理和思维特征；从青铜器别异的形象、雄健的线条、沉着坚实稳定的器物造型中，可以触摸到进入文明时代所必经的那个野蛮时代的历史脉络。秦兵马俑与中国的一个伟大时代，与中华民族的一位杰出人物有着直接的联系；在大唐书画和充满浪漫气息的唐诗面前，人们产生了包含有那个时期稳定的社会政治生活、发达的生产经济和繁荣的文化艺术以及关于宫廷生活、民间艺人、杰出诗人等的许多美好联想。可以看出，可移动文物的内在美极具感染性，它揭示了文物美的内涵，是进行美育的一个重要方面。

(三) 可移动文物以美的力量震撼人

可移动文物蕴含着美的力量，能够促使人们养成爱美的习惯，树立高

秦兵马俑

唐步辇图

圆形雁纹镂空金饰牌

编钟乐舞

尚的审美情操和道德观念，在潜移默化中获得一种促使人们去完善自我、改造世界的感情力量，这种力量如蔡元培所说，"当着重要关头，有'富贵不能淫、贫贱不能移、威武不能屈'的气概，甚至有'杀身成仁'而不'求命舍仁'的勇敢，这是完全不由知识的计较，而由于情感的陶冶，就是不源于智育，而源于美育"。精美的文物可以让人们了解悠久的历史文化和人民的伟大创造力，了解各国人民前赴后继的革命斗争历程和光辉的业绩，了解大自然的神奇和人类科学创造力的伟大，可以开阔人们的视野，陶冶人们的情操，激发人们的热情，振奋人们的精神。同时，人们还可以从文物中汲取营养，获取一股推动文化创新发展的强大力量。

三、增强民族情感

可移动文物是历史的见证，形象地反映了每个国家和民族在不同历史时期政治、经济、文化和社会的发展状况，具有很强的民族性，凝聚了本民族在形成发展过程中形成的共同的思想情感和心理素质，是联系民族大团结的纽带。利用可移动文物进行社会教育，有利于继承和弘扬优秀民族文化，提高民族自尊心和自信心，激发人们的爱国主义热情和民族精神，增强民族凝聚力。

(一)传承和发展优秀民族文化

任何文明形态的演进，都遵从着螺旋上升的轨迹。在这其中，传承与再造，是永恒的主题。作为文明沿袭的载体之一，可移动文物发挥的传承与弘扬民族文化作用是十分重要和突出的。在漫长的历史过程中相互交流、不断融合，中华民族形成了历史悠久、绚烂多彩的民族文化，凝聚着中华民族的民族精神。可移动文物是民族文化的重要物质载体，蕴含着优秀传统文化的思想精华和道德精髓。通过它们，民族文化的内涵得以生动、具体、直观地展示出来，人们通过可移动文物的展示，能够了解一个民族，了解他们的历史，了解他们的精神，进而产生强烈的文化自信和认同感，这样十分有利于保持民族文化的特色与内涵，使多样的民族文化得到延续和传承。从展示民族文化，到传承民族文化，再到发展民族文化，可移动文物都能够而且应当发挥重要作用，成为留住文化根脉、守住民族灵魂的重要载体。

例如对"司母戊大方鼎"更名的思考。我们当年的历史课本上，有一个"司母戊大方鼎"，无论名字还是图画，都已深深地印在了我们的脑海里。2011年起，官方开始称其为"后母戊鼎"，一度引起了社会广泛关注。原来，"后母戊"才是大鼎原来的名字。古代的"后"是一个会意字，是根据"司"字创造而来的，方法是把"司"字反转写，再赋予新的读音，就成了"后"。"后"在周朝以前，都是帝王的称号。"母戊"是商王文丁之母的庙号，"后"就是王的意思，"后母"即就是王的母亲。该鼎是商王武丁的儿子为祭祀母亲而铸造的。宝鼎易名，一方面可以看出中国传统文化的博大精深，以及"孝"文化的源远流长，另一方面也充分说明可移动文物发挥的教育功效是深刻难忘的。

(二)继承和弘扬伟大民族精神

民族精神是一个民族赖以生存和发展的精神支撑。在五千多年的发展中，中华民族形成了以爱国主义为核心的团结统一、爱好和平、勤劳勇

后母戊鼎（原名司母戊鼎）

敢、自强不息的伟大民族精神。其中振国兴邦，爱国报国的情怀是最重要的灵魂。正是依赖这种民族精神的维系和支撑，才使得中华民族历经磨难但屹立不倒。而这种民族精神往往最集中地体现在历史上那些灿若群星、彪炳史册的革命伟人、爱国志士、民族英雄、先哲贤达、军事奇才、治世能臣以及史学泰斗、艺术名流的思想、言论和行为上，与之相关的可移动文物便是现今进行爱国主义教育的宝贵教材。利用这些丰富的可移动文物资源对广大群众进行爱国主义教育，具有直观、真实、形象、生动等特点，易于被人们接受和理解。让可移动文物"说话"，资料权威、内容全面、过程详实、实物可鉴，每件文物都是一段历史的碎片，都能折射出那段历史的光辉，体现着我国古代劳动人民的智慧，记载着近代革命先烈为国为民的情怀和满腔热情，从而使人们受到启迪教育，激发爱国热情，振奋民族精神，在情感上产生共鸣从而更加热爱我们伟大的祖国。

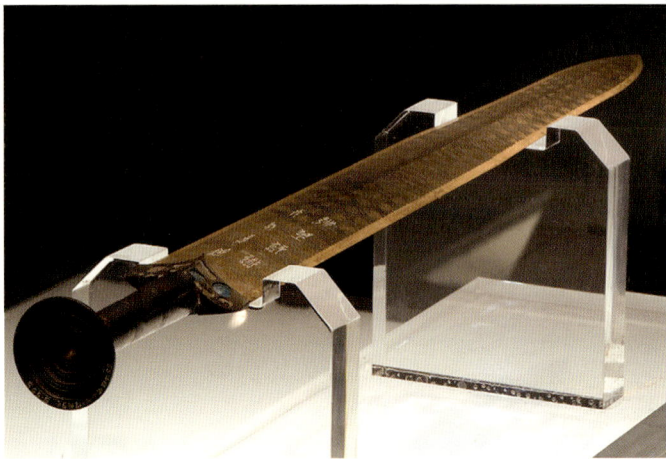

越王勾践剑

例如"天下第一剑"带给人们的精神震撼。1965 年 12 月，考古工作者在湖北江陵一座楚国的墓葬中，出土了 600 多件器物，其中有一柄铜剑，光彩照人，千年未锈，剑身刻有鸟虫书铭文"钺王鸠浅"和"自乍用鐱"。据专家认定，这就是传说中的勾践剑。公元前 494 年，吴国和越国的军队进行了一场生死搏杀，越军大败，越国的国王勾践成了吴王夫差的马夫。卧薪尝胆、忍辱负重 20 年后，勾践回到越国，他任用贤臣，发展生产，东山再起，用了 9 年时间灭掉了吴国，并成为春秋时期最后一名霸王。而这把剑就是这位春秋霸主的王者之剑。现今看来，不仅是古人高超的智慧令我们折服，他们自强不息、永不服输的精神也深深地震撼了我们。

再例如"千古绝唱《满江红》"。公元 1136 年(绍兴六年)，岳飞第二次出师北伐，攻占了伊阳、洛阳、商州和虢州，继而围攻陈、蔡地区。但岳飞很快发现自己是孤军深入，既无援兵，又无粮草，不得不撤回鄂州(今湖北武昌)。此次北伐，岳飞壮志未酬，镇守鄂州时写下了千古绝唱的名词《满江红》。此词情调激昂，慷慨壮烈，充满浩然正气，体现了忧国报国的壮志胸怀，表现了报国立功、收复故土、统一祖国的强烈爱国精神。

(三)培育和凝聚强大的中国力量

人类社会发展的历史表明，对一个民族、一个国家来说，最持久、最深层的力量是全社会共同认可的核心价值观，它承载着一个民族、一个国家的精神追求，体现着一个社会评判是非曲直的价值标准。我国正在中国特色社会主义伟大旗帜下，为实现中华民族伟大复兴的中国梦努力奋斗，这就必须不断培育和凝聚中国力量。中国力量就是全国各族人民大团结的力量，是各族人民践行社会主义核心价值观的力量。在中华民族5000多年的文明发展过程中，形成了讲仁爱、重民本、守诚信、崇正义、尚和合、求大同的价值传统，形成了"新仁义礼智信"等为主要内容的核心价值观。这些价值传统和价值观念成为中国人的道德规约，成为维系中华文明世代延续的精神内核。传统价值观与时代精神相融合，形成了当前的社会主义核心价值观，这是实现中华民族伟大复兴的精神基础和根本保障。可移动文物作为历史的活化物，正是体现着特定历史时期的社会价值取向，是进行核心价值观教育的珍贵教材，以其直观性、趣味性、具体性、形象性等特点，达到"润物细无声"的教育效果。

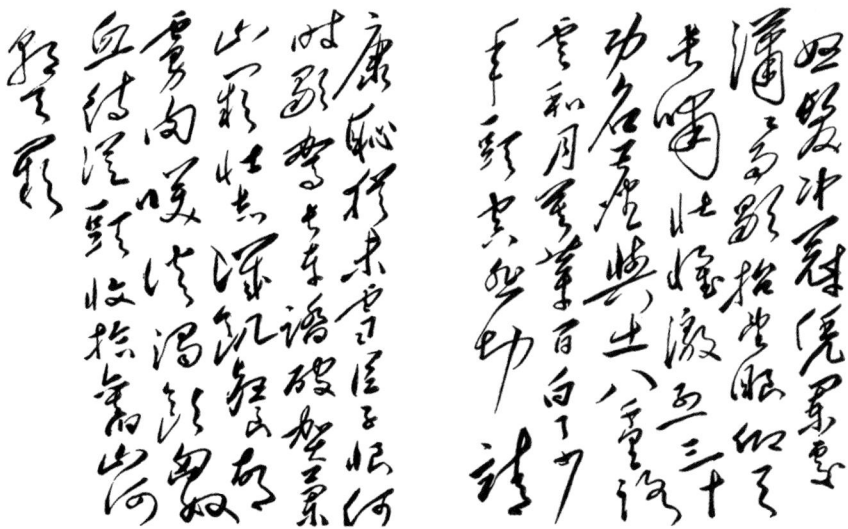

毛泽东手书岳飞《满江红》词

秦半两钱

例如秦朝大一统之"秦半两"。公元前 221 年，秦始皇兼并了六国，建立起中国第一个统一的封建专制的中央集权制国家。与此同时，进行了一系列政治、经济改革，统一货币形制就是其中重要一项，铸"半两"钱。"半两"是中国货币趋向统一的历史见证，具有划时代的意义，而秦以后两千多年，外圆内方的半两钱形制一直被保持、延用，其影响深远不言而喻。

第二节　陈列中的文物说明及讲解探讨

文物说明是博物馆以文字形式向观众传递展品信息的陈列语言，在可移动文物展陈和实现教育功能的过程中有着十分重要的作用。

文物说明通常以小说明牌的方式布置在展品附近，具体解读每一件展品的内涵，其内容主要包括名称、时代、质地、来源、收藏单位等。重要或特殊的文物展品，其说明还会附加一定长度的文字用以叙述展品的铭文、器形、重量、制作工艺、艺术特点、历史价值等信息。文物说明的撰写质量不仅关系到观众对每件展出文物和整个陈列展览的认识和理解，还关系到观众是否能够通过文物说明进一步认识文物的历史、艺术、科学价值，了解展出文物背后鲜活生动的精彩故事。

如今，文物说明的撰写发生了两个明显的变化。

一是文物说明面向的对象由"以物为本"向"以人为本"转变。以往博物馆陈列展览中的文物说明文字写作风格趋向于教导式，视观众为教导对象，没有把观众视为平等交流的对象，给人以居高临下说教的印象，导致观众与展览无法交流，容易对这种说教的方式产生心理抗拒。

二是文物说明的服务群体面向国际化。当今世界早已成为一个联系紧密的整体，人员跨国流动，越来越多的外国观众走进中国的博物馆。大型博物馆现在越来越多地接待着从国外前来的参观者和游客。这就要求博物馆展陈能够提供多种文字说明。说明文字作为承载传达信息任务的载体之一，用中英文两种语言进行说明是最基本的要求，有条件的话，还可以提供韩文、日文、法文、德文、西班牙文、葡萄牙文、阿拉伯文等语言文字的文物说明。

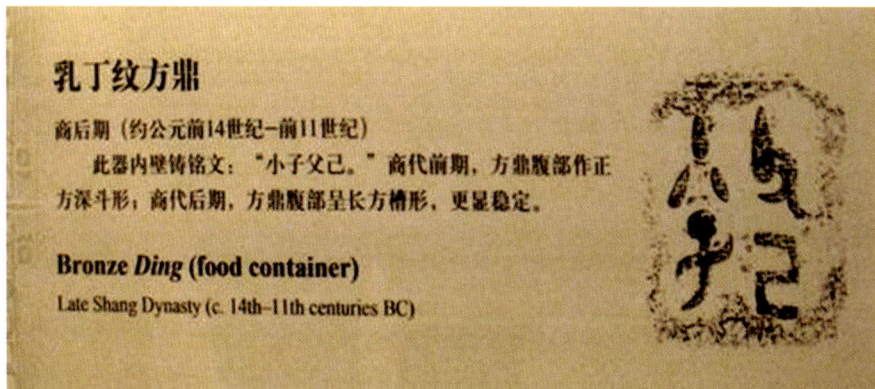

中英文文物说明

综观各地各类博物馆，在文物说明方面，比较常见的问题主要有两个：

第一，文字偏多。文物的说明文字，是向观众传达信息的最主要的方式，但并不意味着要把所有的信息都写上去。文物说明文字要求做到科学准确、概括简练，恰好能说明文物展品即可，在此基础上才能提到思想性和艺术性。说明文字过多，会喧宾夺主，影响到观众对展览展示的核心——文物展品的关注。因此，文物说明文字的数量和信息传播之间要把握好一个平衡度。

第二，文字错误。说明文字编写是件非常繁重且极考验人细心和耐心的工作，在展板制作完成之后也要仔细检查核对，避免出现错别字。错别字出现，一则会误导观众，二则会降低展陈的品位，影响博物馆科学的形象。

根据博物馆展陈中文物说明撰写的发展趋势和业界普遍存在的问题，我们认为，在可移动文物展陈中文物说明的撰写必须遵循一定的标准，以避免上述问题的发生和错误的出现。

一、文物说明标准

博物馆陈列是以馆藏、保存的文物与藏品为基础而构建起来的。所有陈列展览，无论其辅助技术与手段如何先进，辅助展品如何丰富多样，它们都不能喧宾夺主，夺取展出文物展品而成为展陈的主角。通过说明文字，展览者能够在文物展品与参观者之间搭建起一座沟通的桥梁，将文物展品丰富的内在、外在的信息传递给观众，使观众对文物展品有基本的了解和认识。

文物说明的撰写必须遵照一定的标准，方能客观、全面地将文物展品的基本情况、历史内涵、社会价值等信息准确无误地传达出来。

一是要契合主题。撰写展品说明时不必面面俱到，只要能在陈列主题之内准确精炼地阐释内容、说明展品就好。对于那些可以通过视觉所感知的信息，如展品的造型、颜色、材质、尺寸等，展品说明中应当省去，因为如果这些外观信息一旦出现在展品说明中，便是重复、无效的信息。这就需要在保证观众信息需求的基础上，根据展品自身特点对文字说明的信息量作出取舍，引导观众阅读那些更重要、更有趣的信息，避免说明文字喧宾夺主、分散观众对展品的注意力。同一可移动文物展品在不同主题的陈列中，其文物说明的角度、写法是不同的。比如同一件青铜器，在美术展、历史文化展和科技展中，分别要突出艺术性、历史性和科学性的不同主题特点。

二是要准确、科学。准确、科学是文物说明最基本的标准和要求，其他标准都是在此基础上的扩延。准确、科学是文物说明的最起码要求。文物说明的任何偏差、错误都会将错误的知识传播出去，误导观众，从而影响到观众对文物展品的观察、分析、比较以及对文物展品所揭示的历史规律、文化内涵、社会价值等的认识。因此，文物说明首先要做到准确、科学。

三是要概括、简练。文物展品本身所承载的信息十分丰富，而观众又是乐意，甚至希望穷尽文物展品的历史文化内涵和故事，故文物说明的概括、简练与观众的客观要求存在着矛盾。要处理好这一矛盾，首先要清醒地认识到文物说明是引导观众观看展览的工具，而非洋洋洒洒、包罗万象的百科全书，也不是娓娓道来的故事书。其次要简明、扼要地将文物展品最基本的信息传达出去，或将它的闪光点、重点用几句话甚至几个字提炼、概括，提醒观众予以关注。很多观众进博物馆看展览，往往只关注展出文物的文字说明而忽视之外的其他说明，所以文物说明必须简练，不能冗长，否则容易引起观众的疲劳感、厌恶感，影响观众对文物展品的关注度。反之，文物说明也不能过于简单，缺失某些最基本的文物信息。一言以蔽之，文物说明应详略得当。

　　四是要思想性与艺术性兼备。文物说明是可以说是博物馆社会教育功能中最为直接、具体的一种方式，好的文物说明往往能够同时起到良好的科普教育作用和思想教育作用。文物说明的撰写者要用马克思主义的立场、观点、方法去认识历史，介绍文物、图片以及辅助展品，提高展览的展示效果，不能为了吸引观众而篡改历史、歪曲历史，对历史事件和人物人为地拔高，要运用最恰当的表达方式吸引观众，引人深思，发人深省。

　　五是要雅俗共赏。优美的文字说明赏心悦目，能够吸引住观众，激发观众阅读和进一步深入了解、学习的兴趣。如果文物说明的文字晦涩难懂，繁而不简，甚至词不达意，令人不知所云，势必难以引起观众阅读的兴趣，更不用说发人深思了。文物说明选取的体裁、风格如若能跟整个展览的主题、定位、中心思想、目标观众的文化品位、展览的预期效果目标等充分结合起来，统筹考虑，就能收到最佳教育效果和艺术效果。观众的文化层次参差不齐，文化品位各不相同，那么，在撰写文物说明时就必须统筹兼顾，既要考虑到知识群体对"雅"的要求，同时也要考虑到普通观众对"俗"的要求。语言要深浅适度，既有知识性，又有普及性，二者不可偏废。

　　从表面上看，文物说明字数不多，十分短小，看似微不足道。但是，正因为文物说明篇幅短，字数少，写作技巧发挥的空间十分有限，所以要写出高水平来难度是很大的。这也正说明了文物说明蕴含着丰富的智慧，它不仅体现着陈列展览的语言特色与服务宗旨，还反映出博物馆在寻求自身定位与服务观众之间的交流、碰撞与互动。

二、讲解方式探讨

　　陈列讲解是辅助观众参观博物馆的一个重要手段，也是博物馆开展宣教工作，实现社会教育功能，服务观众的一个重要方法。陈列讲解能够突出重点，帮助观众在最短的时间内获取关于文物展品的最基本、最重要、最关键的信息，尤其是能够吸引那些漫不经心的观众，提高其了解的兴趣，扩大其知识视野，增强宣教效果，这本身也是实现博物馆社会教育功能的重要辅助手段之一。

根据不同的观众需求，可采取不同的陈列讲解制度，以期取得最佳讲解效果。

从讲解手段来看，讲解主要有人工讲解和语音导览器等多媒体辅助设备讲解两种方式。

人工讲解是博物馆中传统的教育手段。讲解作为辅助观众参观的重要手段，一般由博物馆专业人员或经过培训的志愿者进行。讲解可以帮助观众对展品和陈列加深理解、掌握重点，避免观众盲目参观，培养其参观的兴趣，加深对展品和陈列的理解。总的来说，讲解的目的就是使展柜中的文物活起来，动起来，反映出文物背后的历史与社会文化。

身穿民族服饰的大学生志愿讲解员在为观众人工讲解

　　在讲解过程中，讲解员要管理观众，对观众进行讲解安排、参观秩序方面的管理，确保讲解质量和观众的参观效果，因此，讲解员在满足观众信息需求的同时，也扮演着展览中必不可少的角色。对观众的不文明行为举止，也需要讲解员进行有效管理，提醒观众爱护展品，严格按照提示进行规范操作，不要大声喧哗。有些博物馆中的讲解员还穿上与展览内容相关的服饰或道具，比如民族服装和首饰等，使观众更好地融入到展览的文化氛围中。另外，由策展人或者展陈的内容设计者、研究者在展品前进行讲解，能够更好地阐释展品的信息，更好地将整个展览的构思、展品的选择以及展品背后的历史文化信息、关联知识传递给观众。

　　语音导览器等多媒体辅助设备讲解是借助辅助设备对观众实施宣教的一种新的讲解方式。从设备来看，语音导览等多媒体辅助设备讲解有语音导览器、多媒体触摸屏、电子耳麦、电子翻书等。自助式多媒体导览方式为观众提供了随心所欲的点播功能，与人工讲解相比，多媒体辅助设备互不干扰，最大限度地满足观众的个性化需求，因此为很多观众所推崇。

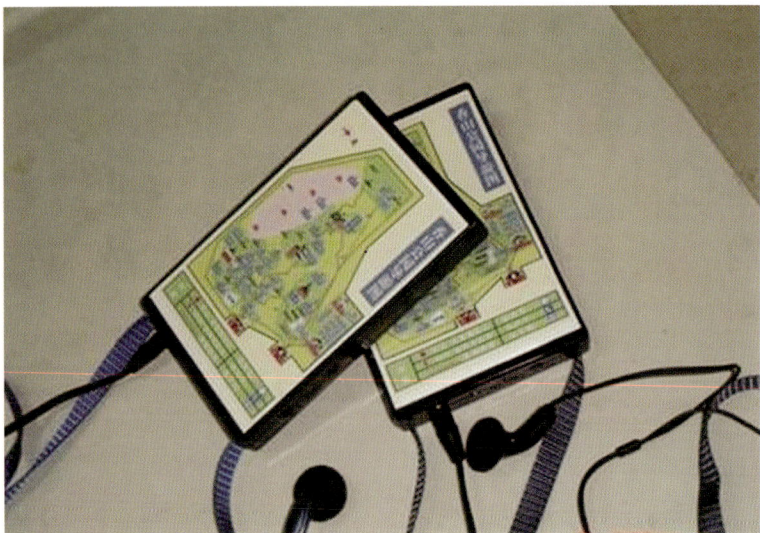

数字化多媒体语音导览器

语音导览器讲解。观众手持语音导览器，走到展品面前，按下按钮，就能够聆听到关于该展品专业的讲解，观众想听就听，不想听就走，随心所欲。

电子触摸屏讲解。国内外很多博物馆在展厅里都设置有电子触摸屏，供观众查询和观看。触摸屏显示的内容有文字，有图片，甚至还有点播音视频。通过电子触摸屏，观众不仅可以了解到关于整个博物馆的布局设计，而且还能较详细地了解到各类展品多方面的资讯与介绍，甚至可以了解到许多展品背后的故事诸如一些重要展品在被发现的考古发掘现场时的情况等。某些强调功能性的展品，单纯的言语讲解不能完全诠释其中的内涵，配以多媒体装置和语音导览器，复原其使用场景，增加动态阐释，便于观众理解。

电子耳麦讲解。电子耳麦讲解是博物馆提供的一种自助讲解方式。博物馆首先把讲解词录音，以音频的形式存储于电子设备中。当观众走到某件展品面前时，电子耳麦就接收到相应的信号，就开始播放该展品讲解词的录音。电子耳麦讲解有一个明显的优点，那就是讲解互不干扰，观众只能听到自己耳麦里的讲解声音，而听不到其他人的。

电子翻书讲解。电子翻书是基于动作追踪技术，将翻书参与者的动作转换成图形图像互动反馈，利用电脑和投影仪播放展示内容的一种多媒体辅助讲解方式。播放的内容通过投影仪投影到书本模型上，观众在书本模型上左右挥手时，传感器利用红外感应方式获取观众手部左右移动的动作，并将该动作传输给计算机进行处理，计算机内的应用程序则根据所捕捉的信号驱动多媒体动画进行翻书。电子翻书既有有声的，也有无声的。电子翻书讲解是一种参与性很强的讲解方式，尤其受到少年儿童观众的欢迎。

数字化多媒体辅助设备讲解——电子耳麦讲解

观众在通过电子翻书了解少数民族风情

就语音导览器等多媒体辅助设备讲解而言，在设备系统购买之后要做好以下准备：一是讲解内容的编辑、翻译和录音；二是语音资料的数字化和讲解器内容的灌录；三是现场布置和讲解设备的租借管理；四是讲解内容的准备与更新。

专题讲解。专题讲解是根据目标观众群制定观众服务方案并实施，不拘泥于整个展览的面，而是以观众感兴趣的特定的内容为主题，进行深入提炼和拓展，可以更好地满足观众期待对展览内容有更深入了解的需求的一种讲解方式。专题讲解首先要确定主题，如何根据主题编写讲解词。讲解时，要依托陈列展览中的文物图片，就某一点放大到面，延伸展示内容的讲解，揭示点的内涵，挖掘面的外延，提升观众对某一方面知识的专注，引领观众在这方面进行深度探究，深化并强化观众对知识的把握；不仅引导观众认识文物，而且帮助观众从认识感知上升到鉴赏。实施专题讲解，使观众的参观目的更具针对性、实效性，其心理认知和审美情趣得到了更大程度满足，更重要的是，改变了过去讲解员与观众之间施教与受教的关系，取而代之的是一种平等互动的关系。讲解员的施教角色逐渐向激发观众学习兴趣引导观众欣赏的角色转变，这样的参观方式会成为绝大多数参观者一生中最重要的文化体验之一。

定时讲解。即在每周规定的日期或开放日内规定时间为观众提供讲解。这种陈列讲解服务方式具有时间性、规律性，方便观众集中听讲，但在观众量发生明显增减时，往往不能相应地调整讲解时间，或增加讲解场次。

特定对象讲解。即对团体参观者或特别申请者进行讲解。如果特定对象是相关行业或领域的专家学者，他们对展览展示的了解又有较高要求，那么博物馆能派出对相关领域有深入研究的工作人员亲自讲解，讲解效果就肯定较普通讲解员要好。

收费讲解。即凡需要博物馆工作人员特别讲解、专门讲解，或提供学术指导，展览举办方可以酌情收取费用。

要取得最佳的宣教效果或学术指导效果，博物馆还必须针对不同观众，采取相应的讲解方式。

针对普通观众，可采取普及性讲解方式，即为观众讲解文物展品最基本、最重要、最关键的信息，不作深入，不作拓展讲解。针对兴趣浓厚的普通观众，可采取拓展性讲解，即对进一步扩大、加深对文物展品基本信息的讲解。针对专家学者类观众，采取学术型讲解，即由博物馆派出相关领域专家或业务能手为此类观众提供最为深入、最为全面的陈列讲解服务，使观众不仅了解、认识某一类文物展品，还同时了解、学习到其他关联性知识。

随着科学技术的不断发展，各种现代化讲解辅助工具层出不穷，在世界各国的博物馆日益广泛应用，如小型录音机、语音导览系统、多媒体自助点播系统，等等。这些日新月异的现代技术不断得到应用，将博物馆讲解工作推向了一个新阶段，极大地丰富了陈列讲解的方式、方法和手段，将更多的社会公众吸引到博物馆中来。

第三节　可移动文物展陈中发挥教育功能的新途径

进入新世纪以来，随着电子、通讯、互联网技术的飞速发展，越来越多的新技术被应用到博物馆和文物展陈中来，现代技术正在改变着人们参观文物展览的方式方法和途径。为了适应人们的这种改变，博物馆界也同时在大力追赶时代潮流，充分利用各种现代技术去展览、展示包括可移动文物在内的各种文物、藏品，努力开辟可移动文物展陈中社会教育的新途径。

在现代电子信息技术快速发展的支持和推动下，博物馆在传播内容、传播渠道、信息传播与受众的关系、传播效果研究等众多方面都已经发生了或继续发生着影响深远的变革。

博物馆教育信息传播模式互动化。在现代电子信息科技条件下，博物馆教育模式由传统的"物（展品及辅助展品）——人（受众）"、"讲解员——观众"的单向教育信息传播变成双向循环模式，受众可以通过电子媒体，如网络、智能手机、平板电脑、手提电脑等新媒体与博物馆方面发生信息双向互动，在博物馆与观众之间可以就可移动文物的宣教信息进行直接的交流与反馈。

掌上看展览——通过移动通讯终端观看博物馆展览

　　博物馆教育内容多样化。就文物藏品本身而言，不管是可移动文物还是不可移动文物，也不管是通过讲解方式还是文字、图片说明等其他方式，传统的博物馆教育能提供的内容都极其有限，这对于部分兴趣浓厚的或相关专业的人士来说，是远远不够的。通过数据库存储，利用现代电子信息等传播途径，博物馆教育内容能够大大地扩充，如考古发掘信息、收藏鉴定信息等博物馆信息管理工作中的边缘信息，都可以很好地开发与利用，甚至展品的相关历史背景、文化背景等关联信息都可以通过现代电子信息新途径传播给受众。

　　博物馆教育渠道多元化。传统的博物馆教育通常都以展览现场教育为主要渠道，受众到展览展示的现场接受宣教，教育渠道较为单一。随着多媒体数字技术、网络等信息科技的发展，博物馆教育渠道得到新的拓展，其中网络成为新兴且最重要的一种渠道。受众可以充分利用台式电脑、手提电脑、平板电脑、智能手机及其他智能信息终端工具，随时随地通过网络远程访问博物馆网站，进行浏览、参观、学习。

　　博物馆教育对象扩大化。观众是博物馆通过展品及辅助展品实施宣教的接受者，展览展示的消费者，博物馆宣教形式、数量、方式方法的检验者及宣教质量、成效的评判者，是博物馆实现社会教育功能中最为活跃的因素。在传统的博物馆教育中，开展教育的场所一般都是在实体博物馆内，因此，博物馆教育囿于教育空间的固定化，其面向的教育对象范围主要局限于现场参观的受众，尤其是本地的观众。在应用了网络、新媒体等现代电子信息科技之后，包括本地、外地的观众在内的人群都成为了博物馆教育的潜在受众。从理论上来说，凡是有网络和网络终端工具的地方的人群，无论在地球上哪个角落，都是博物馆教育的潜在受众。应用了现代电子信息科技的博物馆，其教育对象范围得到了极大的扩展。

　　博物馆教育效果获取方式实时化。博物馆教育效果包括两重含义在内：其一是指博物馆通过展览展示传播教育信息所要实现的意图或目标达到的程度；其二是博物馆教育活动对观众的社会关系网络和社会各种环境所产生的一切影响和结果。博物馆的社会教育效果重点在于它在多大程度上满足了社会公众的学习需求和学习效果，在多大程度上发挥了对物质文化遗产和非物质文化遗产的传承、对历史文化精神的传播、弘扬的影响，在多大程度上促进了公众人文素质、科学素质的全面发展与提高。

一、多媒体

目前博物馆展示中最为常见的数字媒体，主要有显示屏、触控屏、投影系统、影院系统、虚拟现实(VR)、增强现实(AR)、数字导览、数字化中控(表演)系统等多种形式。

多媒体技术是指通过计算机对文字、数据、图形、图像、动画、声音等多种媒体信息进行综合处理和管理，使用户可以通过多种感官与计算机进行实时信息交互的技术，又称为计算机多媒体技术。

多媒体影视自助点播系统

　　数字化多媒体展示技术已经在博物馆陈列展览中不断渗透，采用声、光、电多媒体技术和自动控制手段，把幻影成像、实时人景合成、虚拟、激光、三维动态成像等高新技术结合传统的展示内容，合成脚本，产生全新的展示效果，增加了展示的可看性和参与性。新技术、新设备的应用已成为博物馆陈列展示的重要手段，为现代化博物馆争相使用，成为现代化展陈的标志之一。多媒体技术具有集成、直观、便捷、低成本和不受时间空间限制等特点，突破了常规传统的静态陈列，实现了展板立体化、实物场景一体化、模型动态化、手段科技化，符合博物馆展陈的时代要求。

　　然而，现代数字化多媒体技术无论多么发达先进，都不应取代文物展品的主导地位，它始终定位为文物展览展示的辅助手段，应用的目的始终是为了使展览展示的叙述更流畅，展览形式更丰富，展览效果更直观，从而更加吸引观众，使教育效果更显著。

　　现代数字化多媒体技术的应用必须尊重史实，以史实为准绳。博物馆在缺失文物实物或为使场景更真实的情况下，往往会在文物展陈中利用多媒体技术对所叙述历史环境进行虚拟呈现。对于参观者而言，容易误把虚拟的多媒体等同于实际的物件或场景存在。正是由于这个缘故，任何在可移动文物展陈中出现或应用的多媒体展示，都必须尊重史实，严格按照史料的相关记载来制作和呈现，不能以猜测为依据，更不能随意发挥想象。

（一）数字化多媒体技术在可移动文物展示中的应用

　　数字媒体技术的发展始终与电子计算机的产生发展保持着密切的关系，随着电子计算机技术的发展而发展。早在 20 世纪 50 年代，数字媒体技术就已经出现，实现了最早的图形交互系统、最早的数字音乐等。1965 年，作为独立的一种艺术品，德国斯图加特的美术馆展出了计算机图形，为日后博物馆展示中数字化多媒体的大量应用开创了先河。1984 年苹果公司发布了 Macintosh 计算机。以此为标志，数字媒体技术取得了显著进步并开始应用到计算机之外的其他行业。进入到 20 世纪 90 年代，众多传统行业与计算机紧密结合，衍生出一些全新的行业。譬如计算机平面制图、计算机工业设计、计算机建筑设计等新领域。进入 21 世纪以后，数字化多媒体技术发展更是迅猛，并已经深入传播领域的各个方面。

数字媒体技术近年来在博物馆展示领域得到广泛的应用，在博物馆展示中开始大量应用数字化多媒体技术进行视觉传播、听觉传播以及体验式参观、展观互动，等等，在增强可移动文物展示表现力，丰富观众体验，强化信息传播和交流，增加展览展示的生动性、趣味性、参与性、互动性等方面发挥了重要作用。

传统媒体在可移动文物展陈中具有很大的局限性，难以展示展品全貌，难以表现细节，感官单一，难以展现文物的原生环境，只能展示静态的、单一的时间节点上的内容，单位面积展陈信息量有限，展陈内容不容易更换，展陈缺乏生动性、趣味性、互动性，观众的参与性、体验感不强，等等。

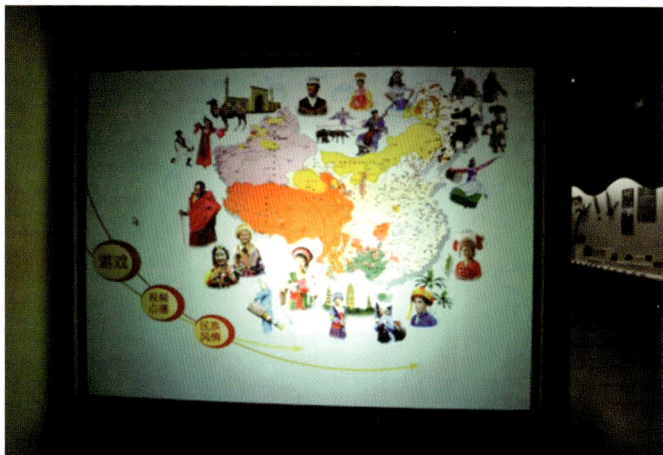

互动漂移电子屏

　　而现代数字化多媒体技术正具备了传统媒体所没有的优势。

　　全面展示可移动文物展品的信息。数字化多媒体技术能够让观众多角度、全方位地观看展陈中的可移动文物。如若展品是一件三维物体，那么数字化多媒体技术不仅可以让观众从不同视觉角度看到展品的外部、内部，还可以看到三维立体的结构；不仅可以看到静态的展陈，还能够看到动态的展陈过程。对于残缺破损的可移动文物展品，数字化多媒体技术可以复原展品的原貌，使展品得以全面、完整地展示出来。

　　局部和细节之处可以增强展示。传统媒体难以对局部和细节，尤其是同一展品的多个局部和细节进行增强展示。即便是能够增强，但其增强的程度及其展示的效果都是有限的。而数字化多媒体展示技术恰好可以克服这个不足，能够任意放大展品的局部和细节，很好地解决了观众由于距离展品较远而看不清楚的不足，展示效果远胜实物展示。

　　多感官渠道传播展品信息。传统的展陈，主要通过视觉向观众传播展品信息，感官渠道单一化。而利用数字化多媒体展陈技术，则可以综合利用视觉、听觉、触觉、嗅觉、体感等多种感官渠道向观众传播展品的信息，使观众全方位地感受展示。如数字化音视频技术可以很好地向观众传

三维虚拟展示墓葬发掘过程

递音乐、舞蹈、戏曲等的视觉、听觉信息。

利于复原可移动文物的原生环境。利用数字化多媒体展陈技术，复原展品的原有生存环境，将展品置于原生环境中展陈，能够极大地增强历史真实感，使观众对展品的原本状态有直观感受和认识。

便于展示可移动文物制作、形成的动态过程。对于工艺品这一类可移动文物，利用数字化多媒体展陈技术可以直观地向观众展示工艺品的整个工艺流程。比如织锦、丝绸等纺织品文物，利用数字化影像、三维动画等多媒体技术，能够真实地呈现纺、染、织、绣，从原材料的加工到成品的形成的整个工艺流程，还可以单独地呈现某个工艺环节。

能够容纳巨量信息。传统媒体在展示可移动文物时，能够容纳的可移动文物展品及其辅助展品的信息量是非常有限的。而数字化多媒体展陈技术由于应用了先进的计算机存储技术，其所能容纳的展品信息量极为巨大。

三维数字文物展示

展品的信息更换容易。根据可移动文物相关信息变动情况，可以随时调整、更换、补充展品的信息。只要将新的信息存进服务器和数据库，更换掉旧的信息即可，操作起来非常简单易行。

使展陈更加生动有趣。有的展品信息较为单调、枯燥，不容易吸引观众。通过数字化多媒体技术展示，可以音频、视频、电影、游戏、三维动画等手法向观众呈现，使观众易于接受。

有的文物、藏品不完整、有缺失，但在展陈环节中又不能少，此时用数字化多媒体技术将所缺文物以虚拟的形式进行补充。当文物、藏品不宜展出时，也可以考虑使用数字化多媒体技术以虚拟代替之。当囿于展陈空间、文物展出条件等限制时，用数字化多媒体技术实现场景复原、三维仿真重现。使用数字化多媒体技术来实现吸引观众参与互动的效果。使用数字化多媒体技术模拟声光电、地震等情景，增强对观众参观可移动文物展陈的感官刺激，加深印象。

数字化多媒体技术虽然先进，能够实现多种多样的表现效果。但是，数字化多媒体及其技术也并非可以滥用、乱用。在可移动文物展陈中，出于强化展陈效果，使展陈更加吸引观众，以取得更好教育效果的目的，可以适当地应用数字化多媒体及其技术。在可移动文物展陈中应用数字化多媒体技术，应注意要处理好几个关系。一是形式与内容的关系。形式是为内容服务的，任何数字化多媒体及其技术的应用都是为了更好地展示文物、标本。展陈的形式与展陈的内容要高度统一，在进行展陈的内容设计的同时，就要兼顾考虑展陈的形式了，根据展陈形式的特点来适当地调整展陈内容。二是形式与传播的关系。应用数字化多媒体及其技术的展陈形式，最终目的是为了更好地将可移动文物展品及其辅助展品的信息传递给观众，因此，数字化多媒体技术展示形式的应用和选择要以实现最佳传播效果为前提，不能乱用、滥用。有的博物馆在展陈中为了追求所谓的高科技效果，更能吸引观众的眼球，在不该用的地方用了数字化多媒体展陈形式，使展陈跟整个展览的主题不统一，破坏了展陈的整体性和统一性，也干扰了观众的注意力，从而最终降低了展陈的教育效果。三是质与量的关系。数字化多媒体展陈形式的应用，关键不在于数量的多少，而在于设计的质量。高水平的数字化多媒体展陈形式恰当地应用在恰当的地方，能够起到良好的传播展品信息的作用。过多地应用这种形式，会给人以技术堆砌的印象。

(二) 社交媒体的应用

社交媒体属于信息交流系统的范畴，是人们分享观点、意见和经验的工具和平台，是一种互动媒体，包括微信、微博、点评网站、社交网站等。

社交媒体在可移动文物展陈的宣传推广中应用。最近几年以来，不少博物馆开通了博客、微信、微博等，利用社交媒体加强与社会公众互动。其中，微信、微博是目前博物馆界利用得最多的两种社交媒体形式。

如从 2011 年开始，不少博物馆开通了微博，利用微博这个社交媒体平台策划主题活动，宣传博物馆文化，推介博物馆展陈，而博物馆粉丝们则积极参与评论、点赞、话题讨论、收藏、转发、评价相关议题，为博物馆提出意见和建议，实现了施教与受教双方的实时互动。2013 年广东省博物馆则开通公众微信平台，只要添加了广东省博物馆的微信公众账号，即可登录该馆导览平台。该馆把每一件(套)展品都做了专属编号，按照指引发送相关编号，观众即可收到相关展品的微信语音、图片、视频的介绍。

社交媒体在可移动文物展陈中的教育功能的发挥上具有其他工具和平台不可比拟的一些优势。首先是实效性强。作为可移动文物展陈中的教育受众，其观念和想法都很容易发生变化，定期调查都不一定能够准确地摸清，更不用说预测博物馆观众的实时想法了。因此，利用社交媒体进行实时调查，获取实时数据，有助于博物馆更加准确地了解和把握社会公众的

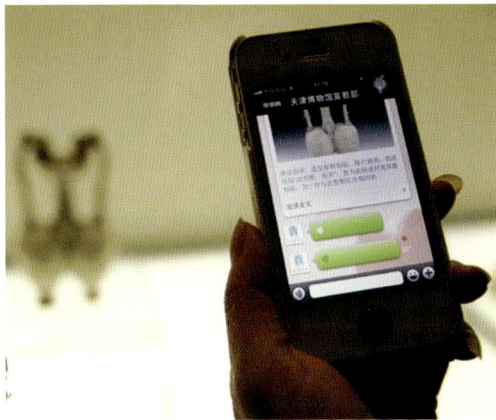

社交媒体在博物馆宣教中的
应用——微信导览

观展动向，从而设计出更为公众乐于接受和认可的可移动文物展陈，提高可移动文物展陈的受欢迎程度，增强可移动文物展陈的教育效果。其次是能够大幅度地降低可移动文物展陈的宣传推广成本。利用社交媒体进行宣传推广，能够大幅度地节省人力、物力、财力以及时间，降低宣传推广成本，同时还能取得较传统宣传推广方式更高的效率。再次是获取的实时调查信息的准确性和可信度更高。通过社交多媒体开展的调查，因为是实时进行的，被调查者往往没有多加思索即予以反应，故其所反馈的信息较为真实可信。在可移动文物展陈的教育过程结束后，利用社交媒体对展陈及其教育效果进行实时调查，结果往往能够比较真实地反映实际情况。最后是可移动文物展陈的教育受众的身份更具真实性、一致性。社交媒体中的社会公众出于对作为物质文化的文物及其承载的精神文化的兴趣而聚集在一起，大家文化爱好者的身份是真实的、一致的。而人们往往会基于自身的社交身份作出相应的决策，因而可移动文物展陈的教育受众作出的调查应答也同样更具真实性，其参考价值也就更高。

二、互联网

互联网的应用是博物馆实现其社会教育功能的又一条重要的新途径。

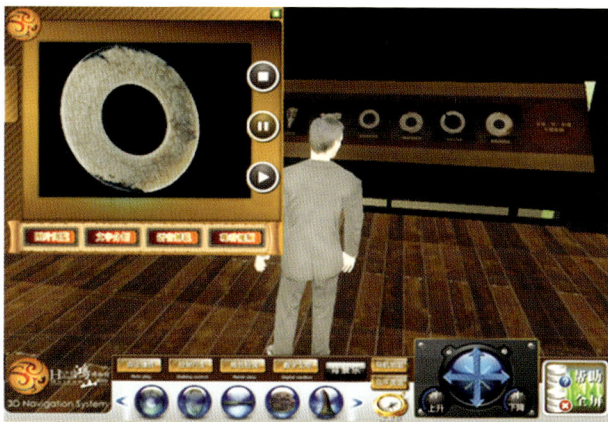

网上博物馆
——通过互联网访问博
物馆网站进行参观

博物馆网站是以互联网为媒介，向受众传播博物馆相关教育信息，同时，受众也可以通过互联网访问博物馆网站，进行网上参观，从而达到学习的目的。受众以微信、微博、点评网站、社交网站等社交媒体为工具，到网上博物馆进行参观学习，也必须以互联网为通道。博物馆社会教育的互联网途径，是利用现代信息技术对博物馆馆藏的如文物、藏品、图像、影像等实物进行数字化技术处理，然后转换成可以存储、传播、获取的信息产品，最后经由互联网的传播，从而实现博物馆社会教育信息资源的共享，即受众可以通过互联网访问博物馆网站进行参观学习。博物馆除了可以将展览展示的教育信息资源通过互联网传播以外，还可以自主发布展览展示、重要活动的计划安排和考古发掘等重要信息。

（一）互联网在可移动文物展陈中发挥教育功能的作用

时至今日，可移动文物陈列展览很快就进入了博物馆各个部门在各项职能领域都能够充分利用计算机为工具，以信息网络为支撑，以互联网展陈为重要展览展示方式的信息化时代，博物馆界已经开辟出了一条进一步发挥其社会教育功能的新途径。与此同时，传统单纯的静态展陈已经难以满足人们对可移动文物展陈方式多样化的要求以及通过互联网远程访问、参观展陈和查阅馆藏文物藏品资料的要求，因此无论对于博物馆还是对于观众来说，充分利用互联网和计算机、手机等智能终端技术来拓宽博物馆及其可移动文物展陈模式势在必行，博物馆绝对不能忽视互联网这条新途径对于博物馆实现其社会教育功能的重要作用。

博物馆宣教中可利用的可移动文物、藏品资源扩大化。在传统的博物馆宣教中，由于受到展陈场地、空间的限制，展出的文物藏品的数量极其有限。譬如，湖北省博物馆馆藏文物超过 20 万件套，但基本陈列展出的不到两千件套；南京博物院馆藏文物超过 40 万件套，平时展出的不到五千件套。两馆(院)绝大部分文物藏品都躺在库房里睡大觉，没有机会跟观众见面，博物馆宣教资源的利用不够充分。博物馆在将文物藏品等实物进行数字化技术处理、储存之后，通过互联网实现传播，从而实现藏品及其相关信息等博物馆教育资源的共享，无论远近，人们都可以通过互联网访问，进行网上参观学习，享用博物馆教育资源。由于网络展览展示并不像实地展览展示那样需要巨大的场地和空间，仅需存放相关电子信息设备的场所即可，因而展出的藏品资源的数量完全可以不受场地和空间的限制。互联网中的展品资源的丰富性是传统的实地展览远不能比拟的。

可移动文物展陈中教育信息传播范围扩大化。如前所述，传统的博物馆宣教，由于受到展览展示的场地、空间和地域的限制，能够实地参观学习的观众数量是有局限的，尤其是外地的公众，不到展览展示的实地，就无法接受博物馆宣教，导致博物馆社会教育信息传播范围主要局限于本地。经过文物藏品等实物的数字化信息技术处理，实体博物馆就可以利用互联网建立"网上博物馆"，使只要有网络和网络终端的任何地方的人们都可以随时随地通过互联网访问博物馆，进行参观学习，接受博物馆宣教。这样一来，博物馆社会教育信息传播的范围记得到了极大的拓展。

馆际间可移动文物教育资源交流与共享。博物馆建立网上博物馆之后，除了方便观众通过互联网进行参观学习，同时还方便其他博物馆与之进行交流、学习、借鉴，等等。而且，在本馆网站上还可以设置其他博物馆的链接，或者直接在其他博物馆网站上开办网上交流展。通过互联网的方式，不同博物馆之间可实现馆际间教育资源的交流与共享，扩大了博物馆教育的受众面，通过博物馆教育资源的利用率，社会效益是显而易见的。

　　互联网为博物馆与观众搭建起信息交互的新平台。互联网是博物馆及其观众进行教育信息交流新的最有效、最直接、最快捷的交互平台。博物馆通过网络，在其网站发布最新展览、学术讲座、重要活动的信息，参观者在网上了解相关信息后，进行参观学习。博物馆还可以利用互联网，在展览开始之前对观众问卷、测试，掌握观众对展览与展品的理解情况；展览结束后，还可以通过互联网交流的方式，了解观众的观后感，评估展览的效果与影响。

　　（二）互联网在可移动文物展陈中发挥教育功能的特点

　　互联网途径在博物馆可移动文物展陈中发挥宣教作用的方式明显具有以下几个特点：

　　首先是可移动文物展陈的教育空间的虚拟化。在网络虚拟空间中，观众通过数字化展示技术，包括文字、图片、超文本链接相互组合、二维静态展示技术，流媒体音视频、Flash 动画等动态方式的多媒体交互展示技术，虚拟现实技术等各种技术手段的相互有机结合，全面了解展品所反映的自然科学信息、历史信息和文化信息，还能利用逼真的藏品三维模型进行仔细的、多角度的立体式观察。

　　其次是可移动文物展陈的网络虚拟化教育空间使博物馆与观众间的双向交流便捷化。网络媒体具有强大的交互功能，曾经的单向"点对面"的传播模式转变为"点对点"的传播，最能体现平民化、去中心化、群体智慧的时代特征。在网络交互空间中，一方面加速新旧媒体的融合，平面媒体的新闻报道、电视媒体的视频节目、手机媒体的短信平台都可以在这一空间中聚集、链接和交互。在网络交互环境中，传者与受众的差异性大大降低，传受双方身份可以随时转化，即博物馆与观众的传者与受众身份可以随时转化，观众与观众之间、传者与受众之间的身份也可以随时转化。通过互联网，博物馆及其教育受众既可以在网络虚拟空间教授知识、提供答案，同时也可以提供"议题"，提高了回答问题的效率。

从目前的情况来看，各地博物馆在交互便利性设置方面做得尚不够，博物馆可移动文物展陈的网络教育主要还是单向的，博物馆向观众推出教育资源，而教育受众仅有一些诸如评论、点赞、"吐槽"等最为简单的信息反馈与交流活动，却很难在博物馆网站中开通博客、博文、微博、论坛等可供博物馆教育受众利用的平台。

最后是可移动文物展陈为教育受众提供的信息服务多样化。数字仿真和远程通讯对人类意识活动的模拟，使得博物馆教育受众通过网络虚拟空间的体验，能够获得比通过阅读书籍、收听广播与观看影视所获得的知觉空间更加深广。受众通过互联网进行参观、投票、订阅电子报、下载、参与互动游戏，都是在网络空间中体验博物馆在可移动文物展陈中提供的宣教活动。

(三) 互联网环境中可移动文物展陈教育内容的设置

原则上博物馆中可利用的、具备文化属性的各类文物、藏品，包括可移动文物和不可移动文物、遗迹、设施、学术研究成果，等等，都可以放到互联网这个虚拟空间供受众共享，但并非因此可以随随便便设置展陈教育内容。在互联网环境中设置可移动文物展陈的教育内容，必须做到以下几点：

教育内容整合与专题化。博物馆可移动文物种类繁多，数量丰富，就文物藏品保管而言，已经分门别类，条理清晰，但对于展陈而言，则有可能是内容零散杂乱，难以形成专题。故此，有必要根据不同的主题，对可移动文物进行整合，形成一个个内容不同的展陈教育专题，使可移动文化展陈教育专题化，这样，既方便进行展陈的内容设计和形式设计，也有利于教育受众进行学习。

　　教育受众细分。传统的展陈无论设计、制作得多么好，内容多么精彩，都无法受到每一个受众目标人群的喜爱。作为展陈的举办者，也不可能为每一个不同目标人群都举办一个展览。这是由于受场地、时间、空间的限制，传统展陈所无法克服的一个明显缺点。而在互联网条件下，可移动文物展陈的场地、空间、时间都不受限制，完全可以将展陈的教育受众进一步细分，然后根据不同教育受众的特点，设计、制作网上的展览展示。譬如，针对考古、文博、历史学、民族学等相关学科专业的专业人士和学生，可以设计、制作专业性和学术性都很强的展陈；针对成年女性受众，则可以设置织锦、刺绣、印染等教育内容的专题展陈；针对普通民众的展陈，设计则必须通俗化，使观众容易看得懂。凡此等等，不一而足。

第六章 可移动文物与数字化

庄严的自然历史博物馆陈列着神奇的物什——前所未见的史前生物骨架、凶猛的古代武士、文明中被湮灭的部落、非洲稀奇动物、历史传奇英雄——络绎不绝的游客驻足欣赏着还原时空的历史文物，直到太阳西落人烟散去。但，那些固定在支架之上的展品们真是人类杰作？还是拥有自己的生命，会在寂静的夜里来回走动？是的，在好莱坞大片《博物馆奇妙夜》里这些可移动文物在夜里都活起来了，是什么秘密让这些文物活起来呢？在《博物馆奇妙夜3》中道出了其中的秘密，原来是有一块来自埃及法老墓的"复活黄金牌"，这块"复活黄金牌"还在，不过今天我们叫它"可移动文物数字化技术"，正是"可移动文物数字化技术"像"复活黄金牌"的魔幻功能一样，让可移动文物鲜活起来。

可移动文物是我国重要的历史文化遗产资源，有着数量庞大、价值突出、种类丰富、收藏体系日益多元等特点。当前，我国在可移动文物保护中面临诸多问题，例如存在着数量不清、保管状况不明等。文物是一种不可再生的历史文化资源，然而由于自然因素等不可抗力、经济建设、旅游资源开发等多种因素影响，许多文化遗产正面临损毁甚至灭顶之灾，因此实现长期有效地保护文化遗产，以更加便捷科学的方式保存可移动文物已迫在眉睫。随着科技的进步和信息技术的发展，利用数字化方式保护可移动文物已经成为一种可靠且有效的途径。

数字化保护能更方便地整理、收集、记录可移动文物的信息，在一定程度上可以突破文物保护相关问题的局限，提高文物收藏单位的管理水平，促进文物资源的整合利用，丰富公共文化服务内容，打破在收藏、展示、保护等管理机制上的局限，能更为安全和长久地保存这些优秀的文化遗产资源，让文物在文化产业、动漫产业、工业设计等领域发挥独特的作用。

可移动文物的数字化展览对于可移动文物的保护和展示发展来说具有深远意义。21世纪是数字技术的时代，世界各国都非常重视，尤其是经济发达的国家和地区，像欧洲、美国、日本和中国台湾对博物馆中可移动文物的数字化展览技术的研究与应用起步较早，处于比较领先的地位，促使博物馆的展览技术的发展有了质的飞跃。在我国经济快速发展的推动下，我国博物馆展览的数字技术应用也有了非常迅速的发展，取得了不少成就。

第一节　可移动文物的数字化技术手段

可移动文物的数字化可以得到可移动文物的高精度模型，以高精度模型作为基础数据，结合专业的分析软件，帮助考古专家在不接触可移动文物情况下对文物的空间结构、虚拟分解、纹理分析等操作，通过相关的分析软件可以非常便捷地获取文物的三维尺寸，同时可以分解文物，提取文物的特征性、轮廓线、表面法线量以及切割剖面等特征信息，为可移动文物存储原始信息，达到不损坏可移动文物情况下进行分析研究的目的，同时防止可移动文物的二次损坏。

常用的数字化记录方式主要有三维激光扫描、线结构光、近景摄影测量技术等三种。这三种方法都能快速、精确地收集文物三维空间和高清纹理信息，通过后期制作能完成三维模型、数字动画、交互体验等多样化成果，以下将介绍两种主要的可移动文物三维数字化技术。

一、三维扫描仪测量法

三维扫描仪根据其是否接触物体分为接触式扫描仪和非接触式扫描仪两种。接触式扫描仪在扫描过程中需要接触物体，而非接触式不需要接近物体。在对文物进行三维扫描时，接触文物是被禁止的，所以在文物三维数字化应用中，主要使用非接触式三维扫描系统。

目前，在非接触式测量方法中，针对三维产品造型的测量，激光三角法以及结构光法被公认为是最成熟的三维测量方法。

1. 三维激光扫描仪法

三维激光扫描仪又被称为实景复制技术，能够提供扫描物体表面的三维点云数据，因此可以用于获取高精度高分辨率的三维模型，它突破了传统的单点测量方法，具有高效率、高精度的独特优势。

三维激光扫描仪的基本作业思想是利用激光的三角测距原理，从光源孔发射出一束水平的激光，在旋转平面镜的作用下，此激光束改变角度射到文物器物的表面，文物器物表面通过反射，最后使得每一条激光线均到达 CCD 传感器，从而将其采集成一帧数据。因为文物器物表面材质和形状的不同，致使每束激光线反射回来的数据信息中所包含的颜色数据和表面形状也会不同。三维激光扫描仪可在无接触的情况下确定文物器物的几何尺寸和外形，能将测量精度控制在一定范围内。

下图是基于激光三角法测量的 Vivid910 三维扫描仪。

扫描仪扫描原理：Vivid910 采用狭缝状的激光束行扫描的方式对物体进行扫描。CCD 相机接收物体的反射光。根据三角测距法原理获得扫描仪与拍摄物体的距离，然后进行数据化处理。Vivid910 提供了三种可以更换的扫描镜头，从而适用于尺寸不同的物体。离镜头不同距离的被测物体，一次扫描能够捕捉大约 10 平方厘米至 1 平方米的视场。扫描仪使用聚光镜聚光，所以聚光镜的焦距会对测量的结果产生很大的影响，一定要根据物

Vivid910 三维扫描仪

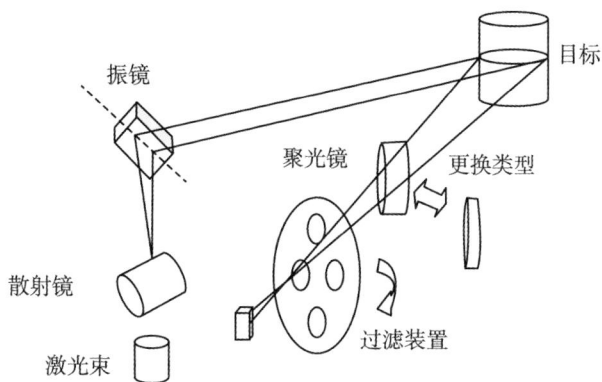

激光三角法测量的基本原理

体与扫描仪之间的距离选择合适的焦距，从而使得感光原件得到更高强度的光线。

三维激光扫描的具体工作流程如下：

（1）环境同步

使扫描仪、校准平台等设备自动感应室内温湿度，待设备进入稳定状态后，开始扫描作业，这样可最大限度地发挥设备的功能，减低环境对激光的干扰，提高三维坐标获取的精度。

（2）读取点云数据

针对体量较小，纹饰精美，表面纹理复杂的可移动文物，选取扫描半径短但精度高的设备，而对于形体较大，扫描难度也大的文物需要选用不同规格的扫描设备。

（3）点云数据拼接

将每一站机位获取的点云数据经过标靶配准点校准后进行拼接，生成点云模型，然后对点云模型进行优化处理。

（4）提取文物表面色彩纹理

在人工光源的环境下，最大程度地还原文物表面色彩纹理，然后用高像素数码相机对文物进行拍摄，获取文物的表面色彩纹理。

（5）纹理映射

将取得的高分辨率色彩纹理影像，在找准配准点后映射到优化后的点云模型上，生成文物的线框模型，优化后生成可移动文物的三维实体模型。

（6）导入应用程序

文物的三维实体模型建成后，将其导入应用程序并封装，无需安装专业软件，通过鼠标就可以实现实体模型的三维环视、几何测量、细部查看、聚光查看等多种功能。

以三维激光扫描仪获取的点云数据为基础，利用三维建模软件进行三维建模，模型具有几何信息和照片真实感的特点，三维模型能够完整反映真实物体的三维几何信息，建立三维模型后可以辅助考古学专家分析可移动文物的情况，从而有效地对文化遗产进行数字化展示及保护，为可移动文物的数字测绘、辅助修复、管理以及虚拟现实等拓展应用提供最精确完整的基础数据支撑。

2. 三维结构光扫描仪

三维结构光扫描仪的原理是采用一种结合结构光技术、相位测量技术、计算机视觉技术的复合三维非接触式测量技术。在基准的光栅条纹投影到被测物体表面时，因为物体表面凹凸不平而导致条纹发生畸变，此畸变是受物体的表面形状的不规则所致，故其包含了物体表面形状的三维信息。只要建立畸变条纹与物体表面形状之间对应的数学模型，即可推断出物体表面形状的三维信息。测量时光栅投影装置投影数幅特定编码的结构光到待测物体上，成一定夹角的两个摄像头同步采得相应图像。然后对图像进行解码和相位计算，并利用匹配技术、三角形测量原理，解算出两个摄像机公共视区内像素点的三维坐标。采用这种测量原理，使对物体进行照相测量成为可能，所谓照相测量，就是类似于照相机对视野内的物体进行照相，不同的是照相机摄取的是物体的二维图像，而三维扫描仪获得的是物体的三维信息。

结构光的测量示意图见下图：

下面介绍几种常用的扫描仪：

Microinfo3D 线结构光三维扫描仪是是武汉某科技公司与武汉大学数字摄影测量与计算机视觉研究中心合作研发的一套硬件和软件结合的三维摄影扫描系统。该系统能在较短时间内（单片 5s）扫描获取高精度表面点云（精度高达 0.05mm/500mm），同时通过自带的后处理软件，可以提供从"拼接—融合—构网—简化—纹理映射"的完整点云处理流程，能高效地获取被扫描物体完整的高精度表面模型和纹理模型。该系统的扫描成果是物体表面的高精度点云数据，基于自带后处理软件对数据进行处理可以生成三维造型数据、各种剖面数据、各种标准曲面数据、CAD 图形数据等。

扫描仪组成：线结构光三维扫描仪（Microinfo3D）包括硬件和软件两部分。硬件部分包括扫描仪（包含投影仪、相机及镜头）、三脚架、云台、电

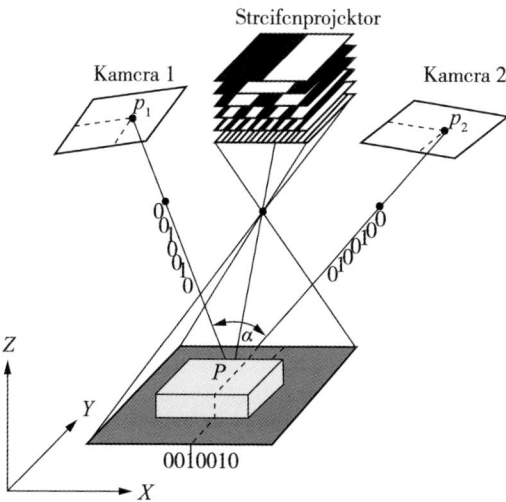

结构光测量示意图

Microinfo3D 线结构光三维扫描

动旋转平台、平面标定板、圆柱标定块。软件部分包括：点云扫描软件WMScan、点云后处理软件 WMWork、相机标定软件 WMCali、高分辨率影像配准软件 WMTex。

最近最新推出的是第三代白光扫描仪，基于国际领先的白光扫描技术，采用 LED 冷光源，光源寿命大大延长。较低的光噪声，加上扫描软件的全面升级，使得扫描速度和精度得到提高，点云质量有较大提高。扫描仪尺寸和重量进一步缩小，使得产品更便于携带。

其特点和优势：

(1) 扫描速度极快，单幅扫描时间小于 3s，数秒内可采集 100 多万个点，测量点分布非常规则。

(2) 可以扫描彩色、深色甚至黑色物体。绝大部分的物体可以不经表面处理直接扫描。

(3) 多幅点云全自动拼接。

(4) 采用高亮度 LED 冷光源，寿命大大延长，发热小，扫描精度稳定性高；

(5) 便携，可搬到现场进行测量，操作灵活方便，一人即可携带，扫描更轻松。

(6) 在扫描得到物体三维形状的同时还可以扫描得到并输出纹理。

(7) 采用低畸变镜头，扫描精度得到进一步提高。

可调型三维光学扫描仪

(8)采用碳纤维机身,热变形系数小,保证设备的精度稳定性更高。

(9)支持对重叠点云自动选取最佳数据,自动裁剪。

(10)可对无法放到工作台上的较重、大型工件(如模具、浮雕等)进行测量。

(11)配备镜头防护罩,防止设备意外跌落对镜头造成的损伤。

(12)多种数据接口,可输出四边形网格(GPD)、三角形网格(STL)、点云(ASC,IGS,WRL)等多种数据格式,可直接与 Gemagic,Image ware,UG,Caita,Pro/E,Rapid Form 等 3D 软件交换数据。

线结构光三维测量技术多年前都已经应用在文物考古工作中了,线结构光技术使用非接触式测量方法,而且产品多样化、易定制,能在不损坏文物的前提下获取文物的外形尺寸,得到其三维模型。所记录的信息完整全面,包含文物表面轮或完整三维形貌特征,而且三维信息便于长期保存、复制、修复、查阅和交流展示。

3. 近景摄影方式

近景摄影测量技术是数字化采集最基础也是最早的测量采集手段,它是利用近景摄影测量系统对不能接近或不能进行常规直接测量被摄物体的空间姿态的真实再现技术。包括二维数字化采集技术、三维全景数字化采集技术。

为满足公众通过互联网欣赏可移动文物细节的需求,需要为公众提供清晰度更高的平面与立体视觉信息。二维数字化采集技术主要是针对画稿、标本、图册、平面纹理等二维可移动文物对象提出的。目前的二维数字化方法一般采用近景摄影方式来对文物对象进行拍照。浙江大学开发了大幅面书画自动拍摄设备,并在宋画全集、中国绘画大系等古字画出版工程中得到应用。但是这些书画、壁画扫描设备在高分辨率以及速度上还不能适应可移动文物快速数字化的应用要求,分组面阵扫描的高分辨率自动二维信息采集与拼接技术将是未来二维数字化技术的发展方向。

另一种是立体成像技术，是通过全景成像将展品各个角度的图像经过图像建模软件生成三维图像。这种方法得到的立体图像成本低，自动化程度高，但也有一定的缺陷，主要是成像的精度不高，细节部分表达不清楚。

下面主要介绍数字化可移动文物的一种全景成像技术方法。

虚拟全景又称三维全景虚拟现实(也称实景虚拟)，是基于全景图像的真实场景虚拟现实技术。全景(英文名称是 Panorama)是把相机环 360 度拍摄的一组或多组照片拼接成一个全景图像，通过计算机技术实现全方位互动式观看真实场景。

(1)全景图的概念

全景图是虚拟实景的一种表现形式，会让使用者有进入照片中的场景的感觉。360 度的高质量的全景图主要有三个特点：

①全：全方位、全面地展示了 360 度球形范围内的所有景致，可在例子中用鼠标左键按住拖动，观看场景的各个方向。

②景：实景，真实的场景，三维全景大多是在照片基础之上拼合得到的图像，最大限度地保留了场景的真实性。

③三维：三维立体的效果，虽然照片都是平面的，但是通过软件处理之后得到的三维全景，却能给人以三维立体的空间感觉，使观者犹如身在其中。

在浏览器端，基于播放插件(通常是 Java、QuickTime、ActiveX、Flash 等)的支持下，使用鼠标控制环视的方向，可左、可右、可近、可远，实现全景图的浏览。

(2)虚拟全景技术的分类

①柱形全景：柱形全景是最简单的全景摄影。你可以环水平 360 度观看四周的景色，但是如果用鼠标上下拖动时，上下的视野将受到限制，你

看不到天顶，也看不到地底。这是因为用普通相机拍摄照片的视角小于180度，显然这种照片的真实感不理想。

②球形全景：球形全景视角是水平360度，垂直180度，全视角。可以说你已经融入了虚拟环境之中。球形全景照片的制作比较专业，首先必须用专业鱼眼镜头拍摄两张照片，然后再用专用的软件把它们拼接起来，做成球面展开的全景图像，最后把全景照片嵌入你的网页中。在国外也不是所有的制作软件都支持球形全景，有的专业公司提供球形全景制作的全套软硬件设备，但价格昂贵。

③立方体全景：是另外一种实现全景视角的拼合技术，它打破了原有单一球形全景的拼合技术，使你能拼合出更高精度和更高储存效率的全景。立方体全景照片的制作比较复杂。首先，拍摄照片时，要把上下前后左右全部拍下来，但是可以使用普通数码相机拍摄，只不过普通相机要拍摄很多张照片(最后拼合成六张照片)，然后再用专用的软件(如 pano2VR)把它们拼接起来，做成立方体展开的全景图像，最后把全景照片嵌入你的网页中。

④对象全景：它与风景全景的主要区别是：拍摄时瞄准对象(如你要拍摄可移动文物，可移动文物就是对象)，转动对象，每转动一个角度，拍摄一张，顺序完成，然后选用对象全景的播放软件，并把它们嵌入你的网页中，发布到你的网站上。

基于以上几种全景技术分析比较，对于可移动文物而言，对象全景技术是将其进行数字化记录的一种很好的方法。

下面详细讲解全景技术中的对象全景技术应用于可移动文物数字化的方法过程，以可移动文物——花瓶为例。

下图为整个过程的设计图例：

基于全景图的虚拟现实技术设计图例

具体的流程是：

（1）拍摄一组照片

由于我们使用的是对象全景技术，所以我们要固定相机，转动花瓶，每次转动一个角度以便拍摄一张照片，顺序完成。至于转动的角度由展示物品要求的效果决定，效果越好，每次转动的角度越大。当然也可以细化到很小的角度，如5度。花瓶图片序列如下图所示。

（2）图片处理

逐个把图片导入 Photoshop，并且去除花瓶之外的背景，然后把处理好的图片选择一个背景，可以是纯色背景，也可以是图片背景，最后保存。例如花瓶展示用的就是白色背景。

（3）导出 Flash 文件

将处理完毕的图片导入 Object2VR 软件，接着做进一步的处理，并且选择相应的交互界面，把导出的格式设计成 Flash 9 格式，设置相应的参数，点击文件导出即可生成相应 Flash，此时可在图片所在的目录下发现导

制作好的效果图

出的文件。

点击下面的操作按钮可以全方位观看花瓶的每一个细节。

4. 3D 高清摄影技术

3D 高清摄影是利用高清摄影技术对文物进行非接触式拍摄，720 度全方位获取文物的图片信息，其优势比三维扫描技术更加安全，速度更快，信息也相对准确。3D 高清摄影的工作流程如下：

（1）设置拍摄站点

将拍摄物体放置在 360 度旋转盘上，将其固定好，缓慢地转动转盘避免文物过大的振动，保证文物的安全，每转 12 度停止转盘进行拍摄，在对文物进行全方位图片获取的时候，获取的图片与图片之间要有接近 20% 的重叠部分。

（2）固定机位

拍摄必须由专业人员采用高清的数码相机进行图片获取，针对于小型文物可以使用 135 高清数码相机，拍摄时相机的镜头使用 50mm 的焦距，再确定好完整记录文物的物距，要求保证拍摄出来的文物最小程度的透视变形。如果遇见大型文物，譬如湖北省博物馆编钟类，则需要采用大型可调整透视的专业相机，更好地还原拍摄时由于镜头畸变而产生的透视。

（3）安排光位

采用全光位的布光方式，使用漫散射光线，可以使用 4800K 色温的镝灯，镝灯的光线不仅属于软光源而且可以更好地避免强烈的反射光，光位以无影为最佳的标准。

（4）调整白平衡

为了保证文物最后的完美拼接，将照片的白平衡调整到色温约为 4600K，4600K 的白平衡可以达到物体颜色的真实还原，且保证每张照片的白平衡要求一致。

（5）生成点云

获取到文物全方位的清晰图片后，需要将这些图片数据利用工程软件进行数据计算，由于照片的数量较多，格式较大，例如建立一个马口窑的陶瓷 3D 信息，所拍摄的原始影像大概有 50 张照片，所占用的空间约为 3G 左右。使用配置一般的 PC 电脑则无法完成点云的生成。因此，生成点云之前需要将图片先进行目标物体有效空间的裁剪，裁剪过后的图片单张影像大概 5M 左右，将 50 多张图片合算起来将近 300M。

利用工程软件对 300M 接近 50 张的图片进行计算生成点云，计算采用六核处理器计算机用于后期计算，首先生成点云，根据点云生成的情况再对文物图片进一步补拍或替换图片进而得到最完美的点云，下一步进行网格生成；网格生成后要尽量减少目标物体的域，以保证电脑快速运行；进而再对生成的网格做纹理映射，最终生成完整的文物 3D 表面的信息。生成的文物 3D 原始信息不仅有利于文物资料的科普和保存，还能使用国际上领先的 3D 打印技术获取复制品，用 3D 高清摄影技术对文物进行复制遵循了国际上文物保护工作的最小干预原则，更加有利于文物保护工作的健康发展。

与传统的文物保护相比，利用 3D 高清摄影技术对馆藏可移动文物的保护有着以下明显的优势：

第一，3D 高清摄影非接触式点云的获取，最大程度地保护了文物不受外界的侵害。现阶段博物馆馆藏文物 3D 信息的建设，大多使用激光扫描、工业 CT、白光扫描三种方法。激光扫描是基于激光三角法进行测量，即先进行文物的三维数据和各角度图片采集，接着对数据进行滤波特征检测和提取等处理，并建立文物的三维数字模型。工业 CT 是对文物进行断层截面扫描，以 X 射线的衰减系数为依据，用数学方法经过计算机处理而重建的三维数字模型。白光三维扫描仪的基本原理是采用一种结合结构光技术相位测量技术计算机视觉技术的复合三维非接触式测量技术，采用白光的测量原理，相当于是对物体进行照相测量。照相测量，就是类似于照相机对目标物体进行照相，获取到物体的二维照片，白光扫描直接可以将二维照片计算三维信息以上三种扫描方式获取文物 3D 数据，或多或少地都会使文物受到激光和 CT 结构光的污染，对文物有一些损害。3D 高清摄影技术利用拍摄站点的设置拍摄图片数据获取和图片数据处理工作原理和流程，拍摄时巧妙地利用自然光源，让文物处于 360 度无阴影的柔光漫散射照明中，并使用大型调整透视相机最大程度地还原文物的本身细节，最后再利用后期 3D 图片拼接软件，最佳还原可移动文物的形态。利用 3D 高清摄影对馆藏文物进行 3D 信息的获取，不仅最大程度地对文物起到了最佳的保护效果，更提高了文物 3D 数据采集的工作效率。

第二，我国可移动文物已经进入了数字化、网络化时代，如敦煌研究院承担的濒危珍贵文物信息的计算机存储于再现系统项目，实现了对敦煌壁画以及与之类似的濒危珍贵文物实体的文物信息保存，故宫博物馆与日本凸版印刷股份有限公司合作的数字故宫游项目，可以让用户足不出户利用网络平台展示虚拟故宫，照片的真实性使用户能够直接体会到身临其境的故宫数字漫游。但这些实例仅仅限于数字虚拟 3D 的展示，没有能够真正实现跟用户交互，我们利用 3D 高清摄影建立的 3D 虚拟博物馆，不仅要从 3D 的角度展示文物，更要注重用户的体验，满足用户的需求，及时了解用户之间的交流(参考华中农业大学博物馆的全景导航系统)。利用 3D 高清摄影技术对博物馆构建虚拟博物馆和虚拟展览,建立虚拟 3D 文物可视化信息,在网上重现文物 3D 模拟文物的平台,使用户可以通过网络直接与可视化平台进行交互,该平台还可以通过文本、音频、视频三维数据全面的宣传和展示文物,用户可以直接用手指在屏幕上选择需要了解关于该文物本身的各类信息。通过对可移动文物数字化我们还可以提供 3D 文物完整数据,让用户可以用 3D 打印机将文物按照相等比例尺寸打印出仿品,收藏体验这种以用户为中心,通过数字视屏的展示,用户与文物之间通过视频信息交互,即不损害文物又可以为用户提供自由的学习平台和交流平台,更好地普及和宣传文物知识,又最大程度地减少了文物直接与外界接触的频率,因此该方法将会成为馆藏文物保护的重要手段之一。

第三,利用 3D 高清摄影对馆藏文物进行 3D 信息化展示,将激活博物馆的市场发展,利用网络平台不仅能够实现在线文化旅游,还能够为离线文化旅游带来新的发展契机,文物遗产有着灿烂的光辉历史,承载着历史文化和艺术价值,在一定程度上展示出了文物所在朝代的人文风情地域文化以及政治经济的特色,利用好文物的历史价值,将文物的文化性加以开发利用,不仅提高了文物的社会责任性,在巧妙的经营基础上,还能为文物文化宣传,为当地的旅游业带来空前的繁荣发展,将文物的保护转化为有价值的现代文化旅游产业资源。

3D 高清摄影在文物保护中还是有很多工作需要做进一步的研究,譬如:

(1)3D 高清摄影只能提供物体外表空间几何信息,不具有穿透性,因此对于结构复杂重叠的文物 3D 数据提取有所欠缺,如何结合其他测绘和信息采集技术是今后研究的重点。

(2)3D 高清摄影,利用相机对文物进行记录,光线有着决定性的重要作用,光线不足的条件下就无法完成清晰的拍摄,因此在黑暗的环境中无法使用该项技术。

（3）对于复杂有多层镂空雕塑的拍摄无法提供最准确的 3D 建模数据，尤其是在后期纹理映射环节会出现错位的现象，但是 3D 结构光扫描的方式却能够很好地解决这个困难，因此如果在结构多层镂空的文物中，使用 3D 高清摄影技术结合 3D 扫描技术共同完成对文物的 3D 信息采集最佳。

（4）利用 3D 高清摄影采集的文物图片信息量巨大，最终只能在配置相对较高的电脑上面进行使用，这个对于实现网络社会化共享是一个障碍。如何将这些图片在拍摄中既要保证纹理的清晰和细节的展示，又要减小图片的最终大小是 3D 高清摄影在文物应用中亟待解决的重要问题。虽然现在有研究表明利用使用 Skyline 系列的 TerraDeveloper 开发工具对 3D 高清摄影方式建成的 3D 信息模型进行完善，开发一套专用的应用系统，再进行网络社会化发布，但是该信息平台并没有得到广泛的社会化认可，实现不了最大化的使用户接触和了解文物的信息。因此，如何建立普遍认可的信息化平台是今后需要侧重研究的难点之一。

第二节　数字化对可移动文物的作用

近年来，很多研究者提出了可移动文物数字化技术，即通过技术手段获取文物形状、纹理等数据信息，并将其应用于相关的专业领域，为文物的保存、研究和展示问题提供了很好的解决方案。

一、数字化与可移动文物保护

当前，由于自然灾害、时间久远、经济建设等因素，可移动文物的破坏已经达到了惊人的地步。文物的利用和保护工作日趋紧迫与艰巨。而数字化和多媒体技术的应用丰富了文物的存在形式，多样化了文物的再现形式，对可移动文物建立多媒体数字档案就为其创造了生命的转化形式，我们可以称其为"数字文物"；它可以提高可移动文物学术研究、保护工作的效率，并为可移动文物的文化传播提供更多的可能性。当可移动文物需要被仿制时，就可以留取文物信息和基本建筑材料，利用合适的手段仿制，再现文物风采。在数字化和多媒体技术建立的信息系统中可以实现可移动文物的数字实景模拟，向人们展示文物资源的同时降低对可移动文物的人为破坏，缓和保护与利用的矛盾。数字化展品可以保证展品容易得到保护、保存，而且可以永久性地保存，解决了传统展示方式中文物保藏与展示的矛盾。

很多文物由于年代久远，面临着碎裂和腐蚀变形的危险，在对这些文物进行研究和展示的过程中，由于存放环境和相关技术的影响，经常会对文物造成不可逆的破坏。而在文物受损时，由于缺乏完整、真实的数据记录，也使文物修复面临较大的困难。但是如果文物材料存在，就可以通过数字和多媒体技术再现文物实貌，做好修复工作。因此如何使这些可移动文化遗产永久保存已经成为一项非常富有挑战性的任务。此外，文物研究者在进行研究工作时通常需要直接接触文物，很难共享相关领域的文物资源。并且出于文物保护的目的，研究者所使用的文物测绘、分析等技术也存在很多限制，研究成本较高。数字化可移动文物可以解决上述提到的困难。

数字化可移动文物可以对其进行一定程度的保护的原因有：首先，可移动文物数字化技术可以为文物记录真实、精确的形状信息和纹理信息，不仅可以通过虚拟展示等技术避免可移动文物在研究和展示过程中的破损和腐蚀，而且为受损的可移动文物的修复和完善提供了重要的数据支持。其次，文物研究者能够利用重建的三维模型对文物进行形态分析和几何测量，在不直接接触文物的情况下分析文物的细节，辅助研究工作。并且能够通过互联网实现数字化文物资源的共享，加强国内外研究者之间的交流与合作。因此，可移动文物数字化对于加强文化遗产保护有着极其重要的作用。此外，现代社会的信息无穷无尽，仅其中的关于可移动文物的文献资料也是浩如烟海，因此，这就存在一个人们对信息资料的检索、调用问题。一方面，需要对自己拥有的可移动文物信息资料进行检索、调用；另一方面，更需要对外界信息资料检索、调用。数字化可移动文物既可以在自己的数字化仪器(通常是电脑)中迅速、方便地进行检索、调用，也可以通过网络，不受时间与空间的限制，可以不必亲临现场，可以在任何时间、任何地点通过网络迅速、方便地检索、调用，以达到自己的使用目的。将可移动文物数字化提高了博物馆展品的管理水平，可以建立可移动文物的数据库，将可移动文物信息全部存储在计算机中，对于可移动文物的保护是一种重要的手段。

二、数字化与可移动文物研究

中国是一个文明古国，地大物博，历史悠久，中华民族在漫长的历史进程中，创造了丰富的科学文明和艺术文明。保存在地面上和地下的可移动文物，不仅种类繁多，而且数量极其丰富。这些都是我国古代劳动人民的伟大创造和智慧的结晶，是研究我国古代历史、文化艺术和科学技术发展的极其重要的实物资料。但是，这些年代久远的历史文化遗产，随着时间的流逝，由于人为和自然的原因都经受着不同程度的破坏和损害，甚至濒临毁灭的危险，所有这些历史文物都要进行抢救和修复才能长期地保存下去，并且年代久远的可移动文物很多已经不完整，对于文物的研究工作造成了很大的困难。但是数字修复可以解决这一可移动文物经常面临的困难。数字修复则是运用数字化技术对文物进行保护与修复。随着计算机图形学、计算机视觉与虚拟现实等技术与设备日渐成熟和完善，人们开始逐渐利用其对珍贵文物进行数字化保护与修复。最常见的是建立三维模型，即利用计算机技术模拟出文物的最初状态到破损现状的渐变过程，并据此估计可能变化的趋势，从而完成真实文物的修复工作。"三维数字模型可以直接生成精度极高的数控加工指令，对于恢复一些破损或不完整的可移动文物有着其他手段不可替代的作用。"为了进一步推进文物数字修复技术，人们已开始研究如何把人工智能、多媒体与传统图像处理相结合，来提高所修复文物的逼真程度。运用数字化技术对可移动文物进行修复，对于可移动文物的研究有着极大的帮助。

可移动文物有着一项重要的职能——文物研究，对于博物馆这样的权威性研究机构显得尤为重要。可移动文物的研究不仅仅局限于研究藏品本身，而且还要翻阅与之相关的大量文献资料，也包括史学资料、善本图书等，因此对于可移动文物的研究需要有强大的资料资源库进行支撑。而且，进行文物研究必须要频繁对文物本体进行反复观察、研究，这样带给了文物保管部门重大的压力，不仅要有正常的手续，而且要有专门的保管人员陪同，无疑是一件非常麻烦的事情。对文物本体进行影像数字化，或用目前最新的技术对其进行三维影像处理，同时建立文物的数字化系统，通过查询系统以方便研究人员的查看、研究。而且，随着信息网络的飞速发展，国内外研究成果及论著是文物研究巨大的资源宝库，和本地的数字资源结合起来将是研究人员强力的资料支撑。例如，研究工作的开展可以从大量的信息资源中找到可用的藏品信息，即藏品信息数据库中的文本、图像、视频等各类信息，从而不直接接触文物本体就可以进行研究。

数字化在一些特殊性质的博物馆内进行文物研究更显重要。以太原市晋祠博物馆为例，它是中国现存最早的皇家园林、晋国的宗祠；是中国古代建筑艺术的集约载体，国内宋元明清至民国本体建筑类型序列完整的孤例，附属彩塑壁画碑碣均为国宝；是三晋历史文脉的综合载体，晋文化系统上溯西周封唐建晋至盛唐肇创文脉传承的实证孤例；更有瓷器、玉器、青铜器、字画、钱币、竹木器、金银器等多种类型的可移动文物约 20 万件。这样一座文化遗产价值独特、文物载体类型多样的综合类博物馆，文物研究工作更是重中之重。但是，因晋祠博物馆的特殊环境及陈展场所的制约，研究人员近距离对文物本体接触及研究十分困难。如圣母殿内的 43 尊彩塑及壁画，水母楼二层的 9 尊彩塑及壁画，唐叔虞祠过殿内的 14 尊彩塑均为精品。但是出于对文物保护的原因，平时不对外开放，研究人员要近距离查看就非常困难；还有关帝庙大殿内壁画，虽然开放时能看到，但是因殿内光线较暗，如要看清每幅画面的内容也不是件容易的事；还有因缺少陈展场所没能展出的馆藏文物精品。这些内容如能制作成高清晰度的影像资料或三维影像，将对文物研究打下坚实的基础，研究人员开展工作将十分方便。

将可移动文物数字化可以跨越时空性进行研究。"从某种程度上说，推动数字化技术及其产业化飞速发展的一个重要力量，正是时间和空间的变动以及人们对于时空因素在社会发展中的重要性的认同和把握，由于时空重组所导致的当代社会的新时空结构的出现，又进一步使得相关社会组织和国家能够跨越时空距离对全球的数字化资源及其关系结构进行规则化的控制，进而使得数字化的发展渐渐脱离开了任何一个民族国家或社会的界线的束缚。因而可移动文物数字化可以跨越时间、名字、国家的障碍，让更多民族、国家的人来参与文物的研究，这对于文物的研究发展有着重要的意义。

三、数字化与可移动文物展陈

社会教育宣传是可移动文物的又一大重任，对外宣传和展示是文物发挥其社会作用的关键。过去，博物馆中的文物对外宣传的途径较少，仅限于报纸、电视及广告。展示的手段也仅依赖于展览，方法较单一。但是随着信息时代的悄然而至，高科技手段层出不穷，展示方法日新月异。数字化可移动文物顺应时代潮流，让人们对其充满向往。数字化概念较广，影像技术、动画技术、数字音频和数字视频技术、全景仿真展示系统、三维虚拟实景展示技术、360 度的三维扫描技术等均属数字化。这些数字化技术的成熟及成功应用将是今后文物对外宣传和展示的重要手段。

由于要对可移动文物进行保护，很多珍贵的可移动文物只能在有限的时间内，在一定的距离之外参观，难以进行仔细的观察，并且很多珍贵的文物由于存放环境及场地空间等原因无法在博物馆展出。可移动文物数字化可以很好地解决上诉展陈问题。

数字化展览技术的日益成熟对可移动文物的展陈发展具有重要的意义：

（一）就可移动实物展品本身而言

展品的无限可复制性，保护了文物，减少了频繁的真实展示，降低了展品损坏和被偷盗的可能，有效地解决了展品展示和展品保护之间的矛盾。可移动文物资源不可再生，藏品如果年代久远，质地会变得十分脆弱，在展览时必须十分注重光线及空气湿度，即便如此，长时间展览后，展品依然会产生不可挽救的损坏。而且博物馆为保护展品采取的各种限制措施也使参观者在浏览时产生不适（光线太暗或温度太低），甚至有些古文物必须隔离保护，参观者无法近距离观看，甚至无法拍照。采用数字化方式存储和展览则可突破这样的限制，参观者可以坐在家中，非常舒适地从任意角度近距离观察物品。博物馆也无须担心展品的安全。在实体博物馆中，由于保护手段、展示空间等原因，展品只占藏品的很小比例。以华中农业大学博物馆为例，常年展出的展品仅仅是馆内珍藏的一小部分，是文化资源的一种巨大浪费。而对数字化可移动文物和建立数字博物馆而言，可移动的展品和可移动的藏品的界限越来越模糊，馆内的藏品都可以在网络上做虚拟展示，充分利用文化资源。

此外，对于可移动文物的展示方面而言，可以得到直接观看展品所不能得到的展示信息，即增强展示。将可移动文物数字化丰富了展示技术和手段，观众可以多角度了解展品的信息，解决了只能通过单一展示手段了解单一信息的不足，为更好地保护、展示可移动文物和信息的传播起到了重要的作用。

将可移动文物数字化可以使得文物藏品对任何人开放，不受时间、地域和语言的限制。通过可移动文物的数字化展览可以实现观众对于文物藏品再生文化价值的最大贡献。

（二）可移动文物数字化后通过媒介信息展陈

数字媒体技术的快速发展，网络交互平台的日渐成熟，都将为展示空间的信息与参观引导设计进行科学整合提供了可能，通过数字媒体技术，可以提供给现场观众一个既有空间引导功能，又具有展示信息自动导览服务的客户综合展示服务系统。数字化的可移动文物成果可以进行渲染、添加多种素材进行融合处理，制作复原式的三维动画、影片，在多媒体展示服务系统中可以起到最直观的宣传展示。除了直观地展示现有可移动文物的三维动画，通过虚拟现实技术也可以制作虚拟还原尚未发掘或已经湮灭了的文物。

数字化可移动文物可以将文物的展示、保护提高到一个崭新的阶段。通过计算机网络来整合统一大范围内的文物资源，并且通过网络在大范围内来利用虚拟技术更加全面、生动、逼真地展示文物，结合文物高清晰图像、音频、视频、文字资料、三维数据，以及相关研究成果等信息建立三维模拟博物馆，形成展示传播等应用功能的平台。打破了实体博物馆在时间和空间，以及保存环境与保护技术上的局限，针对不同的受众群体，以文物数字知识仓库为底层支撑，通过网络技术和多数据通道方式开发多种展示和知识传播方式，加强博物馆中可移动文物的展示和教育功能的深度与广度。

多源的交互平台可以充分展示可移动文物的魅力，从而使文物脱离地域限制，实现资源共享，真正成为全人类可以"拥有"的文化遗产。

(三)实现"实体可移动文物"、"网络可移动文物"、"移动可移动文物"三者的有机结合

可移动文物数字化展示的构建，创新性地将多媒体技术、互联技术以及移动技术应用于可移动文物网络展示与知识传播，充分挖掘"互联网+"的独特优势，实现实体可移动文物数字化、数字可移动文物网络化、网络可移动文物移动化的有机结合，三者相互发挥各自特色、互补各自不足，全方位提升了可移动文物的服务功能。

(四)提升可移动文物网络科普教育服务功能

可移动文物作为科普教育的重要组成部分，承载着宣传科学文化知识、提升全民文化素养的责任和使命，数字化可移动文物展陈，改变了传统网络平淡、单向的特点，实现了展品与观众之间的零距离交流与互动，增强了在线体验感，让观众足不出户就可以了解可移动文物的详细内容。与此同时，针对快节奏生活环境下人们利用移动终端获取知识的习惯与需求，发挥"移动互联+智能终端"的信息时代优势拓展科普知识传播的广度与效度，体现了以科技助力文化传播，以文化传播惠及百姓的科普教育理念，提升了可移动文物网络展陈的科普教育功能。

第三节　可移动文物数字化处理案例分析

一、华中农业大学博物馆

2014 年武汉天宇图科技有限公司利用全景技术对华中农业大学博物馆建立了数字化博物馆，对馆内 110 件可移动文物进行了高清大图展示，对 35 件珍贵的动物模型标本以及矿石、岩石等进行了 360 度环物展示。

华农数字博物馆整体界面

　　上图是华中农业大学数字化博物馆的整体界面，最上面一行是博物馆的 LOGO，博物馆一共分为序厅、昆虫展厅、动物展厅 1 号厅、动物展厅 2 号厅、土壤与地质展厅以及植物展厅六个展厅。点击相应的图标就可以跳转到相应的展厅，展厅可以自动旋转带给用户身临其境的感受，不同的展厅配置不同的背景音乐，并配有展厅相应的语音文字介绍。导航图是每个展厅的简绘地图，雷达热点是下图中的绿色圆形标注点，这些点位代表场景在导航图中的实际位置。鼠标点击雷达热点时会自动加载该位置的漫游场景，并且对应此场景的雷达点深绿色显示，并且有一个红色的扇形区域，类似于雷达，扇形指向的方位即表示当前视角部分的方向，扇形圆心角大小代表场景的视角的大小，随着场景不同它们会发生相应的变化。另外，用鼠标拖动雷达绿点上的红色扇形区域也能改变该场景的视角，即可以实现场景与雷达点的联动显示。

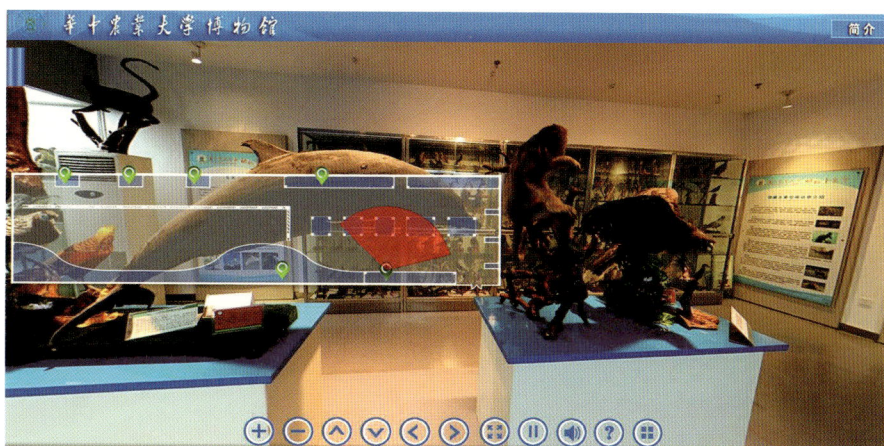

导航图以及雷达导航

华中农业大学博物馆中可移动文物的两种展示形式：

当鼠标放在重要物品上面的时候，重要物品的外部轮廓会出现激发状态的白色框或者蓝色框，此区域即为热区，并且对应物品的名字会显示在物品上方，点击热区就会出现物品的高清大图（热区为白色框或者 360 度的环物展示），如下图所示：

高清图展示

环物展示

以金丝猴为例点击蓝色热区时会出现金丝猴的环物展示，金丝猴自动 360 度旋转，全方位展示每个细节。

下图分别为华中农业大学博物馆内的雕鸮、黄腹角雉、鸳鸯、冕雀的环物展示：

雕鸮

黄腹角雉

鸳鸯

冕雀

　　下面为华中农业大学博物馆土壤与地质展厅的部分可移动文物的环物展示：

冰洲石

方解石

牡丹石

软锰矿

华中农业大学博物馆重要可移动文物的平面展示：

岫玉

沙漠玫瑰

萤石

亚洲黑熊

二尾凤蝶

绿鸟翼凤蝶(雌雄)

相思鸟   变色龙

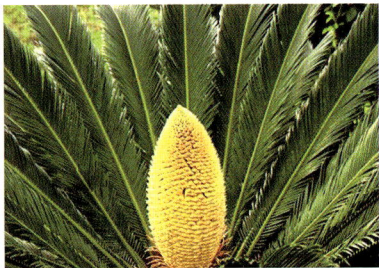

月季   鹤望兰   铁树

　　华中农业大学博物馆并未采用虚拟漫游系统的三维扫描、三维建模等高难虚拟技术，而主要采用 360 度全景技术的主要原因有：

　　1. 制作周期较短

　　利用全景展示技术开发在线漫游虚拟博物馆其核心任务是完成对真实场景的图像采集与后期合成制作，相对于技术高难的计算机三维建模、三维场景扫描等模拟场景的制作与渲染，其开发难度与复杂程度较低，耗费时间较短。

　　2. 系统配置较低

　　全景制作采用的是图形图像处理方式还原真实场景，图像文件较小，对系统环境要求较低。三维虚拟场景是利用计算机构建客观世界的对象模型，实现形态、光照、质感等方面的逼真显示，需要高配置的软件系统作为开发环境。

3. 平台兼容性好

建模渲染的 3D 场景受程序编码限制很难进行功能的再次拓展，且客户端需要下载单独的插件才能进行播放，平台兼容性较差。全景漫游系统以 FLASH 动画技术为外部扩展平台，可根据不同的展示需求定制各种辅助功能(例如添加音频解说、播放界面定制、漫游地图与导航制作，等等)，并依托 html5 技术可为 IPAD 用户提供高清流畅、方便快捷的在线漫游体验，平台兼容性好。

4. 场景真实性较好

360 度全景技术以采集现实场景图像为基础，能够对物体的细节、质感、色泽做到百分之百还原，全景漫游系统合成的独特超清晰动态影像可实现最大 10 倍率以上的超高精度放大，避免了三维建模与贴图渲染过程中产生的数据偏差与损失以及由于程序限制在强行放大时出现图片模糊和马赛克等问题。

5. 经费低、人力投入少

三维扫描是目前全球领先的场景还原高新技术，具有测量速度快、精度高、免接触等优点，但其设备昂贵，经费投入巨大。虚拟建模对场景的逼真程度和精细程度要求都很高，其开发价格比较昂贵。街景漫游设备的购买与人力投入较少，可实现低成本开发虚拟博物馆。

二、北京故宫博物院

成立于 1925 年的北京故宫博物院，是以明清两代皇宫(紫禁城)和宫廷旧藏文物为基础建立起来的，以宫廷建筑群、古代艺术品及宫廷文化史迹为主要展示内容的大型综合性国家级博物馆。其馆藏包括世界上规模最大、保存最完整的木结构宫殿建筑群以及明清时代遗留下来的旧藏珍宝。此后，通过国家调拨、向社会征集和接受私人捐赠等方式，北京故宫博物

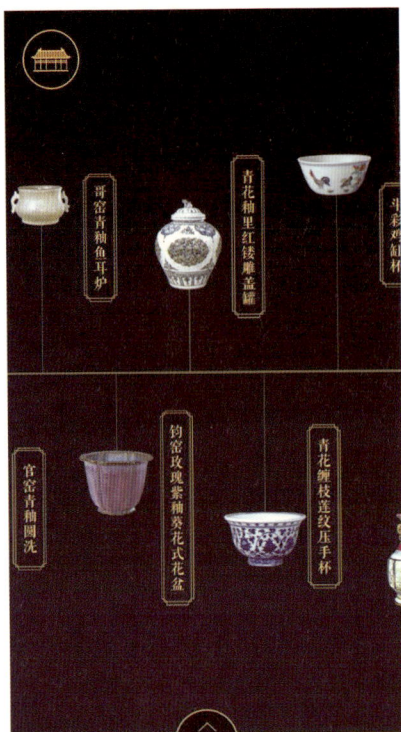

院的馆藏得到极大的丰富，形成古书画、古器物、宫廷文物、书籍档案等领域蔚成系列、总数超过 180 万件的珍贵馆藏。不久前，故宫陶瓷馆的 App 正式上线，在可移动文物数字化的历史上又留下了浓墨重彩的一笔。

北京故宫博物院的故宫陶瓷馆以时间轴为序列，展示了中国古代不同时期的陶瓷珍藏。

点击陶瓷的时候会出现陶瓷的高清图片，并配有简单的文字介绍以及细节介绍，如图：

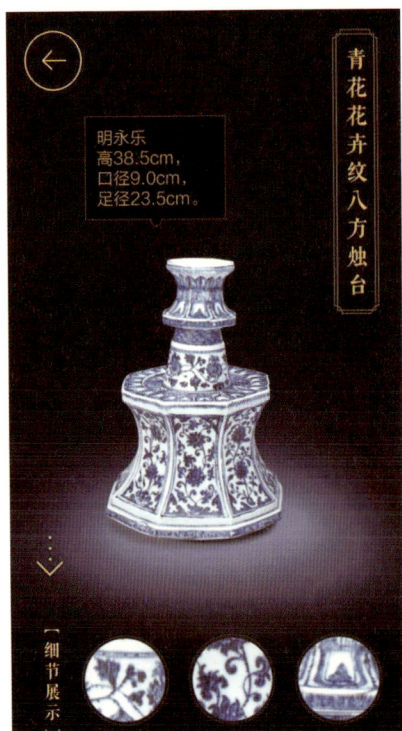

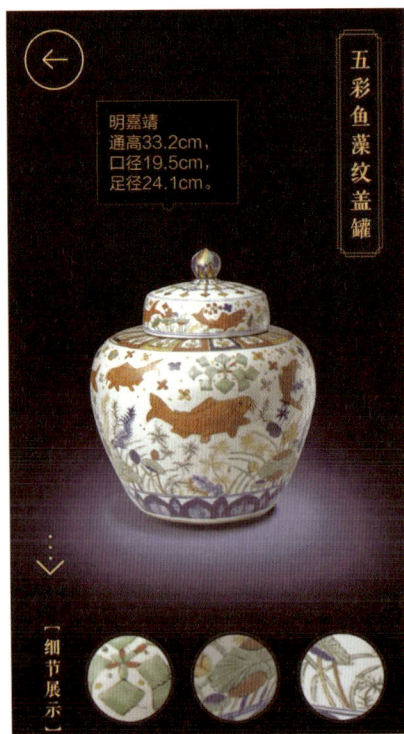

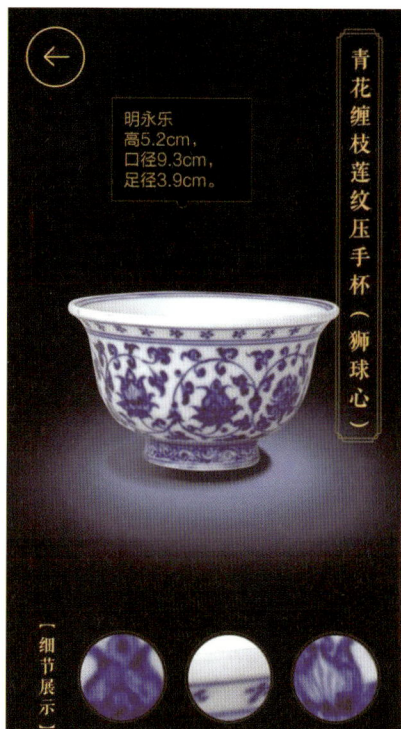

青花缠枝莲纹压手杯（狮球心）

明永乐
高5.2cm，
口径9.3cm，
足径3.9cm。

【细节展示】

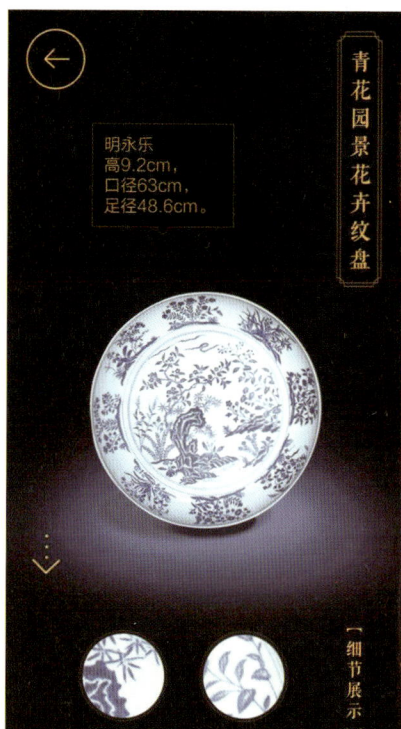

青花园景花卉纹盘

明永乐
高9.2cm，
口径63cm，
足径48.6cm。

【细节展示】

细节展示以及简单的文字介绍

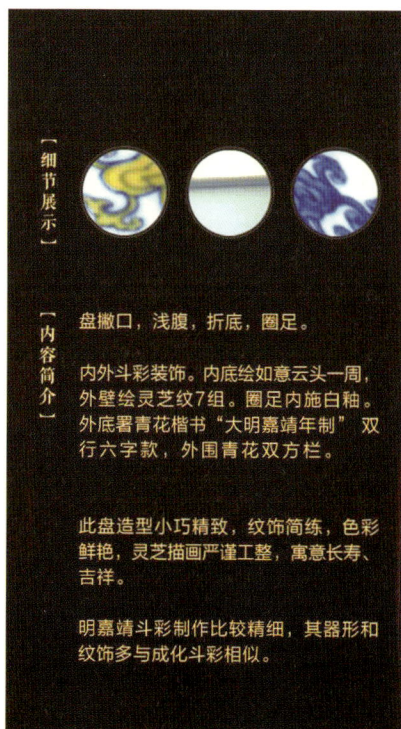

【细节展示】

【内容简介】

盘撇口，浅腹，折底，圈足。

内外斗彩装饰。内底绘如意云头一周，外壁绘灵芝纹7组。圈足内施白釉。外底署青花楷书"大明嘉靖年制"双行六字款，外围青花双方栏。

此盘造型小巧精致，纹饰简练，色彩鲜艳，灵芝描画严谨工整，寓意长寿、吉祥。

明嘉靖斗彩制作比较精细，其器形和纹饰多与成化斗彩相似。

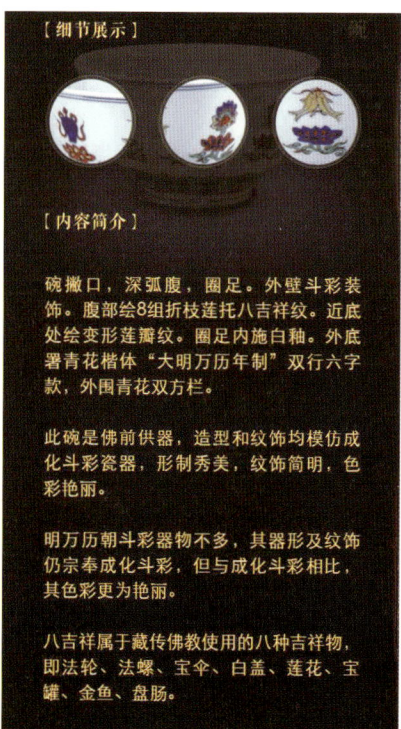

【细节展示】

碗

【内容简介】

碗撇口，深弧腹，圈足。外壁斗彩装饰。腹部绘8组折枝莲托八吉祥纹。近底处绘变形莲瓣纹。圈足内施白釉。外底署青花楷体"大明万历年制"双行六字款，外围青花双方栏。

此碗是佛前供器，造型和纹饰均模仿成化斗彩瓷器，形制秀美，纹饰简明，色彩艳丽。

明万历朝斗彩器物不多，其器形及纹饰仍宗奉成化斗彩，但与成化斗彩相比，其色彩更为艳丽。

八吉祥属于藏传佛教使用的八种吉祥物，即法轮、法螺、宝伞、白盖、莲花、宝罐、金鱼、盘肠。

三、三维数字博物馆

由上海玄科计算机技术有限公司建立的三维数字博物馆(http：//www. bowuguan3d. com/)，成功地以数字化的方式展示了青铜器展厅、木漆器展厅、陶瓷器展厅、玉石器展厅等各种可移动文物，使用鼠标操作可以使得这些器具 360 度旋转，看到高清全方位的展示信息。

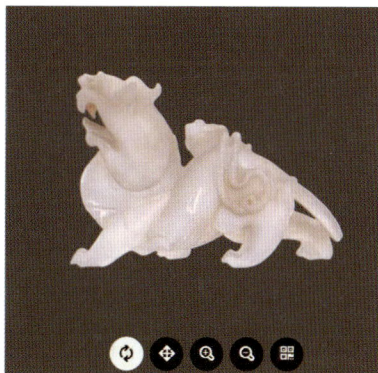

第四节　可移动文物数字化的发展趋势

互联网技术在短短 20 年中，以前所未有的速度谱写着改变世界的产业传奇和创业人生，引发各产业生产方式、生产关系、生产要素的重新组合、建构。随着数字地球理念为基础的数字国家、数字城市、数字医院、数字校园、数字社区等概念开始大量涌现。信息化发展的基本趋势如下：

数字化：将字符、图像、音视频等不同形态的信息，通过计算机中的编码转换器转换成机器能识别与运算的二进制数字方式来进行加工处理。

网络化：利用通信技术和计算机技术，把分布在不同地点的计算机及各类电子终端设备互联起来，按照一定的网络协议相互通信，以达到所有用户都可以共享软件、硬件和数据资源的目的。

智能化：由现代通信与信息技术、计算机网络技术、行业技术、智能控制技术汇集而成的针对某一个方面的应用。

数字地球的概念给可移动文物的数字化的发展和实践带来了重要的启示，结合信息化时代的发展以及目前的可移动文物数字化的发展情况而言，以下几个方面是数字化可移动文物发展的必然趋势。

一、三维建模

采用三维激光扫描对可移动文物进行非接触式精确测量、建立电子档案是现在可移动文物数字化研究的热点之一。华中农业大学博物馆对馆内 200 多件可移动文物以高清图或者 360 度环物展示的形式进行了记录。首都博物馆新馆建设之初，对馆藏 40 余件文物进行三维激光扫描，用于动态虚拟展示。内蒙古博物院在与相关科研单位的合作下，利用不同精度的三维激光扫描仪采集了錾花鎏金龙纹银盒等吐尔基山辽墓出土文物的三维数据，建得的模型利用网络平台进行展示。

可移动文物的三维数据和模型还可作为各类研究工作的基础数据。有学者基于出土陶器碎片的扫描数据和三维模型进行剖面图的绘制、转轮制陶器的对称轴定位等研究，经过与手动绘制陶器碎片轮廓图方式和采用轮廓测定器的半自动方式相比较，证明基于三维激光扫描的全自动轮廓生产方式具有更快的工作效率和更高的精准度。石器三维模型还运用于基于石器表面的科学分析和比较检验其他测量分析方法的精确度。首都博物馆还利用瓷器碎片的三维模型进行虚拟匹配和拼接实验，既能借助于计算机快速找到碎片的正确位置，又可避免错误对接过程中造成的不必要的损害。

二、互联网应用

互联网技术的发展给可移动文物提供了很好的网络展示平台，很多博物馆都建立了自己的官方网站，用以信息发布和馆藏宣传。网站往往集成了文本、图片、音频、Flash 动画、视频等平面多媒体信息，通过浏览网页，公众得以了解博物馆的基本信息。随着技术的发展以及可移动文物三维数字资源的日益丰富，有些网站开始增加三维展示展品或展馆环境的功能，通过虚拟场景结合重点可移动文物的三维数据，尽量使观众有身临其境的现场感受。2015 年 5 月，华中农业大学博物馆（http：// www. bwg. hzau. deu. cn）开始试运行，采用了实体展馆全景呈现的方式，使观众在网络上就能切身感受展馆的现场环境。

三、多媒体互动展示

最早在展厅利用馆藏文物数字资源的是语音导览系统，一般是将重点可移动文物的文字内容转换成音频，观众通过租用语音导览设备，收听其中自己感兴趣的文物语音介绍；后来随着触摸式液晶电脑的出现，很多博物馆将馆藏文物数字资源进行整合，策划跟展览相关的内容，通过短片、游戏、问答等方式，让观众通过展厅内的触摸屏进行互动；幻影成像技术在可移动文物数字化中也得到了广泛的应用，再现各种场景或三维展示文物的局部、细节和结构，是对文物陈列信息的有效补充；很多新建的博物馆展馆会特意考虑多媒体展示技术，制作成三维动画，采用现代化的大型球幕或环幕、多组投影设备、传送带，设计成沉浸式场景，使观众感受展览的主题氛围，进一步了解可移动文物的历史背景和文化元素。

四、智能终端

移动互联网技术的兴起，主要是建立在移动网络与手持终端的基础之上，使博物馆的访问不再受到时间、地域的限制。网络通信技术从有线网络逐渐衍变为无线网络甚至是移动无线网络，而移动无线网络近年来的飞速发展，极大地提升了信息通信能力，不仅为可移动文物的联网提供了网络基础设施，还加快了可移动文物的数字化、智慧化、掌上可移动文物的发展速度。移动网络的发展造就了智能移动终端的广泛应用，而智能移动终端的普及，又为移动网络的发展添加了动力。智能移动终端通常集成GPS、摄像头等各种传感器，使其成为比较常见的信息采集终端，有效提升了移动信息的采集能力，催化了社交网络服务的发展，更新了社会公众、相关机构的信息交互模式，使可移动文物数字化进化得更加完善。移动通讯网、广播电视网以及互联网的有效融合，给数字化可移动文物带来了前所未有的发展契机。

五、大数据管理

大数据指的是数据量巨大、冗余数据多、数据价值密度偏低、要求快速处理的数据。在数字博物馆中，数字化可移动文物资源的建设是其特色所在，这就造成过多的图片、音视频资源的累积。因此，只有有效利用数据仓库，及时储存数字博物馆中可移动文物发展过程中产生的重要数据，并在应用过程中通过数据分析对其进行升级处理，才能达到利于数字可移动文物长期稳定发展的战略目标。博物馆中的可移动文物大数据通常具备数据粒度偏大、访问频次偏低等特点。大数据分析一般会关系到云计算，经过挖掘博物馆用户的行为习惯与兴趣，从繁荣复杂的数据中，找出最符合用户需求的产品与服务，通过对产品与服务的调整与优化，实现数据分析对可移动文物的重要价值。一般情况下，博物馆内可移动文物决定大数据特征的关键，是该数据的丰富程度。大数据分析应用在我国博物馆可移动文物领域中，还处于摸索阶段，不过其商业价值已经初步显示出来了。因为，基于数据交流交易就能产生比较理想的效益，而且基于数据挖掘，会形成许多数字博物馆的运营模式，而这些模式的定位会有所不同，产生的效益自然也会不一样。

◎ 参考文献

[1]王桐，王亮，马楠. 基于全景图的虚拟现实技术在数字博物馆中的研究与应用[J]. 山西电子技术，2011(1).

[2]韩宏斌. 浅析数字化在博物馆建设中的必要性——以太原市晋祠博物馆为例[J]. 文物世界，2012(5).

第七章　可移动文物与文化传播

第一节　可移动文物图录编撰

"图录"作为一种著述体裁，在我国出现得很早。《中国读书大辞典》将它定义为"主要通过图像提供知识或实际资料的工具书"。詹德优先生在《中文工具书导论》中将"图录"分为"地图、历史图谱、文物图录、人物图录、艺术图录、科技图谱等"。

图像，是凝固的历史。以图载史，以图证史，历来为史家所重。作为人类历史记忆中直接和真实的一种信息载体，图像不但与文字一样记录和传达信息，而且扩大了文字在时间与空间的交际功能，具有独特的文献价值。在一定意义上，它比文字更形象、更生动、更直观，表达的内容也更丰富。

一、可移动文物图录编撰史

中国历史悠久，文化繁荣，对可移动文物图录的编撰的历史可追溯到千百年前。两宋时期，出现了许多新的学术门类与著述体裁，它们的出现促成了学术文化的发展。在这样的学术背景下，金石学作为传统史学的分支学科，逐渐兴起并获得了迅速的发展。与此同时，与之密切相关的器物学和器物图录学也取得了相当的成就。

中国自先秦以来，儒家文化就在精神文化领域占据着主导地位，而其中核心的礼乐文化，又是作为中国最为重要的制度规范文化渗透在社会生活的各个角落，发挥着其巨大的影响力。我国早在原始文明当中，就已经出现了礼制的形态，到了西周时期，发展为比较完备的礼法制度，经过千余年的演变，到了唐宋时期，发展成为一套更为完善的礼制体系。唐代对历代的礼制发展进行总结，确定了国家礼典的整体模式。到了北宋时期，社会礼法秩序得到了全面的强化。

宋初，承五代之衰乱，政治上迫切要求清明稳定。宋太祖赵匡胤虽然是武夫出身，但鉴于唐代节度使制度的流弊，以及目睹了五代十国的兵连祸结对社会和人民所造成的深重灾难，所以他在黄袍加身、创立宋帝国后，就处心积虑地解除了许多拥有重兵的将领的兵权，定下偃武修文的政策。为了形成稳定的政治局面，他迫切需要着力修缮和完备礼乐制度，以此来稳定和巩固统治秩序。宋太祖在建国之初就下诏改制礼乐，扫除故弊，先后删定和修撰了《重集三礼图》、《开宝通礼》等文献，国家的政治面貌为之一新，礼制得以重建。为了支持礼制的改定，朝廷十分重视古器的收藏和研究，向民间征集古器，还建造了专门的楼宇存放古器。这一系列政策，使器物图录、叙录自然而然地产生并得到发展。可以说，北宋的重建礼制和疑古思潮极大地促成了器物学的兴起，是器物学和器物著录大量产生的主要文化背景。除此之外，北宋造纸业的发达、印刷技术的诞生，以及传拓技法的进步等，也都从物质方面推动了宋代图录编撰的发展。

欧阳修所著的《集古录》是宋代器物学专书的开端。此后，吕大临、薛尚功、黄伯思、赵明诚、洪适等各有著述。当时学者对于古器研究的内容和方法已经比较详备，而所见古器图录、叙录文献的类型也相当全面丰富。在北宋同时的古器著作之间，也常有互相借鉴学习的情况。欧阳修作为北宋古器物研究起始者之一，他所著录的《集古录》就是这方面的代表。他广泛吸取了其他学者的研究方法和成果，如当时的刘敞、杨南仲、章友直等人的研究，都可以在《集古录》中找到影子。赵明诚所作《金石录》很大程度上是受欧阳修《集古录》的启发和影响。《金石录》重在搜罗，集录跋尾，这些特点都是对欧阳修著作的直接继承。当然，《金石录》在继承中也有发扬。赵明诚对《集古录》也有自己客观的评价："惜其尚有漏落，又无岁月先后之次。"因此，赵明诚在自己的著录中以器物的时代先后为序，目录中将器物逐一编号，编号下面标明器物的名称，后注明年月。如此编排，不但使读者一目了然，便于检索，而且也显示出北宋古器著录发展过程中的一种自觉的提升。

　　仅有目录铭文还远不足以载录古器的全貌。出于重建礼制的目的，宋人在著录中尤为注重对古器形制的描摹记录，于是古器物图录著作大量出现。从刘敞的《先秦古器记》一书开始，就有了器物图形的记载，继而有李公麟的《博古图》和吕大临的《考古图》，不仅发展和完善了器物图录著作的形式，而且也将北宋的古器研究推上了一个新的高峰。据《铁围山丛谈》记

赵明诚画像

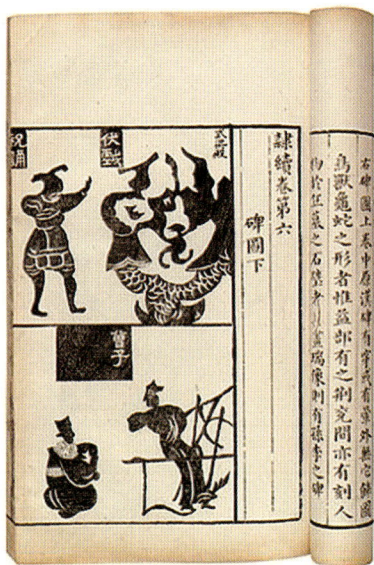

赵明诚所著《金石录》

载，《宣和博古图》是一部官修的古器著录，十分重视器形的记载，除了描摹记录器物形制以外，书中还标明了"依原样制"或"减小样制"等字样。至此，宋人对古器物的著录已臻于完善。

图录虽然能够比较完整地记录古器的面貌，但在当时的科技水平下，准确地绘制器形并非易事。因此，当时的很多研究者将目光转向了器物上的铭文，出现了不少重在铭文摹写和释读的著作。如薛尚功的《历代钟鼎彝器款识》，王球的《啸堂集古录》等书都是这类著录的代表。

19 世纪末，随着照相这一遥感成像技术的发明，印刷技术方面由于创新产生了珂罗印刷术。此后，彩色成像技术的发明和印刷技术的进步使得图录的撰写和收录方式不断翻新，新的图书体裁也不断涌现。从中国古典目录学角度来看，在 19 世纪末，中国版本目录学研究方面就出现了"书影"这一新的古籍整理体式。"书影"一词，最早见于清代著名学者周亮工的一部笔记著作，书名为《因树屋书影》。但他只是取"老人读书只存影子"之意，与文献学无涉。而作为文献学术语的"书影"则具有两方面的含义：一是指选印最能体现古籍特征的样张作为图书的插图或附录的书影；二是指瞿冕良先生认为的"影刻或影印各种善本的样张，每种选印一两页，加以说明，使读者如见原书，如杨守敬的《留真谱》、瞿启甲的《铁琴铜剑楼宋元本书影》、柳诒徵的《盋山书影》、北京图书馆的《中国版刻图录》等。

综观目前已经出版的图录，无论在结构的完备性、分类编排的科学性、学术按语的精详性以及著录项目的细致性等方面均已日臻完善。

二、可移动文物图录的作用

图像是人类历史记忆中直接和真实的信息载体，具有独特的文献价值。文献中的绘录器物多无实物可为互证，我们今天所能见的是保留下来的图像。因此，图录对于研究古代器物以及古代文化都有重要价值，对现代考古学的进一步完善和发展也具有不可忽视的意义。以图载史，以图证史，历来为史家所重。图像不仅与文字一样记录和传达信息，而且扩大了文字在时间与空间的交际功能，具有独特的文献价值。不仅是研究古器、古器图录及金石学的重要历史文献，而且对于研究古代艺术、宗教礼法、社会制度、经济形态等学问，也具有重要的参考价值。

三、可移动文物图录的编撰方式

可移动文物图录的编撰方式主要有按收藏单位的藏品编撰、按藏品的种类、主题编撰和按时代顺序编撰三大类。例如，文物出版社出版的《湖北省博物馆》就是以占地51000多平方米的博物馆中所收藏的二十多万件青铜器、漆器等为编撰内容。也有一些收藏单位联合结集出版图录。例如，由北京图书馆出版社出版的《天津地区馆藏珍贵古籍图录(繁体竖排版)》珍选天津典藏古籍珍品，包括魏晋南北朝隋唐五代时期文献、宋元善本、明清善本、明清稿抄本、佛教典籍、舆图、拓本钤印本以及少数民族文字文献等。从最早的南北朝时期的写经、到清人稿抄本，时间跨度超越千年，从司马光手稿本《资治通鉴》，到《(隆庆)云南通志》，交融空间岂止万里。图录涉及汉文与民族文字的古籍，其中汉文古籍包括敦煌、碑帖和善本古籍等不同形式和内容。

《湖北省博物馆》图录-漆器　　　　　　《湖北省博物馆》图录-青铜器

以藏品类型为主题的图录更能使读者系统地了解藏品的不同类型、特征、发展变化等。杨伯达主编，河北美术出版社出版的《中国玉器全集》便是这类图录的代表作。中国玉器历史悠久，质地温润，色泽晶莹，功能广泛。先人赋予玉器特殊的文化内涵，留下了"君子比德于玉"、"君子无故，玉不去身"的千年古训，将玉道德化、人格化，给玉披上了一层神秘的面纱。所谓"黄金有价玉无价"，这是中国玉文化的特有现象。《中国玉器全集》(全 6 卷) 不仅把这些古老的中国玉器艺术有机地融合在一起，更把玉器专家、鉴赏家、多媒体技术专家、艺术家及出版工作者的思想、观念及专长汇集在一起。《中国玉器全集》全书分为六卷，第一卷，史前。搜集了马家浜文化、红山文化、大汶口文化、良渚文化、卑南文化等数十处史前文明遗址的古玉精品，计图版 301 帧，从中可以看出史前古玉的真实面貌。第二卷，商、西周。商代初期和中期文化遗址，分别以二里头和二里岗遗址为代表，晚期的玉器以殷墟出土者为代表。西周玉器文饰趋于抽象化、几何化，和田玉极为少见。第三卷，春秋、战国。春秋早期玉器和西周玉器很难区分，到中、晚期才有明显变化。战国时期和田玉大量进入中原，且儒家倡导"君子比德于玉"，士大夫佩玉成为习尚。这时玉器制作较为精致，在艺术表现上也有崭新的面貌。第四卷，秦、汉、南北朝。西汉玉器在构图上，打破对称格局，富于变化，并大胆运用 S 形结构，予人以动态美感。东汉时期，玉器的雕琢更为精细，阴线刻的精细尤其引人注目。到了南北朝，玉器的数量和品质急转直下，论者认为可能和佛教美术的冲击有关。第五卷，隋、唐至明。隋、唐至五代时期的玉器，大多以夸张手法突出关键部位，深厚自然，气韵生动。宋代玉器不重创新，而重拟古，但作品较为工巧。明代玉器初期趋于精致严谨，晚期趋于纤丽繁华，这和晚期商业发展有关。第六卷，清代。清代玉器大概分为三期：顺治至康熙为初期，雍正至嘉庆为中期，道光至宣统为后期。初期阶段的琢玉工艺，停留在继承和恢复时期，遗存的玉器较少。中期主要是乾隆时期，此时琢玉

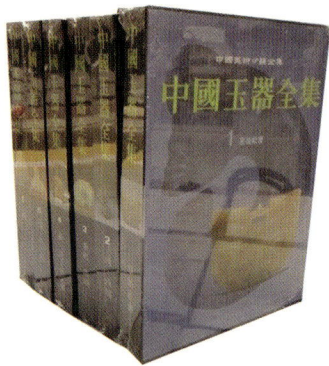

《中国玉器全集》

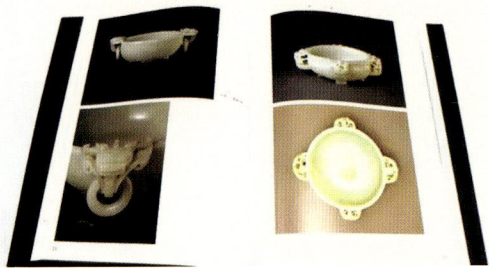

《中国玉器全集》内页

工艺达到鼎盛，规矩方圆，一丝不苟，即使内膛、底部等不为人注意之处，也都一一讲求。

《中国玉器全集》是中国内地在新中国成立后出版的第一部卷帙浩大、收罗全面的大型玉器图录，共收录从原始社会至明清时期具有代表性的玉器精品近 2000 件，所选录的玉器均为各时代精品。本书介绍的远不止玉器本身，而是多角度、深层次地介绍了与玉器相关的知识及其在社会历史发展中的重要作用。《中国玉器全集》每册分为三个部分：一为专论，二为彩色图版，三为图版说明。全彩版大 16 开本，荣获第二届国家图书奖、第八届中国图书奖。

以时代为背景的图录往往集结了该时代政治、经济、历史、文化等多元图片信息，为读者提供了该时代的全貌。然而，这类型的图录对著者提出了更高的要求，它需要编著者深入了解与图录相关的各种信息，并能将这些信息融会贯通。《广东百年图录》的时间跨度长达一个世纪，所收图片近 4000 幅。如何从浩瀚的文献资料中浓缩这段历史，用什么样的线索贯穿这一世纪画卷，对编著者提出了考验。《广东百年图录》的编撰者基于对中国近现代历史分期的清醒认识和对百年广东百年历史发展线索的宏观把握，紧扣两条鲜明的历史发展脉络，即(1)积极投身反抗西方列强侵略、

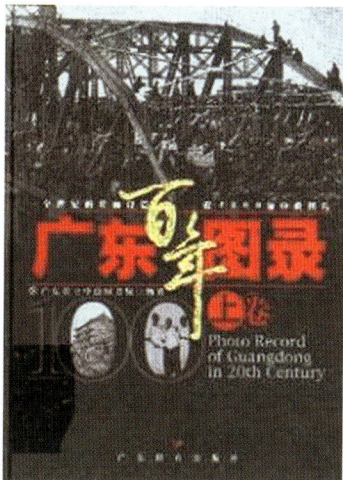

《广东百年图录》封面

推翻封建专制王朝统治以及中国共产党领导的新民主主义和社会主义革命运动；（2）积极向先进的工业文明学习，推动中国现代化进程的行动，凸显广东作为近代西方文明最早传入地，民主革命的策源地和改革开放的前沿阵地的特殊地位，进行编排和撰写，全方位地展示了百年广东兴衰更替的历史轨迹。

第二节　可移动文物与影视传媒

中华民族在长达五千年的发展历程中，形成了光辉璀璨的文明。不同时期的艺术形态融合造就了丰富多彩的艺术门类，譬如玉器雕琢、铜器、陶器、字画等，都成为了让世界惊叹和瞩目的珍贵文化遗产。正是因为如此，艺术品收藏这一传统文化在我国有着深厚的文化根基和社会基础。也是因为这份根基和基础加上大家物质生活日渐富裕，人们渴望更高精神层面的享受和洗礼，鉴宝类节目的出现很好地弥补了这一空缺。因为艺术品本身就具有文化性和不可复制的特点。

一、鉴宝类电视节目

(一) 我国鉴宝类电视节目现状

近几年不少电视台推出了鉴宝类节目，以其丰富的知识性、趣味性吸引了大批观众。但是这些节目内容也暴露出不少问题，造假和仿制文物被当作真迹估价几十万甚至几百万；一些鉴宝专家会在节目中把自己收藏的文物古玩拿出来估出令人瞠目结舌的高价，不明所以的观众会信以为真；同时他们也会在此时大肆宣扬藏品能够带来怎么样的升值空间，可是他们从不跟喜好节目的观众说明收藏市场交易出现的风险，等等。

国内的鉴宝节目有很多，其中最有名和最受关注的节目有《华豫之门》、《寻宝》、《天下收藏》这几个鉴宝类节目。《寻宝》是中央电视台一档艺术品收藏领域的大型活动节目，节目时长为每期五十分钟；《寻宝》节目具有权威的专家资源，涵盖陶瓷、书画、玉器、青铜、杂项等文化收藏领域。节目的海选活动为广大收藏爱好者现场免费鉴定，提高公众对艺术品的鉴赏品味。《寻宝》节目从开播以来深受群众的热烈欢迎。《寻宝》走过中国大江南北大大小小几十座城市，让收藏者可以跟专家有一个面对面的交流机会，提供了一个很好的文化平台。

然而《天下收藏》跟其他这些鉴宝类节目不一样之处在于节目的噱头是"砸宝"，这里说的"砸宝"其实是节目的一个环节，每一位收藏人带着自己的藏品来到舞台，紧接着会让收藏人叙述藏品，然后让请来的嘉宾猜真伪，最后再让三位专家鉴定，如果收藏人带来的藏品是赝品，主持人会手持"护宝锤"将其摧毁。这个节目确实看得扣人心弦，尤其是最后"砸宝"的那一刻，观众紧张的心情会提升；收藏人五味杂陈的面部表情都是节目的看点。如果节目里砸掉的藏品都是赝品，那么节目内容无可厚非，而且会有人拍手叫好。但是如果其中有一件真品怎么办？当着全国观众的面前理直气壮地摧毁收藏人的藏品，那么这个节目想要弘扬的是什么呢？再者如果被砸掉的藏品被国家鉴定部门鉴定为"国宝"又该怎么办呢？其实这些不仅仅是想象而是已经发生的事实。2012 年 10 月 28 日的《天下收藏》节目中，来自河北的持宝人付常勇展示了一对"甜白釉压手杯"，被当期三位鉴定家鉴定为现代仿品，主持人挥动瓜棱大锤将其中一只砸毁。付常勇对该结果不服，认为自己的藏品在节目录制前后经过专业鉴定机构仔细鉴定，结论均为价值不菲的真品，而《天下收藏》节目不负责任，仅凭三位所谓的鉴定专家节目现场短时间的鉴定就把藏品误认为是赝品进行销毁。此事并没有因为藏品被砸而结束，持宝人付常勇之后把《天下收藏》栏目组和主持人告上了法院。2013 年 10 月 14 日下午"京城砸宝"案在北京朝阳法院开庭审理。14 日的庭审是本案首次正式开庭。经原告申请，两位专家作为具有专门知识的人员出庭，就原告的瓷杯整器及两片瓷片的年代判断等问题提出了专业意见，认为原告的整器及瓷片并非现代仿品，而是明朝之前的古代仿品，而古代仿品同样具有文物价值。这个"砸宝案"现在尚未了结，这个案件也是国内难得一见的电视鉴宝节目因为藏品被砸而引发的民事纠纷。"砸宝案"被报道后引起社会一片激烈的讨论，大众评判褒贬不一，但是媒体舆论一致认为，鉴宝节目已经演变成为了一类娱乐节目。鉴宝类节目本应该是一项欣赏和弘扬中华文化的节目，可是节目组为了收视率和眼球，不顾事实的做法确实不可取。此外，网友和参与节目的专家曝光《天下收藏》中被砸的藏品多数是在古玩市场淘来的"赝品"，所以可以放心地砸，这些都是节目组安排的环节；但是《天下收藏》制片人予以否认，并表示藏品都是经过专业鉴定，如果鉴定结果有任何问题，节目组可以完全负责。在外界的一片质疑声中，节目组给出这样的回答确实有力地回击了外界的说法。正是因为有多方的专家和媒体出来曝光，节目组的说法给予了大家更多的猜想，不过，经过"砸宝案"的开庭，《天下收藏》被推到了风口浪尖。不管这件事情是不是《天下收藏》借题发挥以达到做秀吸引观众目光的目的，《天下收藏》已经有点与鉴宝类节目为欣赏和弘扬中国文化的目的背道而驰了。

(二)英美的鉴宝类电视节目

在国内鉴宝节目娱乐化倾向不断引发争议，并且失去公信力的时候，来看看外国鉴宝类节目是如何做的。与中国相比，起源于西方的鉴宝节目历史更久，可看性也更强。国外的鉴宝类节目起源于 1979 年英国的《古董巡回秀》实景节目。节目版权卖到世界各地，不同国家的电视节目纷纷效仿，光是美国的电视荧屏上就有数十档"鉴宝"节目。鉴宝节目逐渐衍生出五花八门的节目形式，不过估价环节从未被取消。在争议性话题的处理上，各国鉴宝节目都使出自己的"招数"。相比国内的电视鉴宝节目，英美等国的类似节目就很少惹上麻烦，其中的关键因素就是靠规范。

《古董巡回秀》这档节目已经播出 30 年，至今收视依然很火。每期节目都有一个特定专题，节目组每期节目都会前往一座英国城市，偶尔也会选择海外，当地居民可以拿出自己认为的宝物请专家鉴定。鉴定对象不仅限于"古董"，老唱片、名人遗物等现代藏品也会成为主角。其中包括 2008 年发现的英国成就最高的当代雕刻家安东尼·葛姆雷在创作北英格兰地标"北方天使"时留下的设计小模型，当时价值 700 万英镑。历年来，该节目的确发现了相当多散藏在民间的有极高价值的藏品，其中有在奥克兰荷马州发现的中国 17 世纪末或 18 世纪初的犀牛角雕塑套杯，价值 100 万到 150 万美元。值得一提的是，《古董巡回秀》一直采取录播，此举是为确保播出的节目一旦出现乌龙事件有回旋余地。除非赝品有值得一提的背景故事，否则几乎不可能在节目中播出。严谨的英国人也从没有在节目中上演砸赝品的桥段，这样做自然是为确保节目"不降档次"，同时也避免伤害误买赝品者的自尊。并且专家们最关心的还不是某一物件的价格，而是告诉人们与它相关的有趣故事，指出这一古物在原产地的特点，它与赝品或复制品之间的差异，等等。这是该节目多年不变的主题核心。不过，这个节目也有失手的时候。这档节目在 2000 年美国录制时，有一段录像里说，鉴定专家曾在 1997 年的波士顿市郊区遇到一位男子，当时他拿出一支剑要求鉴定。这个男子说，这把剑是他在家里的房顶和天花板之间找到的，相信应该是美国内战时候的军用品。不过他并不知道该剑价值，从找到之后，他用这把剑当刀切西瓜。这时，参加鉴定的专家乔治·朱诺很仔细地对该剑做了评估，认为此剑是货真价实的内战武器实物，当时价值至少 35000 美元。但是，经过《古董巡展秀》制作电台的后续调查发现，这把剑是真的，可是持剑的男子却是假的，他实际上是乔治·朱诺在生意上的合伙人，他们的见面和鉴定过程是两人商量好的，切西瓜的说辞也是子虚乌有。该节目的制作人立即决定，撤掉这份录像，永不再重播，并且将朱诺免职，不再录用。他在声明中表示："我们的节目应该是普通人把他们拥有的真实物品带来，由专家作鉴定，无论是垃圾还是财宝都可以拿来展示，但是不能编造和欺骗观众。我们有十数位诚实和高水平的鉴宝人，但是我们不需要朱诺这样的从业人。"这件事刚好可以说明国外的鉴宝类节目并不是为了吸引眼球而用一些非正规手段，行业规范和真实才是他们做节目的宗旨和目的。这确实值得国内的节目制作人和团队学习；盲目地为了收视率丢掉了节目的灵魂，这才是最可怕的。

（三）借鉴外国的经验，不断创新鉴宝类节目

目前国内的鉴宝类节目跟国外的鉴宝类节目比起来只能算是起步阶段，即便如此依然火爆，大众关注度相当高，但是国内的鉴宝类节目在信息传播过程中缺乏对大众群体需求的了解。因为鉴宝类节目传递的信息相对专业性较强，遇到有些生涩难懂的专业词汇时，对这些信息的解释往往不够透彻、专业和通俗，会让观众有味同嚼蜡的感觉。另外，各种鉴宝节目的内容大同小异，容易让观众产生视觉疲劳，所以电视鉴宝类节目还是应该注意节目的思想性，制作出水准高、信息含金量高、深入大众的节目，避免内容庸俗化、形式单一化现象。

国内的鉴宝类节目应该在专业性方面进行发掘；首先节目定位要明

确，一档优秀的电视节目要明白节目自身的传播目的是什么，要达到什么样的传播效果。这个定位可以用两个方面诠释：一方面是关注藏品本身，鉴宝节目应该围绕参与的展品进行展开，例如藏品的来历、价值、相关背景和文化等。另一方面是以藏品为基础，寻找人文支持。一档没有文化内涵支撑的节目是难以长久的。专业的鉴宝类节目在注重娱乐性的同时还应该注重人文精神性的追求。在这一点上我们完全可以借鉴国外同类节目的运作，用文化的方式来传播文化，更关键的是做好娱乐和专业的结合。制作精品节目指的是要加强节目的形式创新，创造出符合中国观众审美习惯和观赏兴趣的电视节目。要想使一档节目延长生命就必须不断创新，不断增加新鲜的节目元素，使节目不断变化，新鲜感常在。但不变的是做鉴宝类节目的原则和规范，做出真实的节目给观众欣赏。制作精品化的节目就是要注意节目的每一个细小的环节。在原有的精品节目上不断注入新鲜元素，让整个节目一直有新鲜血液，继而打造出节目本身的品牌效应，进入良性循环。鉴宝类节目是一档专业性较强的电视节目，其对主持人的要求不仅是掌握基本的主持功底，还要了解藏品鉴赏的相关知识和收藏市场动态，这也是观众认可专业节目主持人的先决条件，优秀的主持人在鉴宝类节目中起到重大作用。所以一名优秀的主持人是节目的品牌象征，是节目风格的代表，也是吸引观众的重要原因之一。当然，要做到这些绝非一朝一夕，主持人必须拥有广博的知识和丰富的生活阅历；主持人要有灵活度，能够迅速地适应新的变化；要有对节目的热情，愿意不停地去学习新的知识。

进入 20 世纪 90 年代，中国社会的经济形态已经发生了巨大的变化，鉴宝类节目逐渐走进了大众的视野。它以传播艺术收藏品的文化性和提高民众文物保护意识为己任，带着强烈的教育色彩出现。短短十几年的发展时间，鉴宝类节目从首次出现再到稳定发展，一定程度上在中国电视屏幕上掀起了一股"鉴宝风暴"。虽然现在的一些国内鉴宝类节目水平参差不齐，但是它们还是为中国电视鉴宝类节目做出了一份贡献。国内的电视鉴宝类节目经过了一些年头了，但是节目成熟性还不够，也希望国内的电视鉴宝类节目早日做出自己的风格，受到全世界的瞩目和欢迎。

二、文物题材的影视剧制作

影视剧作为一种特殊的媒介，对于文物文化的传播有极大的影响，也比较受到观众的喜爱，尤其是文物收藏爱好者，但近几年活跃在屏幕上的文物题材影视剧作品较为稀少。可移动文物的发展离不开文物文化的传播，只有文化传播才会让可移动文物更加大放异彩，才能让可移动文物变成真正的精髓留在人的精神中、留在社会里。

在世界各国，影视剧的题材从神话传说到家庭伦理，从历史大事件到儿女情长，从军旅题材到婚姻生活，从繁华大都市到农村百态，可谓是多种多样，各放异彩。然而作为一个拥有五千年不间断文明史的古国，我国拥有十分丰富的可移动文物，因此在影视剧制作中，具有中国特色的文物题材也是另辟蹊径，与众不同，别具风格。这是一种珍贵但相比于其他常见的比如抗日、都市等题材算是较为罕见的题材之一。这种特殊的题材，对于传播、培养爱国情怀和正义品质具有不可替代的作用。

(一) 文物题材的影视剧制作让文物更加鲜活

此处谈及文物题材的影视剧制作，不外乎涉及两种主体：文物和文化，这二者相互联系又相互区别，是既独立存在又互相交融的两大概念。文物从属于文化，是文化的组成部分，饱受文化的影响和制约，但反转过来又反映文化的面貌和特点，所以从文物角度也反映出中国文明，而这样的反映恰恰是影视剧的制作想要拥有和表达的功能。那么文物题材的影视剧制作与文物又有何直接关系呢？

首先在影视剧本身来看，"影"代表电影，以胶片和银幕为载体。"视"指电视，以磁带和荧屏为载体。"剧"就是戏剧，通过舞台表现的艺术。他们都是一种以现代科技成果为工具与材料，运用创造视觉形象和镜头组接的表现手段，在银幕或荧幕的空间和时间里，塑造运动的、音画结合的、逼真的具体形象的现代艺术。其中电视剧作为一种大众传播媒介，它的画面和声音传播形态使它比其他艺术更容易被社会群体接受。它自身的特征是它兼有娱乐和审美的多种功能，体现出了广泛意义的文化形态，其中包括大量的商业文化，但并不是说电视剧就是一种泛娱乐化的文化，相反这正解释了电视剧能够被广泛认同的奥妙，它既体现了各种文化的美丽，也体现了它所承担的社会功能。

其次影视剧在当代中国的文化格局中所处的地位和社会上所产生的影响，使这一文艺门类，已成为当代中国最活跃的文字样式、最兴旺的文化产业、最大众的文艺观赏、最主流的文艺创作和最热门的社会话题之一。它的繁荣是文化繁荣发展最重要的标志性成果，也是中国特色社会文化的重要构成。品质高的电视剧所传播的思想价值可以凝聚人心，它的艺术价值可以提升审美、净化心灵。

最后，从文物角度来看，可移动文物包括历史上各时代重要的实物、艺术品、文献、手稿、图书资料、代表性实物等，其中的中国特色的文物有陶器、玉器、古货币、丝绸、特色宫廷御品，等等。它们作为历史的见证，它们以物质的形式展示在观众面前，教育收益更大，文化传播效果更好；作为直观的、形象的物质遗产，具有强大的感染力和说服力，潜移默化地、深刻地影响和培养了人民的品质。所以，这些文物在影视剧中是观众喜爱并且也较好表现的素材，文物在影视剧中更加便于丰满人物形象、丰富故事情节，有利于打造一部观众接受度、认可度、满意度、喜爱度较高的作品。

因此影视剧本身作为宣传力度极大、宣传范围极广的渠道和桥梁，在可移动文物的文化传播中有着极其重要的地位，能在短时间内相当高效地对于相关的文物进行大强度的宣传，让观众学习各种知识，欣赏不同时期不同形式的艺术，接受这样或那样的陶冶、教育，进一步加速可移动文物在当代活起来的进程。

（二）当代的文物题材影视剧作品

近年来，影视剧中出现许多近代买卖古玩或者盗墓题材的中国影视剧，由一件古玩引起的一系列故事，借助这个影视平台向观众展示文物本身形态、文物背景、文物的价值及文物升华后的艺术价值。下面我们重点介绍在观众中反响较大的四部，通过分析这四部影视剧得到当代文物题材影视剧作品的现状。

《东陵大盗》是在 2008 年 10 月 11 日出品的连续剧。东陵大盗事件发生在民国初期，军阀混战的年代，堪称中国文物史上继八国联军进北京、火烧圆明园之后第三大文物浩劫。本片就描写了一群在东陵大盗事件这一风卷云涌的沧桑变幻中，一群为保卫国家珍宝而不懈努力的英雄人物。

《雾里看花》是一部由北京东王文化发展有限公司制作的当代都市剧，于 2009 年 10 月 9 日在中央电视台电视剧频道首播，由李幼斌，宋佳，邢佳栋，张博等主演。该剧是根据小说《大玩家》改编的。该剧讲述了古玩收藏家黄立德为了拍假、卖假，图谋掌控一家拍卖公司，欲将正直的公司总经理唐景明拉下马，从而引起古玩行业"正邪"两派出手大战的故事。在拍戏时，导演为了打造逼真的场景，投资方几经周折请来制作高仿的专家，并特意前往景德镇制作了一系列古董道具，再专程运抵北京。此外，为了真实表现古董拍卖场景，编剧还亲身参与到拍品收集和预展、拍卖成交等过程中，从而揭示了一个不为寻常百姓熟知的行业。作为国内少见的古董题材电视剧，《雾里看花》聚焦古玩行业这一艺术投资热点，将古玩的古典与现代都市的时尚融合起来。

《锣鼓巷》是由海润影视出品的年代夺宝题材电视剧，该剧以一件国宝"金镶玉"引发的两代人、三个家族的恩怨斗争为中心，讲述了一段长达 50 年的国宝历险记，在外敌入侵下，国宝危机之时，两人能抛开个人恩仇，从敌人变成共同的"护宝者"的光辉品质也更加光亮夺目，才使得《锣鼓巷》的每一个人物身上都有异样的光彩。该剧以藏宝、护宝、夺宝引发的宅门恩怨为叙事主线，将民族大义与人性气节表现得淋漓尽致，浓郁的中华文化气息、愁肠百转的爱情纠葛、精彩传奇的夺宝传奇，成就了《锣鼓巷》的"大剧"范儿。在 50 年的夺宝故事里，每个人的价值观、道德观，以及做出的各种选择、手段、心计，都能引人深思，发人深省，在国仇、家恨、民族利益与儿女情长、家族恩怨的纠葛中则展现了浓厚的中国历史文化底蕴。

《翡翠凤凰》一剧讲述了二十世纪二三十年代云南腾冲这个翡翠古城的一段传奇故事。一块玉石界天下无双的皇帝玉，一批为它献出生命的玉雕大师，造就了让人垂涎的绝世珍宝、玉中之王——翡翠凤凰。一代玉雕大师文之光因为收藏了"翡翠凤凰"，招来杀身之祸，各方势力争夺不休，最终导致文之光家破人亡。剧情围绕翡翠凤凰这枚奇珍展开，其实是借玉文化的人文内涵，来映射那种为了追求真善美，无畏无惧，善良坚强的质朴精神。从这纯真善良的普通英雄身上，反衬出日本侵略者以及各种反面人物的丑陋嘴脸，让人更加珍惜善良纯真的可贵。

除了这四部有代表性的文物题材影视剧外，还有许多，包括喜剧《大众古玩店》、《五月槐花香》、电影《古玩》、《疯狂的石头》、电视剧《疯狂的古董》、《紫玉金砂》、《青瓷》、《盗墓之王》、《盗》、《长缨在手》、《古玩迷局》、《沉浮古玩虫儿》，等等。这些作品风格各异，但综观这些影视剧的内容，发现其大多讲述在风云起伏的命运遭遇之际，寻找文物、保护文物并与对文物有着邪恶觊觎的恶势力作斗争的正义爱国的英雄人物事迹。中国的影视作品大多是起承转合，这与中国的特有文化有关，倾向于一种大团圆的结局，这种积极向上的文化倾向是中国人较为青睐的。这样的作品在普及和宣传了基本的文物知识的同时，也通过影视剧独有的手段呼吁观众热爱文物、保护文物，向观众弘扬一种正义爱国的品质，具有积极向上的正确导向，传递出一种高尚的情操和积极向上的价值取向。

（三）突破影视剧重围，激发文物剧活力

如今真人秀电视节目泛滥，青春、穿越、后宫等题材电视剧也纷纷登上银屏，我们期待着中国的文物题材的影视剧制作能够突破重围，进一步走向繁荣，进一步提升影响力和传播力。为了实践影视剧本身具有的多功能、价值和使命，绝不能在创作时，仅为利益驱动或者主动迎合商品化消费趣味，暴露一些问题，宣扬欲望张扬或者消极价值等负能量。那么我们该如何进一步在影视剧制作方面推进文化传播的力度，让影视剧提升整体质量，让可移动文物在未来得以永垂不朽，更加鲜活呢？

1. 鼓励有关文物题材的剧本创作

相关单位可以组织文物题材剧本的征集活动，诚邀专业和业余作家投稿，并且邀请专家作为评审小组，对所有应征剧本进行评审，选出注重思想性、艺术性和观赏性的优秀剧本，最终评出一、二、三等奖，对获奖剧本给予重奖。在比赛的过程中，激起作家们对文物题材剧本创作的兴趣和积极性，营造浓郁的文物题材创作之风，创作出更多具有高品质艺术价值的剧本作品，保证作品的底蕴。

2. 确保足够资金进行拍摄和发行

在选择出好剧本以后，鼓励投资者们投资文物题材的影视剧，使剧组拥有足够的注册资金，也便于邀请优秀的导演、演员及其他工作人员对剧本进行精彩的阐释，确保创作的资金充足。同时选择实力雄厚、观众较多的电视台和影院进行发行，播映的时间也要选择相对较好的时间段，传播效果会较好。

3. 注重拍摄内容的高质量

由于与文物题材有关的影视剧大多是以弘扬中国传统文化、表达爱国主义精神为基本目的，以提升人的精神素养和精神境界、促进人的理想完善和道德完善为最终目的。所以在拍摄中，无论是导演、演员、工作人员还是工作设备和道具，都必须具备行业内的标准水平，避免出现"五毛特效"、不走心的表演和不符合历史的道具。必须有严谨的逻辑和尊重历史事实的态度，做到实事求是，不过分夸大，不虚假招摇，认真用心地完成高质量影视剧作品，对文物负责，对观众负责。尤其对于文物和历史，不能缺乏准确性，需要有一个辩证与理性的历史观，进行辩证的思考和分析。

4. 在影视剧中加大文物文化传播力度的利与弊

其好处是，文物是具有历史、艺术和科学价值的历史遗存，三者作为一个不可分割的整体存在于物质文化遗产中，相互渗透、相互制约。显而易见，若加大对文物题材影视剧的创作，影视剧便是开展另一种方式的教育课堂的重要场所，让观众领略历史文化底蕴、欣赏精致文物的同时也能在浮躁的社会之风下，培养我国人民热爱国家、正义热情、积极向上的传统中国美德，利于国人在历史的基础上去创新和发展。

然而其弊端是，近年来，文物收藏热在中国持续高温，无形中增添了文物保护的难度。这无疑都会给文物，特别是古墓遗址等野外文物的保护带来威胁。一些不法分子偷盗、倒卖文物获取巨额利润。古墓葬频繁被盗窃的现象见诸报端，引发了公众的关注。这是因为有关寻宝和盗墓的小说和影视作品受到人们的欢迎，再加之文物古玩拍卖的价格一再创出新高，地下文物交易更是十分活跃。于是出现了古墓门被盗，陵园石雕不翼而飞，武士石像被"斩首"等事件。对于这些问题，有关专家认为，政府应提高文物保护意识，在展开文物普查的基础上设立专项保护资金，在保护研究人员和技术设备方面加大投入，加强保护力度。执法部门应加强对文物交易的监管，不能让地下文物交易泛滥。

第三节　可移动文物合法交易与拍卖

文物在中国是一种政策性很强的特殊商品，不同于一般商品，根据我国现行政策、法规规定，一切国有文物(包括出土文物)、珍贵文物和不可移动文物属于禁止买卖之列，在有限的可经营文物之中，基本上根据文物年代与价值来控制行政许可经营的范围。

与文物对应的文物取得方式也十分复杂，《中华人民共和国文物保护法》(2013年修正版)规定，文物收藏单位可以通过购买、接受捐赠、依法交换以及法律及行政法规定的其他方式取得文物；而我国公民、法人与其他组织想合法取得文物，则可通过依法继承或者接受捐赠、从文物商店购买、从经营文物拍卖企业购买、公民个人合法所有的文物相互交换或者依法转让以及国家规定的其他合法方式。

依照国家政策、法规，我国的文物交易分为合法交易和非法交易，其中合法交易渠道又分为特许专营市场和监管市场。文物商店和经营文物拍卖的拍卖企业构成文物特许专营市场两大主体。而遍布全国各地的民间文物市场，被称为文物监管物品市场，只能出售1911年至1949年的旧货和文物。

我国现行文物政策和相关法律法规规定，一切国有文物(包括出土文物)、珍贵文物、不可移动文物都被禁止进行买卖，允许参与合法交易的只是可移动文物中很少的一部分，我们需要研究的就是这一少部分文物的市场交易情况。

一、国有文物交流中心

我国国有文物交流中心主要是指由国务院文物行政部门，或省、自治区、直辖市人民政府文物行政部门批准设立并依法进行管理的文物商店，有的已经由原来的文物商店更名为文物交流中心。文物商店销售的文物，在销售前应当经省、自治区、直辖市人民政府文物行政部门审核，并报国务院文物行政部门备案。文物商店购买、销售文物，应当按照国家有关规定作出记录，并报原审核的文物行政部门备案。

(一) 文物商店的历史

文物商店是中国社会主义计划经济体制下特定历史阶段的产物。1960年，经公私合营改造后的文物商店由纯商业性质改变成为实行企业管理的文化事业单位，其内部实行企业管理。文物商店的主要任务是：通过商业手段征集社会流散文物并加以保护，为国有博物馆和大专院校、科研机构提供藏品和资料。同时，还将一般不需要由国家收藏的文物投放市场，满足国内文物爱好者日益增长的文物艺术品爱好和收藏需要，或为国家创造较高的外汇收入。

国有文物商店以"归口经营，统一收购，统一价格"为方针，允许合理积压和亏损，在价格上采取"明码标价，不准折扣"，而且其经营方式是封闭的，不能跨地区收购和经营。国家文物政策还规定，私人不能经营文物，私人文物只能卖不能买，且只能卖给文物部门，从而使得我国在文物买卖方面形成了文物商店独家经营的局面。

文物商店成立几十年来，发挥了十分积极和重要的作用，主要体现在：

(1) 为国家征集和保护了大量的民间传世文物；

(2) 为各级博物馆和科研单位提供了相当数量的藏品；

(3) 发挥了文物市场主渠道作用；

(4) 为国家换取了可观的外汇收入；

(5) 培养了大批优秀文物鉴定专业人员。

(二) 文物商店的困境

改革开放以来，随着我国经济蓬勃发展，对外经济文化交流增多，国内市场与国际市场日益接轨，文物市场也随之放开，流散文物的经营权由过去规定的国有文物商店独家经营，转向文物艺术品拍卖市场、民间文物市场等多元经营格局。在新的政策环境与市场环境冲击下，全国大多数文物商店经营萎缩，在文物流通领域的主体地位逐渐削弱，发展面临很大困难，主要体现在以下五个方面：

1. 国有文物商店的性质和其自身发展的内在要求与社会主义市场经济不相适应。

国有文物商店自成立之日起就是自收自支、自负盈亏的企业化管理事业单位，这一属性决定了其体制和机制的构架是以文化事业单位为根本，所谓的企业化管理，也只是在事业单位组织构架里作一些适当的微调。这种模式，在计划经济时代，在国有文物商店一统天下的情况下，能够顺畅运行，购销两旺。但是在社会主义市场经济条件下，这种传统体制模式恰恰背离了现代企业制度安排和完善的法人治理结构要求，文物商店的主体作用得不到发挥。

2. 职能重叠，制约国有文物商店的市场竞争力。

国有文物商店至今为止仍严格履行着国家所赋予的双重职能：一方面国有文物商店通过商业手段征集收购社会流散文物，使之得以保护，并将珍贵文物提供给科研部门和博物馆。另一方面，将国家不需要收藏的限下文物投放市场，满足国内外文物爱好者之需求。前者是公益性的文化事业职能，后者是经营性的文化产业职能，国有文物商店的这种双重职能，在政府统揽统包、计划垄断的条件下能较好地履行，但是在开放的市场经济条件下，显然不能承受。

3. 文物库存日益减少，经营萎缩。

大多数国有文物商店已有 50 多年的历史，一方面由于其公益性的职能，使得一部分珍贵文物流向了博物馆，另一方面由于其自收自支、自负盈亏的经营性职能，为了维持自身生存发展之需，文物商店必须销售一定量的文物。长此以往，加上有限的收购征集经费，致使购销长期失衡，收购成本日益加大，从而导致了国有文物商店商品存量减少，经营呈现萎缩。

4. 人才流失严重。

文物商店经过几十年的发展，培养了大批优秀文物鉴定专业人员，同时这些专业人才在文物商店的发展过程也发挥了重要作用。但是随着文物市场多元经营格局的出现，体制原因使得这些专业人才的待遇与民营、个体私人企业的专业人员相比有很大差距，他们的付出跟回报不成正比。在外界高待遇的诱惑下，文物专业人才跳槽就在所难免了。现在股份制艺术品拍卖企业和文物商店中的很多专业人才大多来自原国有文物行业。

5. 运转资金短缺。

随着市场经济的不断发展，有关文物法律法规滞后，不规范的旧货市场遍地开花，私人以收藏名义暗地里买卖珍贵文物，加之拍卖公司纷纷建立，文物商店一统天下、独家经营的格局被打破，收购的文物越来越少，外销又不景气，受政策法规的种种约束，文物商店负担重，收支失衡。要想进一步地发展，资金成了一个瓶颈问题。

(三) 文物商店的发展动向

在新的形势下，来自民间的文物市场和拍卖公司成为国有文物商店强有力的竞争者，文物商店不再一支独大，全国大多数文物商店经营萎缩，在文物流通领域的主体地位逐渐削弱，甚至出现了一些文物商店倒闭、解体的现象。文物商店想要生存和发展，到了非"改(改革)"不可的地步。至于如何"改"，目前全国大多数国有文物商店的改革都正处于摸索阶段。

1. 进行体制改革，建立新型的经营模式。

如今国有文物商店所面临的困难和问题，从根本上来说是传统体制的弊端造成的。在市场经济发展的大背景下，依托市场，按照市场经济发展的客观规律进行体制改革，建立新型的经营模式，使国有文物商店成为文物市场的主导力量，发挥其在文物市场上的主体作用就显得非常迫切。目前，部分国有文物商店经过改革后出现了多种经营业态。

(1)传统经营的事业单位，实行内部企业运营机制改革，例如上海文物商店。

（2）在传统经营的基础上建立文物艺术品拍卖公司，例如上海朵云轩拍卖公司，南京十竹斋拍卖公司等。

（3）内部实行个人承包，例如上海古籍书店。

（4）文物商店与博物馆合并，成为博物馆的一个收售、经营部门，例如江苏省文物商店就隶属于南京博物院，景德镇文物店是景德镇陶瓷博物馆的下属部门，它们收购的文物首先提供给馆藏，而博物馆的重复品和多年的积压品也会从文物店这个部门销售。

（5）直接改制为博物馆，例如河北省文物店改建成为民俗博物馆。

2. 加大宣传力度，重新树立国有文物商店在文物流通领域中的主体和主导地位形象。

近年来，我国经济飞速发展，人们生活也日益富裕，涌现出越来越多的文物收藏爱好者和收藏团体，文物市场空前繁荣。然而反观整个文物市场，民间文物市场和拍卖企业发展态势良好，尤其是拍卖企业，在成功的营销和宣传手段作用下，各大拍卖行每年的春秋拍卖会都会引起巨大反响。而曾经盛极一时的国有文物商店甚至出现无人知晓的尴尬局面。

国有文物商店具有其他任何性质的文物经营者所不能具备的优势：一是信誉，二是权威，三是强大的专业技术力量，四是充足的货源。正是这些他人无法比拟的优势，使得文物商店长期优越感强，反而忽视了宣传的重要性。为了重振声威，国有文物商店应该把握住这些优势，把这些优势作为以后宣传工作的重点和亮点进行推广。

3. 重视专业人才队伍建设。

文物鉴定专业人才的成长需要足够丰富的专业知识储备和长时间的实践历练，国有文物商店经过几十年的发展，培养了一大批优秀的文物鉴定专业人才，他们也是国有文物商店一个重要优势所在。但是在当前的市场环境冲击下，国有文物商店自身发展受阻，专业人才流失严重，后继人才培养无力。要想留住人才，首先要重新繁荣国有文物商店，同时也要重视和尊重人才，为专业人才创造发展空间，增强他们的归属感和自豪感。

二、文物市场

这里所说的文物市场，是指民间文物市场，也被称为文物监管物品市场，主要包括古玩市场和旧货市场，按照我国相关文物法律法规规定，民间文物市场只能出售 1911 年至 1949 年的旧货和文物。

随着我国经济社会的快速发展，民间收藏、古玩交流活动得到较快发展，全国各地涌现了很多文物市场，这些古玩市场和旧货市场在丰富广大人民群众的文化生活，推动文化产业发展，促进经济建设和社会和谐方面发挥了重要作用。

(一) 文物市场存在的问题

相比于做出的贡献，文物市场目前存在的问题更为显著，违法经营非常猖獗，相关法律法规滞后、不完善，文物监管也不到位。

1. 文物市场无照经营、售假现象严重

古玩市场和旧货市场被称为文物监管物品市场，属于合法经营的范围，但实际上在文物市场上，从事文物经营的企业大部分未经过国家批准，没有申领文物经营许可证，在全国范围内有 80% 以上的文物市场内的古玩经营企业根本达不到国家设立文物商店的要求，他们基本上处于非法状态，属于非法经营。

在古玩市场和旧货市场，存在着大量未作任何标识的文物复制品，这些复制品以假乱真、以次充好，欺骗、坑害文物收藏者的现象层出不穷。在古玩市场购买古玩，经营者并不会告知消费者是真品还是赝品，全凭消费者鉴赏识别能力的高低来判断，消费者经常误把赝品当真品，即使发现了也只有自认倒霉，消费者的合法权益根本得不到任何保护。

2. 针对文物市场的法律法规严重滞后

在旧货市场和古玩市场内，从事文物经营的很大一部分是流动的地摊经营户，文物管理部门对这块儿的管理基本上还是依据以前的法律、法规，还是按照以前的管理方式进行管理。《文物保护法》中缺乏对"旧货市场和古玩市场"管理的具体法律规定，因此难以进行行之有效的文物市场监管。

3. 文物管理部门监管不到位

当前文物市场的突出问题还是藏品的合法化问题，旧货市场和古玩市场不仅经营着监管文物、专营文物，同时还在偷偷经营着国家禁止经营的珍贵文物和出土文物，甚至还有国家馆藏文物。现阶段文物部门对这一块儿的管理基本上是处于失控状态。

现在文物市场内流通的文物，在出售之前几乎不到文物部门进行审核、登记，文物经营企业对自己的经营状况也没有任何记录。文物部门在这方面的监管工作存在不足，致使文物市场经常存在大量来历不明的文物，并且也不清楚这些文物要流通到何处，这样就为出土文物进入流通市场提供了便利，使一些禁止出境的珍贵文物走私到海外，给国家和人民的利益造成损失。这种情况直接导致了盗掘古墓葬、古文化遗址活动的日益猖獗，使得地下非法交易和走私文物的行为屡禁不止，甚至在一些地区愈演愈烈。

(二) 规范文物市场的建议

旧货市场和古玩市场在整个文物市场中占有重要地位，尤其与广大普通的文物收藏爱好者的利益息息相关，规范旧货市场和古玩市场，不仅有利于文物市场良性发展，也有利于加强对文物的保护。

1. 完善法律法规中特别针对旧货市场和古玩市场的条款。

针对旧货市场和古玩市场的法律法规发展滞后甚至缺失，在出现问题时很难有法可依甚至无法可依，自然也无法对违法行为进行处罚，从而也无法解决问题。要从根本上解决目前旧货市场和古玩市场存在的弊病和顽症，必须要根据文物市场的实际情况逐步完善相关法律法规。

2. 确立文物经营者的合法经营资质。

之前提到，目前在我国旧货市场和古玩市场上，从事文物经营的企业大部分未经过国家批准，没有申领文物经营许可证，根本没有经营资质，属于非法经营。除此之外，文物市场还有大批的路边经营、流动经营的个体小商贩，这些个体小商贩流动性大，不易监管，是违法违规经营、扰乱文物市场的主要因素之一。对文物管理部门而言，一方面要坚决取缔路边经营、流动经营的个体小商贩，另一方面，将具有固定经营场所的文物经营者纳入文物部门与工商、税务的申报、审批、管理上来，积极引导、鼓励、支持这些文物经营者设立文物商店、申领文物经营许可证，进行合法经营和按时纳税，对其经营资质和日常经营行为进行监督管理。

3. 依法建立文物准入制度，做好文物登记和审核工作。

目前在我国旧货市场和古玩市场上，文物良莠不齐、鱼龙混杂，甚至还存在大量暗地里交易国家法律禁止买卖的珍贵文物的现象。针对这些情况，文物管理部门必须依法建立一套严格的准入制度，并制定详细的操作细则。

文物经营者在进行文物销售前，必须预先将文物向文物主管部门进行销售申报，文物主管部门要依法对上报的销售申报进行登记、严格审核，并于审核通过后，向文物经营者发放销售许可证明，之后文物经营者方可进行相关文物的销售。文物经营者必须做好文物购销记录并定时向文物管理部门报备，记录内容包括：将文物出售给文物商店的人的情况和从文物商店购买文物的人的情况，以便文物管理部门核查、了解文物的来源及去向。凡是未经文物管理部门登记审核、未取得销售许可、未作明显标识的文物，严令禁止其进入文物市场。只有依法做好文物登记、审核，建立严格的文物准入制度并坚决执行制度，从销售源头上严格把控，才能使文物市场健康发展并有效地保护文物。

4. 成立专门的文物监管部门，加强对文物市场的监管。

目前我国旧货市场和古玩市场超限经营非常寻常，文物经营者并非严格遵守国家法律，只出售 1911 年至 1949 年的旧货和文物，在巨大利益的驱使下，不仅售假现象普遍存在，有的地方甚至还出现专业的制假售假产业链，参与人数之多、涉及地域之广令人咋舌。除此之外，许多文物经营者还暗地里参与交易国家法律禁止买卖的珍贵文物甚至是出土文物，文物走私出境以及盗墓现象的出现也就不足为怪，这些问题的存在使国家和文物市场的诚信备受影响，已成为文物市场健康发展的重要隐患。

文物市场乱象丛生与相关法律法规不健全、监管不力是紧密相关的。除了加紧完善相关法律法规，成立专门的文物执法部门，文物管理部门加强与公安机关合作，严厉打击文物违法甚至文物犯罪行为，净化文物市场，也是当前非常紧迫和必需的任务。

三、文物拍卖

文物艺术品的拍卖，是一种高度发达的经济现象，同时带有强烈的政治色彩。中国文物艺术品拍卖市场从 1992 年首场北京国际拍卖会开始，虽然只走过二十多个年头，但是中国文物艺术品拍卖市场从无到有，从小到大；从毫无经验到初步走上规范，发生了翻天覆地的变化。

(一)我国文物拍卖的历史

对我国文物拍卖来说，1992 年 10 月 11 日是一个重要时刻，我国首场北京国际拍卖会于这一天举办，而在这之前，文物拍卖会是前所未有的新鲜事物，同时也是法律所不允许的。按照 1982 年 11 月 19 日公布的《中华人民共和国文物保护法》规定：文物不是商品，其中第五章第二十四条、第二十五条规定，私人收藏的文物，除了送到文化行政管理部门指定的单位收购，其他任何单位或者个人都不得经营文物收购业务。

1. 文物拍卖合法化法律法规的发展。

1992 年首场北京国际拍卖会成交额仅 300 万元，但却意义非凡。这次拍卖会能够成功举办，是当时多方经过艰苦卓绝的努力争取而来的，对我国文物政策的影响巨大，对旧文物保护法更是巨大的突破与冲击。首场北京国际拍卖会之后，国家文物局紧随中央改革开放的步伐，对旧的文物法不断进行修改和补充。

1994 年 7 月，国家文物局下发《关于文物拍卖试点问题的通知》和《文物境内拍卖试点暂行管理办法》，指定北京翰海、中国嘉德、四川翰雅、北京荣宝、上海朵云和中商圣佳 6 家拍卖公司作为试点单位，总结经验，全国推广。

1995 年 6 月，国家商业部紧跟中央改革开放部署，加强行业协会的组织建设，牵头成立中国拍卖行业协会，使文物艺术品拍卖市场有了行业系统的组织领导，引导全国文物艺术品拍卖市场，在健康、规范的轨道上发展前进。

1996 年，国家文物局下发《关于一九九六年文物拍卖实行直管专营试点的实施意见》，保证了新中国成立前流失到海外的重要文物回流到中国大陆的渠道畅通无阻，也扩大了文物艺术品拍卖市场的货源，为文物艺术品拍卖市场的大发展、大繁荣提供货源保障；此举不仅促进了中国文物艺术品的国际交流，还提高了中国文物在国际上的地位。

1996 年，国家颁发《中华人民共和国拍卖法》。《拍卖法》的颁发与实施，不仅促使我国的拍卖行业与国际拍卖行业接轨，同时因为加强了文物行政部门与商务部门、文物艺术品拍卖市场的同抓共管，确保了文物艺术品拍卖市场的规范建设与健康发展。

1996 年 12 月 24 日，国家文物局颁发《关于加强文物拍卖标的鉴定管理的通知》。《通知》第七条规定："对于境内法人或自然人持有的文物，如文物行政管理部门鉴定确认具有特别重要的历史、科学、艺术价值，可指定对其进行定向拍卖，竞买人范围限于国有博物馆等文物收藏研究机构或国有企事业单位。"人们当时把此条简称为"定向专拍"。此项规定经过几年实施与实践，不断修改完善，成为现在的国家"优先购买法"，既保证了重要文物由国有博物馆的收藏，避免了重要文物的流失，又照顾到文物持有人的经济利益。

2001 年 11 月 15 日，国家文物局印发《关于颁发"一九四九年后已故著名书画家"和"一七九五年至一九四九年间著名书画家"作品限制出境鉴定标准的通知》，规定 1949 年以后已故书画家作品一律不准出境者有 10 人，原则上不准出境的有 23 人，其精品不准出境的有 107 人。1795 年至 1949 年间，书画家作品一律不准出境的 20 人，原则上不准出境的 32 人，精品和代表作品不准出境的 193 人。此"通知"对于保护我国文化遗产，提高我们中华民族文化遗产的国际地位和经济价值，都起到重要的作用。

2002 年，国家颁发《中华人民共和国文物保护法》；2003 年 5 月 18 日，中华人民共和国国务院令公布《中华人民共和国文物保护法实施条例》。新文物保护法第五章第五十条规定，文物收藏单位以外的公民、法人和其他组织，可以通过"(三) 从经营文物拍卖的拍卖企业购买"文物。第五十四条规定，"依法设立的拍卖企业经营文物拍卖的，应当取得国务院文物行政部门颁发的文物拍卖许可证。经营文物拍卖的拍卖企业不得从事文物购销经营活动，不得设立文物商店"。第五十五条规定，"除经批准的文物商店、经营文物拍卖的拍卖企业外，其他单位或个人不得从事文物的商业经营活动"。

经营文物拍卖的企业，即文物艺术品拍卖公司，历经 10 年努力，成功地将相关内容写入了文物保护法，使其取得了合法地位，这是对文物艺术品拍卖市场的大发展给予最大的政策支撑。而后，文物拍卖的相关法律法规还在实践中不断调整和完善。

2. 文物艺术品拍卖市场发展概况。

自 1992 年北京首场文物艺术品拍卖会以来，文物艺术品拍卖市场的出现与发展，大体经历了两个时期，出现三次拍卖高潮。

第一个时期是 1992 年至 2002 年，这 10 年间，文物行政部门通过举办文物艺术品拍卖试点，总结经验，修改补充文物政策，商务、工商、海关等部门相互配合，促进文物艺术品拍卖市场顺利走过健康稳定的发展期。

2005 年秋季拍卖会以后，中国文物艺术品拍卖市场又进入一个平稳发展期。而北京保利拍卖公司的建立，给全国文物艺术品拍卖市场增添了活力，使拍卖市场迅速出现勃勃生机。

第一发展阶段是 1995 年、1996 年两年，全国成交总额都超过亿元，其中有两件超千万元的拍品的出现，就此，中国文物艺术品拍卖市场出现了第一个高潮。

第二发展阶段是 2003 年至 2010 年。在《中华人民共和国文物法》和《中华人民共和国拍卖法》的指导下，文物艺术品拍卖市场走上康庄大道，新的法令为文物艺术品拍卖市场大发展、大繁荣铺平了高速路。2010 年，全国文物艺术品拍卖市场成交额高达 589 亿元，增长 19633 倍，使我国文物艺术品成交额超过英国，排名世界第二。2009 年出现的亿元拍品更把我国文物艺术品带进亿元时代；截至 2011 年秋季，在中国大陆拍卖中产生的超亿元中国文物艺术品已有 27 件，使得中国文物艺术品国际交流中心从英国的伦敦、美国的纽约、中国的香港转移到我国首都北京。

(二) 文物拍卖的贡献

文物艺术品拍卖行业是文化企业，经营的文物艺术品不仅是一个国家和民族的有形财富，拍卖更是在进行民族文化与民族精神的传承。经过二十多年的高速发展，文物拍卖在我国文物流通领域已经占据了相当重要的地位，也发挥着非常重要和积极的作用。

1. 提升了中国文物艺术品的社会价值和国际地位。

我国文物艺术品具有悠久的历史和深远的价值，但是由于我国文物市场长期发育不良，文物的价值并未能从价格上得以体现，文物拍卖的出现改变了这一局面，我国文物在国际上的地位也逐渐彰显，文物应有的价值逐步得到真正体现。同时，拍卖会也对整个文物市场起着重要的引导和定位作用。

2. 拍卖活动和相关宣传培育了人们鉴赏和保护文物的意识。

拍卖活动借助各类新闻媒体进行广泛宣传，不仅让许多珍贵文物为人所知，同时也促使人们接触和了解文物知识、文物政策和文物价值、了解文物与艺术品的文化价值与经济价值，人们的文物鉴赏水平和保护文物的意识都在潜移默化中得以提升。

3. 改变我国文物外流的历史问题，实现了境外文物回流。

清末国门失守，帝国主义对我国进行疯狂侵略和掠夺，导致大量文物流失。其中 1860 年英法联军火烧圆明园；敦煌莫高窟被盗窃；大军阀孙殿英盗挖清东陵乾隆、慈禧墓以及溥仪偷窃故宫文物均造成大量珍贵文物流失，被称为我国文物界"四大劫难"。据统计，这些流失的文物中够得上国家博物馆一、二级藏品标准的就有 100 多万件。1992 年以后，中国文物艺术品拍卖市场兴起，开辟了国宝回归的新途径，国家文物行政部门适时推出了"海外回流文物允许复出境"的政策。20 多年来，通过拍卖形式回流的文物已经达 10 万余件，其中有很多回流文物属于文物珍品。

4. 有利于培育国内文物市场。

文物拍卖市场的兴起，为人们提供了新的消费和投资领域，延伸和扩大了文物商业的经营方式和活动空间。又由于拍卖活动实现的价格，对整个金融市场的引导作用，把越来越多的社会资金，如房地产、证券、期货等行业的流动资金引入文物市场，相当多的买主除欣赏文物的艺术性之外，还把它视为与股票、证券、房地产相同的投资方式。

5. 有利于加强对流散文物的管理。

拍卖使文物交易由暗转明，由地下转为公开，方便文物行政管理部门对文物流通和流散文物的管理工作。拍卖活动中允许私人提供藏品参加拍卖，提高了民间收藏者参拍的积极性，纷纷将几代人秘密收藏的珍贵文物提供给拍卖公司，每场拍卖会中，珍贵的重头拍品均来自于民间。因此，文物行政管理部门可以通过拍卖活动，发现和掌握大量文物的存在与动向，特别是一些珍贵文物通过定向拍卖，使其保存状况得以掌握，为今后建立了民间珍贵文物登记制度。

(三) 文物拍卖亟待解决的问题

我国文物拍卖尽管发展迅速且成效显著，但相比于欧美的拍卖市场，我国整个拍卖市场仍然非常稚嫩，远未达到真正发育成熟的阶段，尚未真正形成与市场经济发展相适应的业务规范、合理结构、健全的法律体系和有力的保障机制，有许多问题需要解决。

1. 进一步完善并认真贯彻相关法律法规。

尽管我国是从 1992 年开始兴起文物拍卖活动，但直到 2002 年文物拍卖才真正取得合法地位，这期间也包括一直到现在，我国相关文物管理部门一直在根据文物市场实际需要调整相关法律法规，并于 2013 年颁布了《中华人民共和国文物保护法》(修正版)，文物拍卖活动以及整个文物市场正逐渐趋于规范和良性发展。

尽管如此，目前拍卖市场仍存在许多问题：拍卖品赝品横行、拍卖行或者买卖双方违规操作现象也屡见不鲜，说到底，这些问题的存在都是相关文物法律法规的缺失以及文物主管部门监管不力造成的。

为了进一步完善文物拍卖活动规范拍卖市场，文物管理部门必须继续完善相关法律法规，加强其可操作性；建立健全严格的审批制度，对文物拍卖经营单位的资格审核、拍卖内容、拍卖品等级鉴定、拍卖品上拍标准等严格把关；加强对文物拍卖经营单位的监督监管，做到有法可依、有法必依、执法必严、违法必究。

2. 建立权威鉴定机构，规范拍卖品鉴定。

文物鉴定是一项复杂且科学的工作，仅凭目测、手感、个人经验等传统鉴定方法并不能完全实现鉴定需求且容易出现偏差。加上目前文物市场繁荣，利益空间巨大，在利益驱使下，拍卖经营企业对拍卖品的真伪并未严格把关，甚至有意纵容"赝品"。为了保证拍卖市场良性发展，文物管理部门成立权威艺术品鉴定机构就显得尤为迫切。权威艺术品鉴定机构必须严格加强对拍卖品的审核和鉴定定级，打击不法行为，只有这样才能净化拍卖环境，促使拍卖活动健康有序开展。与此同时，拍卖经营企业也必须增强相关法律意识和企业良知，加大对鉴定、评估、专业人才的培养。

第八章　可移动文物与衍生产品

第一节　可移动文物衍生产品发挥的作用

一、可移动文物衍生产品的定义与类别

(一)可移动文物衍生产品的定义

让可移动文物活起来的最重要一环即是充分重视可移动文物衍生产品的开发。那么，何为可移动文物衍生产品呢?

可移动文物，一般指馆藏文物(可收藏文物)，即历史上各时代重要的实物、艺术品、文献、手稿、图书资料、代表性实物等。在我国现阶段，可移动文物的保护以博物馆、纪念馆、图书馆或民间收藏为单位，而尤以博物馆为主，并且各收藏单位所收藏的最适宜进行衍生产品开发的可移动文物也主要以博物馆馆藏文物为主，因此，泛泛而论，可移动文物衍生产品，也可以称之为狭义的博物馆文化产品、博物馆文化创意产品、文创衍生商品等。目前学术界关于可移动文物衍生产品还没有做出一个统一而规范的定义，因此，我们目前只能从学术界对于狭义的博物馆文化产品、博物馆文化创意产品、文创衍生商品等重要概念的阐述中来一窥可移动文物衍生产品的涵义：前国家文物局张柏副局长曾经定义狭义的博物馆文化产品的重要内涵为"博物馆文化产品是指博物馆依托自身的文化资源为社会提供的服务，它主要是通过物的形式使公众在参观博物馆的同时，从博物

馆带走可供回味的纪念物，满足公众'把博物馆带回家'的愿望"；陈羽在《文化产业开发与博物馆的运营发展》一文中认为"博物馆文创衍生商品是将博物馆文物藏品以产品研发的方式，制作成博物馆特有的文化藏品，作为博物馆游览纪念品在馆内销售，使博物馆藏品中蕴含的文化元素得到更广泛的传播(推广和宣传)"；章义平在《关于博物馆文化衍生产品开发的认识和思考》一文中则认为"博物馆文化衍生产品是指具有博物馆文化元素和特点的商品，其本身蕴涵和承载着与博物馆主题相关的历史、文物信息，同时被赋予了浓郁、鲜明的博物馆特色和艺术品位，其构成元素与博物馆的要素密不可分"，等等。

结合以上专家学者的阐述，我们暂时可以这样来表述可移动文物衍生产品的基本内涵：可移动文物衍生产品就是各收藏单位基于其馆藏特色可移动文物所开发出来的具有丰富历史文化信息、能够加深可移动文物保护和传播理念的社会公众影响的便于参观者购买和消费的文化衍生品，它在本质上是一种可以为公众提供文化休闲服务的文化消费品。

(二)可移动文物衍生产品的类别

可移动文物衍生产品一般来说包括以下三种类型：

1. 复制文物类：以可移动文物复仿制品为主，主要是复制青铜器、高仿瓷器和精仿书画等，通过精确的测绘和扫描，按比例缩放，根据不同的消费层次来选择材料的等级和工艺的精细程度，并予以不同的价格。此类衍生产品没有创意和设计的理念，只是单纯地复制，所以收藏单位在选择复制的可移动文物时，一般都会使用馆藏的精品文物，以此体现本单位的可移动文物特色，并提升相关衍生产品的档次。也正因为如此，一些专家学者认为此类产品并不属于严格意义上的可移动文物衍生产品。一般而言，此类产品不仅可以作为人们家中的观赏陈设品，也可以作为高档礼品用于文化交流。当然此类产品一般价格区位也较高，所针对的消费群体也较小。目前国内各文博机构都有此类文创衍生产品的研发，比较有名的此类产品有上海博物馆的复制青铜器系列、台北故宫的复制翠玉白菜系列、南京博物院的仿神兽系列，等等。

克鼎

克鼎 西周中期(公元前10世纪末) 藏上海博物馆。鼎,古代最为重要的青铜礼器,用于实牲祭祀,蒸煮内食的器皿。此鼎宏伟雄浑。器身主纹饰波曲纹,粗扩质朴。腹内壁有铭文290字,字体工整,记载了周王册命克等内容,为重要的历史记载。是稀世之宝,更是举世闻名的国宝。现为仿制品

参考价格:4800元

详细信息

兽面纹龙流盉

兽面纹龙流盉 春秋中期(公元前7世纪上半叶~前6世纪上半叶) 藏上海博物馆。春秋时期,盉是青铜器中的调味器,用于盛水以调和酒浆。此盉作敞口、高颈、袋腹、柱足的式样。盖顶饰龙兽昂起的兽龙纹,饰作龙形、龙口衔张为流口,腹部作尖状突起的兽面纹。是南方地区东南青铜器

参考价格:9900元

详细信息

龙纹匜

龙纹匜 春秋(公元前770~前476年) 藏上海博物馆。匜为水流器,以兽卷龙蛟与横条纹,下承扁兽足,后有弓身、探首、卷尾龙形匜。现为仿制品

参考价格:1250元

详细信息

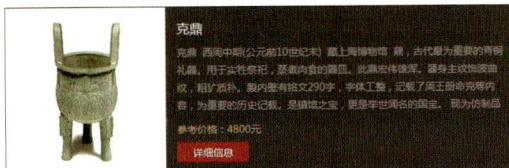

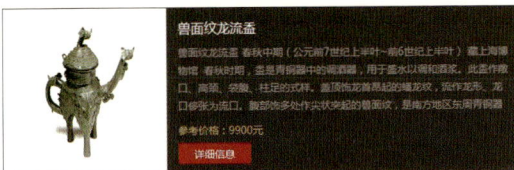

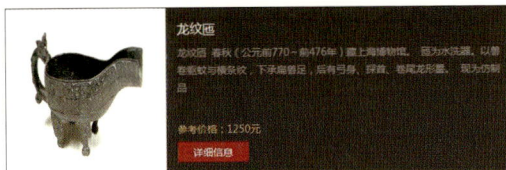

部分复制青铜器系列产品

大云山神兽 小980元
大5800元

仿神兽2
售价:5800元

仿单管铜牛灯
售价:18000元

仿东汉辟邪
售价:1800元

部分仿神兽系列产品

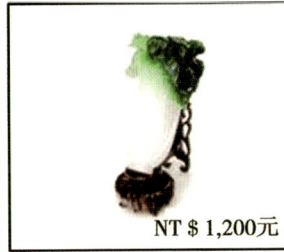

NT $ 20,000元

NT $ 20,800元

NT $ 1,200元

部分复制翠玉白菜系列产品

复制文物类文创衍生产品举例

2. 衍生运用类：主要以生活实用品为主，利用现代新的技术和工艺，将具有代表性的可移动文物的造型、纹样、符号等与生活用品相结合，设计出具有实用价值的可移动文物衍生产品。此类产品是对可移动文物文化符号的直观传递，将文物信息反映在丝织品、文具、T恤、拎包等生活用品上，虽然缺乏创意的考究，但是却有助于文化教育的推广。这类产品一般而言价格区位在中低层位浮动，所针对的消费群体无疑相当广泛，与消费者的日常生活联系也更紧密些，影响力也可以遍及每个与之相遇的消费者，主要用于日常生活。如上海博物馆主要依据馆藏精品文物的书法特色所开发的拎包系列；台北故宫博物院依据馆藏中国书法名帖开发的杯垫、鼠标垫、书签、胶带，等等。

部分拎包系列产品

皇帝诏曰杯垫和兰亭序餐垫礼盒组

衍生运用类文创衍生产品举例

3. 创意产品类：设计者通过对相关可移动文物的理解，提取文物上有富有特色的文化符号，巧妙构思，创造出富有时尚元素的文创产品。此类产品对文创设计人员的要求较高，设计人员不仅要熟悉相关可移动文物，对传统文化有一定深度的了解，同时也要熟悉现代工艺的材质，并了解现代人对于品质生活的追求，从而针对不同的可移动文物的信息和符号，选择合适的材质创作具有新意和时尚化气息浓厚的文创产品。此类产品的价格浮动较大，可以囊括各个价位区间，用途也最广泛，和现代社会的联系最紧密，甚至是紧贴社会流行风尚的发展变化，因而所适宜的消费群体也最大，也最能勾起年轻消费者的兴趣，所以是发展前景最广阔但也是目前现实状况相对不足的可移动文物衍生产品类别。目前各可移动文物收藏单位尤其是博物馆都在不遗余力地大力推进本单位创意产品方面的研发工作，成绩尤为突出的主要有台北故宫博物院、故宫博物院、南京博物院、上海博物馆、湖南省博物馆等。

PVC折叠花瓶 书法

选自《淳化阁帖》王羲之法书二. 使用说明: 在花瓶中倒入40度温水, 撑开折缝, 塑形 等待2分钟, 倒出温水, 倒入冷水 插入花卉 注意: 不要在温度过低情况下折叠. 避光避热. 大型花卉或花量过多, 可能会造成花瓶倾覆. 溢水.

参考价格: 10元

详细信息

羊宝宝 颈枕

这款颈枕的造型来自于上博馆藏青釉褐彩羊. 设计师根据其外型, 将羊角、胡腮和四足进行了卡通化设计. 颜色时尚, 造型可爱, 敷塑组致, 缝线精密. 平日在家作为装饰, 出行乘车劳顿时可当颈枕. 是超级实用的居家必备品. 2色可选: 褐红, 灰蓝 售价: 118/件 尺寸: 颈枕 约 30*27cm

参考价格: 118元

详细信息

PVC折叠花瓶 玺印

选自上博藏 历代宝印 玫红色 使用说明: 在花瓶中倒入40度温水 撑开折缝, 塑形 等待2分钟, 倒出温水, 倒入冷水 插入花卉 注意: 不要在温度过低情况下折叠. 避光避热. 大型花卉或花量过多, 可能会造成花瓶倾覆. 溢水.

参考价格: 10元

详细信息

部分新型文创衍生产品

(設計文具)
大紅囍事如意燙金紙膠帶
定價: NT$140
🛒 前往購物

(流行趣味)
墜馬髻頸枕
定價: NT$680
🛒 前往購物

(設計文具)
可愛文具夾 文物類
定價: NT$240
🛒 前往購物

部分新型文创衍生产品

二、可移动文物衍生产品发展演变史

与国外发达国家的博物馆二十世纪初就进行文创衍生产品研发销售的悠久历史相比而言，可移动文物衍生产品在我国文博界属于新生事物。但是，一般意义上而言的文物衍生品在我国却有着源远流长的历史：其实，我国可移动文物衍生产品的源头可以上溯到历史上对相关文物的仿制与作伪的悠久传统。依据此种观点，可以将我国可移动文物衍生产品的发展演变过程划分为先秦和秦汉时期、魏晋隋唐宋元时期、明清时期、晚清至民国时期、新中国成立至20世纪80年代初、20世纪80年代初至21世纪初、21世纪初至现在等七个历史时期。

（一）先秦和秦汉时期

中国历史上对相关文物进行仿制和作伪的记载最远可以上溯到先秦时期。先秦和秦汉时期主要为中国历史上的青铜文明的繁荣鼎盛和衰落期，青铜重器作为象征身份与地位的标志性器物，是国之重器，受到统治阶层的极度重视和喜爱，因而这一时期的可移动文物衍生产品主要表现为统治阶级对青铜重器的仿制与作伪，原因或出于政治目的、或出于个人野心等。

例如，据《韩非子·说林下》记载："齐伐鲁，索谗鼎，鲁以其赝往，齐人曰：'赝也。'鲁人曰：'真也。'……"春秋时，鲁国珍藏着一只名为"谗"的鼎，这只谗鼎在列国诸侯中名声很大。有一次齐国发兵讨伐鲁国，索取谗鼎。鲁君舍不得谗鼎，可又不敢得罪齐国，就把谗鼎藏了起来，派人送去一只仿制的赝鼎。由此可见，春秋时期鲁国为了对付强大的齐国的勒索，已对珍贵的青铜器进行了仿制，后世遂以"谗鼎"代指"假冒之物"。这是文献中关于仿制青铜器的最早的确切记载。

又如据《汉书·武帝纪》记载，汉武帝元鼎元年（公元前116年）夏五月，"得鼎汾水上。"元鼎四年（公元前113年）"六月，得宝鼎后土祠旁。

秋，马牛渥洼水中。作《宝鼎》、《天马》之歌。"不过，有人怀疑此鼎是汉文帝时的作伪老手新垣平（上大夫）为献媚文帝而埋下的伪器，到了武帝时代才被发现。武帝不辨真伪，以为是周鼎，于是把年号改为"元鼎"，以资纪念。可见，当时就有为讨好皇上而进行青铜器作伪的事情。

（二）魏晋唐宋元时期

魏晋唐宋元时期，伴随着对外文化交流的频繁，中国文化获得了长足发展，并在隋唐宋时期出现了极度的繁荣。这一时期的可移动文物衍生产品主要表现为统治阶级对外来器物的仿制、对著名艺术家作品的临摹与仿制、对先秦青铜重器的大规模仿制，等等。

例如，虽然中国很早就出现了玻璃制品，但是中国古代的玻璃制造技术却很不成熟，而玻璃制造技术的真正完善与发展是在西亚北非和欧洲地区，并成为这一地区标志性的文化器物。魏晋隋唐时期这些玻璃制品随着丝绸之路传入中国，很快受到统治阶层的普遍喜爱与欢迎。从史料记载来看，我国早在东晋时就有学习外国来制造琉璃的事情，但奇怪的是，琉璃并未从此得到普及，至少目前的考古发现还没有更多的遗物来证实。但到了唐代，琉璃的制作工艺状况已不再是一个无法猜透的谜，在对外来琉璃的造型、装饰和原料选择都有一定了解的基础上，唐人最终放弃了最初学习仿制的阶段，创造出一些具有明显特色的自产琉璃。只不过，这一时

唐代玻璃茶托与玻璃盘

期琉璃的制造工艺为王室工匠所掌控，琉璃制品也仅为皇室所用，民间很少见。如1987年陕西扶风法门寺地宫出土了20余件精美的唐代玻璃器物，其中1件玻璃茶碗和1件玻璃茶托子属于同一套茶具，与唐代流行的白瓷茶具形制上完全一致，应是中国本土制造的玻璃精品。

又如，唐太宗对于东晋著名书法家王羲之的书法作品极度喜爱，千方百计搜罗其真迹。在派遣御史萧翼从辩才和尚手中骗得《兰亭序》真迹之后，唐太宗大为高兴，下令朝中书法家对之进行临摹。我们现在所见的《兰亭序》，一般均为当时所遗留之临摹品，真正的《兰亭序》真迹早被唐太宗带入昭陵陪葬。唐和五代也有仿青铜器的历史，宋代赵希鹄《洞天清禄集》已记述了唐、五代官营作坊专事仿造铜器的事。今存故宫博物院的一件西周觯，就被一些专家认定是唐代所仿。2013年隋炀帝墓陪葬墓萧皇后墓中出土了隋唐时期的铜编钟，说明该时期的礼乐器仍是仿照先秦时期青铜礼乐器的形制。

宋代文化昌盛，对古代精美艺术品的临摹仿制之风更甚，现在我们所见的《洛神赋图》、《女史箴图》等传世名画，一般均为宋人摹本。另外，宋朝时期商周青铜器出土渐多，士大夫深感《三礼图》中的图描绘失实，故自徽宗时起，铸礼器一依古制，导致宋徽宗时期形成了中国历史上第一个大规模仿制先秦青铜重器的高潮。其主要原因是宋代统治者为了改变五代十国混乱的政治局面，提倡经学、恢复礼制，尚古、崇古，加上宋徽宗赵佶的提倡，官僚文人的参与，不但收藏商周青铜礼器，而且还比照真器仿制古铜器。需要指出的是，这一时期的仿制是表示对古代文化的尊重和仰慕，与后世蓄意作伪有严格区别。除了常见的宋仿汉、唐铜镜外，当时主要仿造商、周时期的青铜礼器，种类有钟、鼎、簋、尊、壶、方、豆、洗等类，留传至今者以乐器为多，学术界多以"宋宣和仿古铜器"命名之。如宋徽宗时铸造的大晟编钟，形制取法于当时出土的春秋晚期宋公成钟，今遗存的有"大晟黄钟清"、"大晟·蕤宾"、"大晟·姑射中声"、"大晟·南

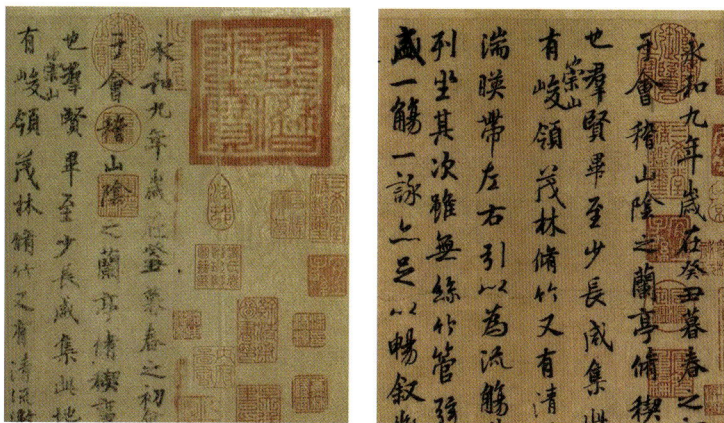

《兰亭序》虞世南摹本与褚遂良摹本局部

隋炀帝墓陪葬墓萧皇后墓出土铜编钟与曾侯乙编钟对比图

吕中声"等器；另有太和编钟，遗存有"太和·黄钟清"、"太和·太簇清"、"太和·夹钟清"、"太和·夷则"、"太和·无射"等器，均为宋代所铸。宋代的青铜器仿品，主要是材料与商周青铜器不同，用的是宋代当时的材料，明显的特征是铜质暗红、较软，铸造方法上用的也是宋代的技术，蜡模铸造、无范线。这些编钟的仿制颇为成功，但因为是刻意模仿，纹饰颇有凝滞感，缺乏生气。

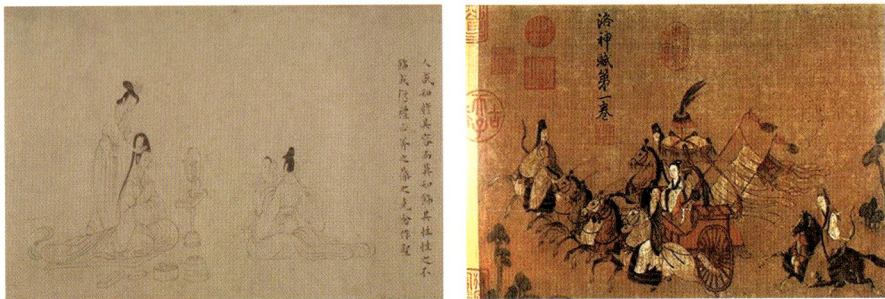

宋摹本《女史箴图》与《洛神赋图》局部

北宋大晟钟和宣和尊

(三) 明清时期

明清时期作为中国封建大一统王朝的末世时期，在文化发展上却有着自己光辉灿烂的一页。这一时期虽然对外文化交流显著减少，但是在系统梳理总结中华传统文化方面却是成绩显著，社会上弥漫着一股"复古"之风。因而这一时期可移动文物衍生产品主要表现为社会各阶层人员对于先前古代艺术品或艺术风格的大规模刻意模仿与使用，而且这种仿制还是一种出于文化心理上的喜爱崇拜之情，并无刻意的商业牟利之念。

例如，清朝时期仿古之风尤甚，在康熙、雍正、乾隆三朝更是明显。康熙皇帝本人偏爱明宣德、成化两朝的瓷器，就会经常让景德镇御窑厂仿制明代瓷器，尤其是青花瓷器。他们仿制不写明朝皇帝的款，只是说追求神似，不是完全亦步亦趋的模仿。雍正在位时，景德镇御窑厂并不只是仿制青花一种瓷器，商周青铜器也纳入了瓷器仿制之列。专家们认为，雍正皇帝之所以用瓷器仿制周代青铜器，一是为了向世人展示清朝高超的瓷器技术；而还有一个很主要的原因，就是雍正一直很推崇周文王所推行的德政，想以此告诉世人自己是一位重视德政、以民为本的皇帝。到了乾隆皇帝在位时，对宋代五大名窑的瓷器尤其痴迷，这一时期景德镇御窑厂烧制的仿古瓷无论是釉色还是器形均达到了可以乱真的水平，但是这些仿古瓷上大都会写上"大清乾隆年制"的底款，以示区别。而且清朝在仿制前朝瓷器的时候，也会有自己的特色和创新，如乾隆时瓷器往往出现仿金器、仿漆器、仿铜器、仿木器、仿大理石、仿竹筒等类别，在仿制时除了仿制颜色也仿制器形。除了瓷器仿古之风盛行之外，由于统治者的偏爱和考据学的兴盛，清代尤其是到了乾隆时期还直接大量仿制青铜器，由此形成了中国历史上仿古铜器的第二个高峰。清代的仿古之风还蔓延到民间，形成官方仿、民间也仿的局面。

明宣德青花三果纹执壶原件与清代仿品

清雍正仿哥釉饕餮纹方壶与仿汝釉牺耳尊

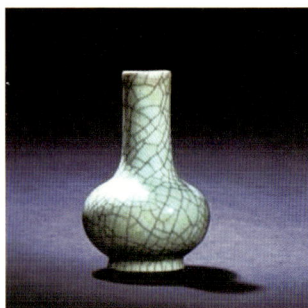

宋哥窑瓷器与清乾隆年间哥窑仿品

（四）晚清至民国时期

晚清和民国时期，是仿古作假之风泛滥的历史阶段，与中国历史上其他时期出于政治目的和文化心理等因素而对艺术品进行的仿制有相当大的区别。由于帝国主义的入侵和文物的外流，推动了此历史阶段民间仿古铜器的商品化和古董商人的职业化。这一时期主要仿制商周重器，尤其是以伪刻铭文为主。仿古铜器比较有名的所谓"潍县造"、"西安造"、"北京造"、"苏州造"、"河南造"就是这个时期先后形成的。该时期仿品不但在国内泛滥，而且也流传到国外，是伴随着真品一起外流出去的。可以说，清末和民国时期的民间仿品，几乎全是古董商人所为，做来骗人牟利的，因而，我们不把此阶段纳入中国可移动文物衍生产品的发展源头之中。

（五）新中国成立至 20 世纪 80 年代初

新中国成立后，国家加强了对文物事业的保护和管理，同时新建立的社会主义体制也牢牢窒息了民间文物仿制与造假之风。此后随着政治运动对包括文物在内的文化遗产的冲击，社会上的文物仿制与造假之风完全消失。因而此阶段并无明确的可移动文物衍生产品的发展轨迹可言，只是随着国家相关文物保护与研究活动的展开，国家开始适时对一些重要文物进行了完全相同规格的复制品制作，成为这一时期可移动文物衍生产品为数不多的可探遗留。

（六）20 世纪 80 年代至 21 世纪初

20 世纪 80 年代以后到 21 世纪初，是真正意义上的可移动文物衍生产品的产生与初步发展时期。此时民间沉寂已久的文物仿制与造假之风又死灰复燃，但是其主要是出于商业上的牟利之意，与可移动文物衍生产品也正式分道扬镳。伴随着十一届三中全会之后国家对于左倾文化路线的纠正，我国的文物保护与研究发展事业迎来了久违的甘霖。这一时期的可移动文物衍生产品在国家对于博物馆的大力重视与扶植的政策背景下，在引入了商品经济和市场的概念后活跃的社会经济发展映衬下，在各地博物馆出于筹集资金缓解经营压力和吸引游客的双重目的刺激下，应运而生。也正是由于以上因素的限制，这一时期的可移动文物衍生产品的发展特点是以复制类产品居多，以博物馆产品占主要部分，规模小、分布分散、创新不足、经营模式落后。当然也有一些亮点，如虽然接触市场的时间较短，但是已经有一些博物馆开始按照市场原则开发博物馆文创衍生产品，如湖北省博物馆早在 1994 年就注册了以编钟造型为主的"天籁"商标等。

（七）21 世纪初至现在

21 世纪初以来，伴随着国家经济发展重心由投资型增长向消费型增长的转变和以服务业为主要代表的第三产业在国民经济总量中日益占据主导地位，以及国家对包括可移动文物在内的文化遗产保护与利用事业在国家社会发展大局中占据着越来越重要的地位的重视，再加上我国各文博机构对于文物衍生品开发经营的日趋熟悉与适应，我国可移动文物衍生产品迎来了加速发展走向繁荣的重大时刻。可移动文物衍生产品的开发经营呈现出国家极度重视、社会大力支持、文博界热情参与的良好局面，而且表现为点多面广、质量提升、服务跟进、创意萌发的特点。这也是本章的重点内容所在，故在此不再过多介绍。

三、可移动文物衍生产品的作用

随着我国社会经济的发展尤其是 2008 年国家推动我国国有博物馆、纪念馆实行免费开放以来，可移动文物衍生产品的开发已经受到国家和地方越来越多的重视和扶持，以博物馆文创产品为代表的可移动文物衍生产品已逐渐成为近年来支撑我国文博界快速发展的重要推力。

国家十分重视博物馆文化产品开发工作：早在 2007 年国家文物局就组织召开了博物馆文化产品开发研讨会，研究探讨加快博物馆文化产品开发的对策措施；2008 年中宣部、财政部、文化部、国家文物局联合引发的《关于全国博物馆、纪念馆免费开放的通知》明确要求：研究制定博物馆、纪念馆文化产品经营收入税收优惠政策，促进其依托文物藏品、陈列展示推出各类文化产品，拓展和延伸文化传播功能；而在 2013 年和 2014 年连续两年全国文物局长工作会议上，励小捷局长强调"开展博物馆创意产品设计评比活动，提升博物馆文创水平"；2015 年 3 月 20 日，我国博物馆行业首个全国性法规文件《博物馆条例》正式施行，此次出台的《博物馆条例》规定："鼓励博物馆挖掘藏品内涵，与文化创意、旅游等产业相结合，开发衍生产品，增强博物馆发展能力。"2008 年在北京举办的"2008 博物馆及相关产品与技术博览会"上，1 万余平方米的展览会场，汇集了来自国内外的 100 多家著名展览公司和相关生产厂家的文化产品；而到 2014 年 1 月 23 日至 26 日，在厦门国际会展中心举办的"2014 年博物馆及相关产品与技术博览会"（简称"博博会"）上，124 家文博机构展示了各自展览、出版、科研、技术、公共教育、艺术衍生品等方面的成果，182 家参展企业涵盖博物馆高科技产品开发、展陈设计搭建、文创产品设计开发、文物修复、文化传播等几十个门类，本届"博博会"的主题即为"博物馆发展·科技创新·文化创意"；另外 2008 年 11 月在北京还专门成立了中国博物馆学会博物馆文化产品专业委员会；2013 年更是在北京成立了中国博物馆协会文创产品专业委员会，主任委员单位设于首都博物馆、故宫博物院、中国国家博物馆、上海博物馆等 24 家博物馆及 1 家企业成为副主任委员单位，其宗旨就是"搭建资源共享平台，扶持博物馆尤其是中小博物馆的文创产品发展"。

与国家层面的超级重视相伴随的是地方层面的异常热情：各地文物机构尤其是博物馆均以开发文创衍生产品为己任，展开了一场轰轰烈烈的大对决。各方"你方唱罢我登场"，各种新型创意产品层出不穷，以致媒体惊叹"博物馆'卖萌'成为潮流，创意产品集体卖萌"。2014 年 12 月 30 日，由中国文物网发起，新华视讯、人民网、中国经济网、中国社会科学网、中国文化传媒网和凤凰网等多家媒体共同参与、联合推出的"2014 年度十大文物事件网络评选"活动结果启动，"各大博物馆文创产品争相卖萌"成功入围，这是中国文博业发展史上一个巨大的突破。在围绕文创产品 PK 的滚滚大军中，故宫博物院、南京博物院、上海博物馆、湖南省博物馆等依靠丰富的馆藏文物和先进的研发理念，早已成为业内的领军机构。例如，截至 2014 年 8 月，故宫博物院共计研发文化产品 6746 种，其中丝绸系列文化产品 692 种，陶器系列文化产品 366 种，瓷器系列文化产品 626 种(含德化瓷)，铜器系列文化产品 327 种，木制系列文化产品 119 种(含微缩家具模型)，书画系列文化产品 665 种，贵金属系列文化产品 960 种，钥匙扣系列文化产品 193 种，笔系列文化产品 12 种，T 恤衫系列文化产品 191 种，首饰系列文化产品 321 种，领带系列文化产品 34 种，箱包系列文化产品 195 种，伞系列文化产品 17 种，文房系列文化产品 6 种，玩偶系列文化产品 93 种，其他文化产品 1929 种。

可移动文物衍生产品在现阶段之所以受到国家和地方的如此厚爱，主要是因为它在现代社会中所发挥的独特作用。对于这一独特作用，我们可以用儒家所经常强调的几个字来加以概括：修身、齐家、治国、平天下。

(一)修身

修身，即是指可移动文物衍生产品对于可移动文物所起的作用。

首先，可移动文物衍生产品是展示宣传可移动文物的新窗口，是践行"让文物活起来"、"把文物带回家"新型发展理念的重要一环。可移动文物是承载中华优秀文明信息的钥匙，是中华民族继往开来的依托和根脉，具有不可再生性和稀缺性，因而受到各收藏单位的严格保护，这本无可厚非，但是这种状况却造成了可移动文物的保护和普通大众近距离了解接触文物的强烈需求之间的严重脱节，因而社会各界强烈希望改变这种局面。近年来这种呼声早已从民间转移到高层：习近平总书记曾在不同场合多次要求"要系统梳理传统文化资源，让收藏在禁宫里的文物、陈列在广阔大地上的遗产、书写在古籍里的文字都活起来"。国家文物局和文博界也转

射手大兵笔筒便签夹　　　皇太子存钱罐　　　官银存钱罐
￥39.00　　　￥99.00　　　￥88.00

故宫娃娃系列部分产品

团龙团凤鼠标垫　　　iPhone 6 /iPhone 6 plus手机壳　　　如朕亲临/奉旨旅行·行李牌
￥39.00　　　￥49.00　　　￥25.00

生活潮品系列部分产品

尚方宝剑笔　　　御前侍卫·书签　　　水晶圆珠笔
￥15.00　　　￥25.00　　　￥30.00

文房书籍系列部分产品

故宫文创产品举例

变理念，强调要"让文物活起来"，实现普通大众"把文物带回家"的愿望。要实现这种转变就必须在传统的举办展览之外开启展示宣传可移动文物的新窗口，而可移动文物衍生产品正是这方面的好的抓手。南京大学文化与自然遗产研究所所长贺云翱就曾经表示"对文物进行创意性开发，不仅不会使文物本身受到损害，反而是对文物价值的发掘与传播。文物保护并不意味着要死守着文物不能动。"开发可移动文物衍生产品，首先可以满足文物工作所一再强调的首要问题即可移动文物的保护问题而且可以增加可移动文物的文化影响力，又可以通过衍生产品上面所承载的可移动文物的特色文化信息来满足普通大众近距离接触了解相关可移动文物的愿望并通过一定的营销以市场消费品的方式来使这种愿望成为现实。兹以博物馆藏品为例，大部分博物馆的藏品一般都是被小心翼翼地保存在严格防护的文物库房中，"久在闺中人未识"，普通大众想近距离了解文物信息只有通过博物馆举办的相关展览中所展示的少量文物来实现，而相关调查显示，一般博物馆观众参观一次博物馆耗费大约 1 小时，每个展览大约需要花费 10 分钟，每个展品平均停留时间也就 3 秒左右，即使将博物馆所提供的讲解服务计上，一般观众参观一个展览所耗费的时间才 20~50 分钟，每件文物平均也才 3~5 分钟而已，因此通过举办更多展览的方式对于博物馆观众对所接触到的展览文物能够留存多少信息也颇让人怀疑。现在通过研发相关衍生产品，这个担忧可以迎刃而解，观众通过购买衍生产品将"展品"带回家，让展品成为生活的一部分，既增加了展示宣传可移动文物的新窗口、扩大相关文物的文化影响力，又满足了观众"把文物带回家"的愿望。例如，台北"故宫博物院"数十万件精品藏品中，翠玉白菜往往是游客前往参观时的首选，这方面衍生产品的作用不可低估。据了解，台北"故宫博物院"研发的近千种文化产品中，尤以翠玉白菜系列产品最受大众喜爱，翠玉白菜有差不多 230 件跟它相关的产品。2011 年这个衍生品销售收入 1.2 亿台币，如翠玉白菜仿制品、翠玉白菜 USB、翠玉白菜雨伞等。

翠玉白菜捲線器　　NT$ 150　　翠玉白菜花插小櫥窗　　NT$ 200　　翠玉白菜掛包勾　　NT$ 290

故宫金屬徽章　　NT$ 280　　翠玉白菜耳機塞擦拭布(綠色)　　NT$ 250　　蝈蝈聲LED吊飾　　NT$ 230

故宫迷你雙窨　　NT$ 680　　故宫國窨手鎮翠玉白菜　　NT$ 180　　翠玉白菜耳機孔保護塞　　NT$ 100

8折

部分翠玉白菜系列文创产品

其次，通过对可移动文物衍生产品的开发可以创造条件实现对相关可移动文物的更好保护。研发可移动文物衍生产品中的复制高仿类别所积累的技术、材质指标可以为相关可移动文物的修复保存提供很好的参考；通过可移动文物衍生产品走进千家万户而普及的普通大众所积累的热爱文物、保护文物的思想意识则可为可移动文物的保护事业营造深厚的大众基础；而经营可移动文物衍生产品所取得的收入则为相关单位采用更先进安全的文物保护和修复的技术和环境提供强力的资金保证。

(二) 齐家

可移动文物的收藏单位很多，但在我国现阶段主要以博物馆为主，因此，这里所说的"齐家"主要指可移动文物衍生产品对博物馆发展所起的作用。文化部副部长、国家文物局局长励小捷指出"国内外博物馆发展实践表明，博物馆文化产品开发，既是博物馆文化推广与宣传、满足公众多层次需求，又是博物馆获得一定经济收入、促进其可持续发展的普遍做法"，这是对可移动文物衍生产品对博物馆发展所起的作用的精练概括。

首先，可移动文物衍生产品是展示、宣传博物馆藏品的有效手段。正如第一部分所言，通过博物馆研发衍生产品，观众可以透过陈列橱窗观看静态展品，再借助衍生产品这个特殊的"展品"将"展品"带回家，让"展品"成为生活的一部分，或是通过动手制作的活动，加深对博物馆的印象，无疑使博物馆更具吸引力。这些都是衍生产品在宣传博物馆藏品、实现博物馆展览传播目的方面的独特优势，也是"把文物带回家，把博物馆带回家"理念的具体阐释。

其次，可移动文物衍生产品是博物馆顺应新的发展趋势，提升博物馆形象，体现服务于社会的理念的重要手段。新时期以来强调"以人为本"的"新博物馆学"运动蓬勃兴起，对我国博物馆界的现实发展造成了很大的冲击但是实际影响却值得商榷，将博物馆作为重点景区打造的参观收费制度造成博物馆自身的发展与普通人民群众的实际需求的严重脱节，因而所谓的"以人文本"也就无从谈起。但是 2008 年国家文物局所主导的博物馆免费开放制度施行以来，博物馆的参观人数井喷上涨（见下表），如何更好地吸引观众和提供满足观众多样化需求的社会服务成为了摆在诸多博物馆面前的难题。以国家投资、博物馆进行藏品保护与展示、相对封闭运作为主要特征的我国博物馆传统经营理念已不适应新的形势的要求，必须进行全面的转变和创新，进行开放式经营，与区域经济社会相协调，而研发可移动文物衍生产品就是解决该问题的一个很好的突破口。开发博物馆文化衍生产品可以借助其表现形式的多样性和灵活性，使博物馆的收藏、研究、展示、教育等功能显性化、直观化，恰能为参观者带来新奇的、高质量的独特体验，使博物馆"以人为本"、服务于社会的理念得到强力贯彻实行。

2008 年免费开放以来我国博物馆事业发展情况一览表

指标 ⇕	2014年 ⇕	2013年 ⇕	2012年 ⇕	2011年 ⇕	2010年 ⇕	2009年 ⇕	2008年 ⇕
ⓘ 博物馆机构数(个)	3660	3473	3069	2650	2435	2252	1893
ⓘ 博物馆参观人次(万人次)		63776.00	56401.08	47050.68	40679.30	32715.60	28328.00
ⓘ 博物馆文物藏品(件/套)		27191601	23180726	19023423	17552482	15711150	14554158
ⓘ 博物馆举办展览(个)		9172	11885	9867	10091		
ⓘ 博物馆从业人员(人)		79075	71748	62181	57431	59919	51587

再次，可移动文物衍生产品是博物馆教育功能的延伸。曾经有博物馆学家这样说过"藏品是博物馆的心脏，教育是博物馆的灵魂"，国务院新颁布的《博物馆条例》也明确规定"博物馆，是指以教育、研究和欣赏为目的，收藏、保护并向公众展示人类活动和自然环境的见证物，经登记管理机关依法登记的非营利组织"，可见教育是博物馆最重要的功能之一。博物馆教育是由承担社会教育责任的社会文化机构——博物馆——为满足观众自我教育、自我完善和发展的要求而组织的非强制性教育。传统的博物馆教育方式包括讲解服务、学习服务、休闲服务等，随着社会的发展和人们生活时尚的变化，博物馆急需在传统教育形式之外觅得新型教育高地，而通过研发相关可移动文物衍生产品能为观众提供他们需要的信息，实现按需施教，足可以辅助增强教育活动的实效。观众购买衍生产品，可以使博物馆的教育功能走出博物馆，走进他们的日常生活，并以纪念品、装饰、陈设、服饰等形式，传播与博物馆及其展览、藏品有关的知识信息，从而于无形中实现博物馆教育功能的延伸。如故宫开发出的首款儿童类 iPad 版应用《皇帝的一天》，带领孩子们深入清代宫廷，了解皇帝一天的衣食起居、办公学习和休闲娱乐，深受欢迎，起到了很好的教育作用。

最后，可移动文物衍生产品可以弥补博物馆经营发展的诸多不足，为博物馆长远发展提供造血功能。一方面，我国目前的博物馆体制机制早已与社会发展脱节，随着我国改革开放大业的持续进行尤其是国家已经着力推行的文化体制机制改革的深入开展，博物馆体制机制改革也势在必行。但是，现行的博物馆体制机制早已是铁板一块，如何找好突破口以便以后有目的、有层次、有步骤地实施改革，是一个攸关博物馆事业发展与改革的关键性举措，而加强与促进博物馆文化产品的开发，大力发展博物馆文化产业就是至关重要的"一把火"。另一方面，目前我国博物馆的长远发展也面临着资金短缺、人才不足等问题的严重掣肘，而利用可移动文物衍生产品的文化附加值和经济价值共存的双重特点研发经营相关衍生产品不仅是解决博物馆资金问题的有效途径，还可以培养锻炼一批既熟悉博物馆业务工作，又擅长博物馆经营与行销的新型综合型人才，弥补博物馆人才的不足。例如，故宫博物院近年来开发文化衍生产品

新型文创产品《皇帝的一天》部分截图

近6000种，2013年的销售收入达到1.5亿元，预计2014年将达到9亿元，比门票收入还要高出2亿元，通过相关研发早已建立起了一条从研发设计到销售的一整套产业人才链。

（三）治国

治国，主要是指可移动文物衍生产品在国家发展大局中的地位和作用。

首先，可移动文物衍生产品是顺应国家产业发展规划，助力经济转型的新的经济增长点。改革开放30多年来我国的经济结构早已发生戏剧性变化，这种趋势在国家统计局对近10年来我国三大产业对国民经济拉动的贡献比所作出的走势图中让我们一览无余（见下表）：我国现在正处在经济转型的关键时期，即

我国近年来国民经济增长中三大产业贡献率走势表

指标	2014年	2013年	2012年	2011年	2010年	2009年
国内生产总值增长拉动(百分点)	7.35	7.69	7.75	9.49	10.63	9.24
第一产业对国内生产总值增长的拉动(百分点)	0.35	0.34	0.41	0.40	0.38	0.38
第二产业对国内生产总值增长的拉动(百分点)	3.41	3.69	3.82	4.88	6.08	4.79
第三产业对国内生产总值增长的拉动(百分点)	3.60	3.66	3.52	4.20	4.17	4.06

国民经济增长主要由第二产业带动的"投资性"增长向主要由第三产业带动的"消费型"增长的转变。中国艺术产业研究院副院长西沐认为"我国正面临市场消费结构快速转型的历史机遇。在市场消费结构快速转型这一大的背景下，文化消费，特别是艺术衍生品及其服务的消费会异军突起，快速发展。据发达国家的发展经验，当人均 GDP 达到 5000 美元时，人们的消费结构就进入了快速转型的轨道，文化消费与精神消费的比重增长较快。而我国去年的人均 GDP 已经达到 8700 美元，据估计，到 2020 年，人均 GDP 会达到 1.27 万美元，这意味着我们到时就会跨入高收入国家行列。这其中不言而喻的是，在我国，消费结构快速转型的时代已经到来，而我们的产业水平与能力还难以有效地支持、支撑这一快速到来的文化消费潮流"。因此，国家近年来正在不断出台强力措施整合资源，推动第三产业尤其是文化产业的跨越式发展，于是作为第三产业中重要组成部分的文化产业获得党和国家格外的垂青，各种规划文件不胜枚举，2012 年中国共产党十七届六中全会更是特意通过《关于深化文化体制改革　推动文化大发展大繁荣若干重大问题的决定》，对中国文化产业的发展给予最高指示。文化部发布的《2013 中国艺术品市场年度报告》透露"2013 年中国艺术品市场交易总额为 2003 亿元，其中国内画廊、艺术经纪、艺术博览会、拍卖市场、艺术品出口、艺术品网上交易的原创艺术品交易额为 1003 亿元，艺术授权品、艺术复制品、艺术衍生品的交易额为 200 亿元。艺术衍生品的交易额仅为整个艺术品市场交易总额的十分之一，未来发展空间巨大，前景可期"。而据故宫博物院长单霁翔援引 2009 年《文化遗产蓝皮书》中文化遗产实业对国民经济的贡献数据指出"总体来看，从 2001 年至 2007 年的平均情况来看，全国文物系统对国民经济的贡献，是同期财政投入的 5.6 倍。……例如 2007 年全国文物系统对国内经济的直接贡献为 40.1 亿元，总贡献保守估计达 279.2 亿元"，也就是说文物文创产业可以产生极高的投入产出比，如果好好发掘绝对可以成为拉动经济增长的另一个经济富矿。因此，作为文化产业重要组成部分的文物文创产业正在迎来发展的春天，并且有望成为新的经济增长点。

其次，可移动文物衍生产品是满足人民群众不断增长的物质文化需要，为"中国梦"的实现提供精神支撑的新型催化剂。习近平总书记十分重视中国传统文化的弘扬和保护问题，指出实现中华民族伟大复兴的"中国梦"需要我们做到包括文化自信在内的"四个自信"，这就需要我们重视包括可移动文物在内的中华传统文化在现代社会的地位和作用。贺云翱教授就鲜明地指出"文化遗产是国家走向未来的坚强基石；是文化自觉和文化自信的根本依据；是创新发展的宝贵资源；是建设特色化和谐性城镇的必要力量；是国家'新常态'的特殊构成；是现代科学研究的重要对象。"而现实情况是包括可移动文物在内的传统文化遗产与现代社会人们追求时尚新意的多元化生活需求之间存在着一些脱节，因此，如何做到既满足人们日益增长的物质文化需要，又弘扬和保护文化遗产，是我们树立文化自信实现"中国梦"所必须面对的问题，而二者结合的桥梁正是以可移动文物衍生产品为代表的文创产品。可移动文物衍生产品以可移动文物资源为基本开发元素，其载体和表现形式是多元的，但是凝结在可移动文物衍生产品中的核心内涵仍然是丰富深厚的历史文化知识，它将不断满足社会大众的多元化需求，用国际博物馆协会理事、中国博物馆协会市场推广与公共关系专业委员会秘书长蒋奇栖博士的话说："文创产品既有创意又很时尚，最重要的是它们饱含文化，同时也符合当下年轻人的口味。这说明我国的博物馆文创产品也在不断地与社会潮流结合、创新。"

(四)平天下

平天下，虽略显夸张，却绝不是空穴来风，主要是指可移动文物衍生产品在推动中华文化走出去的进程中的独特地位和作用。

可移动文物衍生产品在加强对外文化交流中具有重要意义，有利于助推我国传统优秀文化走向世界。我国有着辉煌而灿烂的文明史，丰厚的文物资源，博大精深的文化影响着全世界。可移动文物衍生产品是依托我国丰厚的可移动文物资源和吸收中华民族优秀历史文化元素所开发出来的现代消费品，基于其深厚的文化根基和土壤，其在一定程度上代表了中华民族的优秀历史与文明，可移动文物衍生产品因此成为一种象征符号，除了被各级领导认可经常作为国礼送给国内外贵宾外，可移动文物衍生产品也更能获得外国游客的认可。故宫博物院副院长李文儒在《重视博物馆特色商品的研究和开发》一文中透露："以故宫博物院为例。三年前，我们曾做过一个专业性的调查，调查结果显示：20.1%的人来之前就有在故宫购物的打算，购物预算平均274.8元。预计购买的物品类别：纪念品73.8%，食品12.7%，书籍5.6%。实际情况是，49.4%的国内参观者，54.4%的国外参观者光顾了故宫的商店，然后只有18.2%的国内参观者，22.2%的国外参观者购买了纪念品。未购买的原因：51.4%的人认为价格贵，14.3%的人认为没有喜欢的。对商品的要求，则几乎百分之百是有故宫特色，有中国特色，有纪念意义。"这个信息告诉了我们国外游客相比国内游客而言，对于富有中国特色的文化衍生产品更感兴趣，而且购买力更强。因此，当一个外国游客将可移动文物衍生产品带出国门时，其就在无形中作为中外文化交流的使者，对中国传统优秀文化走出国门起到独特的助推作用。

第二节　可移动文物衍生产品开发原则

可移动文物衍生产品的开发虽然追求符合现代流行时尚，却也不能一味地天马行空、毫无章法，以致泯然于现代工业品完全褪去了自己文化衍生品的特色。所谓"无规矩不成方圆"，为了确保所开发出的可移动文物衍生产品具有以文化独特性所代表的社会效益第一而兼顾经济效益的特性，我们就必须在研发可移动文物衍生产品时遵循一定的原则。有些学者将衍生产品的开发原则称作开发理念，或是做了特别的区分并分开来谈，我们认为开发理念在严格意义上也是开发原则的一种，因此本文所列出的开发原则将一些学者所谈的开发理念囊括而入，是广义上的开发原则。

　　学术界关于可移动文物衍生产品的开发原则还没有做出一个统一的定义和概括，我们目前只能够通过对不同的学者关于博物馆文化衍生产品的开发原则的理解和阐释来大体解读该原则，如故宫博物院单霁翔院长表示"我们研发文创产品主要有三个方面的理念：一个是以社会公众需求为导向；第二以时代前沿科技为依托；第三以学术研究成果为支撑"；章义平在《关于博物馆文化衍生产品开发的认识和思考》一文中认为博物馆文化衍生产品开发应该遵循"美观原则和实用原则、文化为根原则、情感化原则、时代化原则、系列化原则、品牌原则和适度包装原则"；易乐在《论中小型博物馆文创产品的开发与经营》一文中认为博物馆文创产品的开发应该坚持"产品开发从馆藏文物出发、产品开发配合展览主题、产品开发出于教育目的、产品开发结合地域特色、打造产品品牌、注重产品标识和包装"；许汉琴在《博物馆旅游文化产品开发与营销的路径》一文中认为博物馆旅游文化产品开发应该坚持"要立足于本馆独具特色的收藏品、要重视观众心理、要融入具有文化内涵的'故事'、要注重高档化和实用化相结合同时兼顾实用性"；李林娜在《博物馆文化产业发展的意义和原则》一文中认为"博物馆文化产业运作的原则应该坚持社会效益和经济效益统一发展的原则、弘扬历史文化相结合的原则、以市场需求为导向的原则、多元化的经营原则"，等等。结合以上专家学者的观点和近年来我国文博事业发展的新特点，现姑且将可移动文物衍生产品的开发原则划分为以下几种：

一、一般原则

(一)文化特色和时代化相结合

　　可移动文物衍生产品本质上是一种文化消费品，因而"文化为根"原则是可移动文物衍生产品开发所必须坚持的首要特殊原则。可移动文物衍生产品作为传播和展示相关可移动文物文化内涵的客观载体，它必须具有真正的生命力，必须以各个收藏单位的特色文化为一切衍生产品创意的来源，这也是各个收藏单位相关可移动文物衍生产品差异化的前提。各收藏单位所拥有的可移动文物都有自己独特的历史和文化特色，这是他们进行相关衍生产品研发的先天优势，只有在精确把握自己所独有的文化特色的基础上才能成功创造出与众不同且有灵魂的特色可移动文物衍生产品。

可移动文物衍生产品开发时所要遵循的时代化原则，是指相关可移动文物衍生产品的开发要结合时代特征和流行时尚，符合这一代人的需求和文化特征。社会自古以来一直处于剧烈变化之中，每个时期都会有每个时期所独有的文化特征，这些特征无不包含了这个时期的文化思想、审美观点和价值取向，它们的变化会对同一时期的产品风格产生一定的影响，因此，现阶段可移动文物衍生产品的开发，同样也要符合当下消费主流的思想文化特征。

总之，各收藏单位可移动文物衍生产品的开发不仅要符合当下消费主力军的思想文化，同时对于馆藏特色的传统文化传承也是可移动文物衍生产品进行创新开发的根本生命力。但是只有在吸收和借鉴传统文化内涵的基础上创造出新的形式，并与时代观念紧密结合的文创衍生产品才能被消费者所广泛接受。因此可移动文物衍生产品的开发必须遵循文化性与时代化相结合的原则。

同时，现阶段各收藏单位在坚持可移动文物衍生产品的开发必须遵循文化性与时代化相结合的原则的同时，要避免一个误区：即过于强调时代化原则而弱化文化为根这个根本首要原则。在这方面，台北"故宫博物院"给我们树立了良好的典范，据相关记者采访台北"故宫博物院"相关负责人关于台北"故宫博物院"文创产品成功的经验时，台北故宫新闻发言人、登录保存处处长金士先介绍说：对于文物进行创意再造，台北故宫给设计者的限制很少，"花哨、新潮和卡通我们都可以接受，但有损博物馆形象和文物价值的'亵玩'则不行，比如做成成人玩具和盥洗用品。"有一次，台北故宫最热销的康熙朱批"朕知道了"纸胶带被盗版商做成了卷筒卫生纸，台北故宫就坚决"不答应"。还有一次，有人找上门来谈合作，说要把台北故宫的部分书法作品印到马桶上，并邀请当红明星代言，"这可能是个好创意，但是我们明确拒绝了。""文物就是文物，有一定的社会价值和教育性，要给它尊敬，才会有永续性。"可见，台北"故宫博物院"的成功之路正是建立在对文化为根原则和时代化原则进行均衡把握的基础上的，这对于我们进行可移动文物衍生产品的开发也极有借鉴意义。

目前各博物馆在开发文创衍生产品时对于该原则体现出了较多的关注，因而取得的成果也较为丰硕。如北京故宫博物院开发出的"朝珠耳机"、"顶戴花翎官帽伞"，台北"故宫博物院"开发出的"朕知道了"胶带、运动手环等。

顶戴花翎官帽伞与宫门双肩包

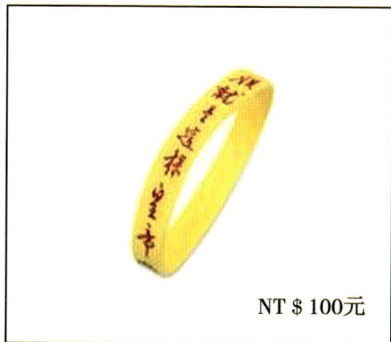

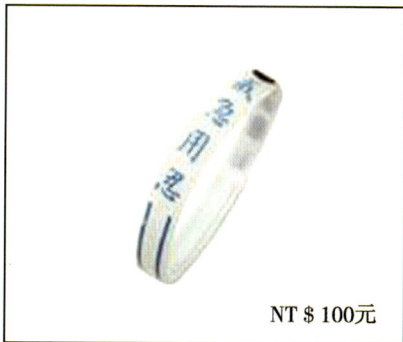

NT $ 100元

NT $ 100元

运动手环

（二）美观性和实用性相结合

美观最能吸引消费者前来参观购买，很多消费者想拥有一件产品最初的原因是因为该产品看起来很漂亮，可以给人赏心悦目的第一印象。因为美是人类普遍的追求之一，追求美丽是人类的本能。文化产品是满足人民群众精神文化物质生活需求的产品，尤其是精神产品，相较于一般产品，美观性对于精神产品而言更为重要，人们消费精神产品所追求的首先应该是享受，而美观的产品往往能第一时间激起人类内心强烈而直观的美学感官反应，对满足人类的享受需求至关重要，因而也更能吸引消费者的注意力，这也就决定了文化产品必须具有美观性。

虽然美观性是相关文化产品吸引观众必不可少的要素，但是实用性也是文化产品需要具备的另一个重要的特质。美观所造成的消费者感官的本能反应毕竟不会持续太长时间，无论多么美观的产品时间久了都会陷入消费者"审美疲劳"的另一个生理反应之中。因而产品外形的美观虽然可以成功地将消费者的眼球吸引过来，但是仅仅具有美观还是不够的，如果这个产品在具有美观性的同时还具有一定的实用价值，对于消费者的吸引力就会更大。无论文化产品最终是否会陷入"审美疲劳"的风险而造成吸引力下降，但是正如马克思所言"物的使用性使物成为使用价值"，有实用性的文化产品就可以更好地规避这个风险。这也是许多参观博物馆的观众在要求博物馆文化创意产品具有纪念意义和审美功能的前提下，还希望能够提高其实用价值的原因所在。因此，我们进行可移动文物衍生产品的开发必须坚持美观性和实用性相结合这一原则。

目前在各博物馆开发出的文创衍生产品中最能体现这一原则的恐怕要数其中的食品系列了，如苏州博物馆依靠秘色瓷所开发出的"秘色瓷莲花碗曲奇"饼干、三星堆博物馆依靠青铜面具所开发出的面具饼干、台北"故宫博物院"开发出的食品系列等。

青铜面具饼干

NT $ 250元

璀璨莲花—桂圆核枣糕礼盒

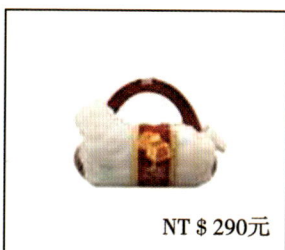

NT $ 290元

故宫之美—水果酥礼盒

NT $ 250元

璀璨莲花—杏仁酥糖礼

NT $ 250元

璀璨莲花—竹鸠煎饼

NT $ 250元

璀璨莲花—核枣糕礼盒

NT $ 420元

故宫之美—台北蛋卷礼盒

美观又实用的文创食品

(三) 主题性和系列化相结合

除了美观性可以在第一时间内引起消费者感官的本能反应，直接增强一般文化产品的吸引力之外，主题性也可以发挥出这样的效果。主题性不同的文化产品给消费者的脑部所造成的冲击是不同的，契合消费者需求的主题往往能让消费者"一见倾心"，使观众久久回忆，难以忘怀；不契合消费者需求的主题往往更多的时候会勾起消费者强烈的好奇心，总之，通过将文化产品的主题性进行差异化变化，同样可以起到增强文化产品的消费者吸引力的效果。因此，我们在进行可移动文物衍生产品的开发时要为产品构思一个明确的主题，而要达到最大程度上吸引消费者的目的，这个主题应该是当地特色文化的精髓。从产品的角度而言，主题就好像是产品与观众之间的纽带，使观众能够深化记忆，重温审美体验，因而所有衍生文化产品的开发都应切合主题。当下我国文化市场正处于深刻变化之际，消费需求的个性化和文化产品的定制化趋向愈加明显，而需求的差异化需要有主题的文化产品加以调节。应该说，特色和主题对于文化产品的作用类似于人的大脑和心脏，紧跟市场潮流，提供不断创新的主题对于文化产品增强对消费者的吸引力至关重要。

除了主题性之外，文化产品的开发还应该走向系列化。一个成功的文化衍生产品，只有卖点突出，才能形成一系列的产品，而同时产品系列化上市后所形成的市场趋势，反过来可以间接影响消费者的消费心理和消费需求，产生新的额外的购买力。另外同一主题性的文化产品的系列化发展还可以促成文化产品的主题性的差异化变化，使该文化产品的发展深度和广度得到提升，增加该产品的种类和表现形式，增强对于消费者的吸引力。在经济学中，产品系列化 (Product seriation) 是标准化的高级形式，是标准化高度发展的产物，是标准化走向成熟的标志；系列化是使某一类产品系统的结构优化、功能最佳的标准化形式。它通过对同一类产品发展规律的分析研究，经过全面的技术经济比较，将产品的主要参数、型式、尺寸、基本结构等作出合理的安排与计划，以协调同类产品和配套产品之间的关系。这在一些经济学者的眼中也称作"系列化产品优势"，即系列化产品可以形成更强的市场影响力，便于销售，所谓"集团效应"；还可以形成更强的自身发展能力，便于更新换代和发展壮大，所谓"升华效应"。

因此，我们进行可移动文物衍生产品的开发要坚持主题性和系列化相结合的原则。

国内博物馆文创产品最能突出这个原则的就是湖南省博物馆了，该馆开发出的文创产品以马王堆文化为主题，衍生出养生品、丝织品、纪念品、漆器等一系列产品。

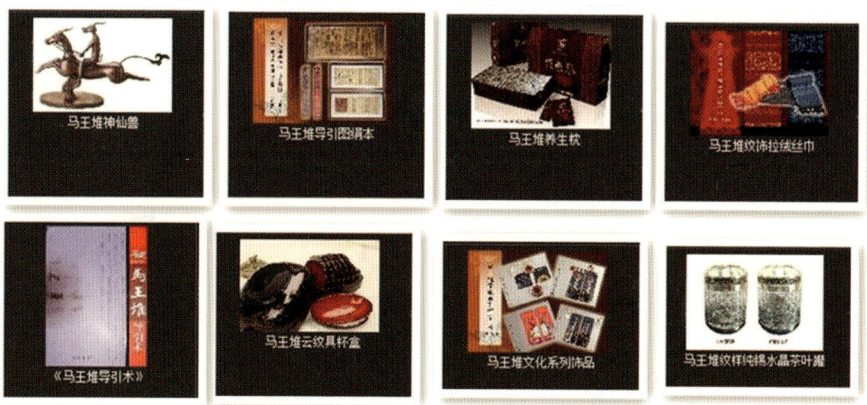

"马王堆系列"文化产品

二、为公众服务

为公众服务原则是在新时期我国文博业发展新趋势和新特点影响下可移动文物衍生产品的开发所应该坚持的原则。

包括可移动文物在内的文化遗产是国家走向未来的坚强基石；是文化自觉和文化自信的根本依据；是创新发展的宝贵资源；是建设特色化和谐性城镇的必要力量；是国家"新常态"的特殊构成。因此，国家近年来特别注重文化遗产的保护和传承的问题，习近平总书记曾在不同场合多次要求"要系统梳理传统文化资源，让收藏在禁宫里的文物、陈列在广阔大地上的遗产、书写在古籍里的文字都活起来"，国家各机构也不断出台措施促进文化遗产与社会近距离接触，国家文物局更是提出"让文物活起来，让博物馆活起来"的新型发展理念，推动了我国文博业近年来快速发展(见下表)，其中一个显著特点即是观众与文物的接触更加紧密，承载了我国绝大多数可移动文物的博物馆在 2008 年国家实施免费开放以来所发生的人流

指标 ⇕	2014年 ⇕	2013年 ⇕	2012年 ⇕	2011年 ⇕	2010年 ⇕	2009年 ⇕
ⓘ 博物馆参观人次(万人次)	63776	56401	47051	40679	32716	
ⓘ 文物业参观人次(万人次)			67059	56687	52098	43248
ⓘ 文物科研机构参观人次(万人次)			224	194	221	1328
ⓘ 文物保护管理机构参观人次(万人次)			10433	9442	11198	9205
ⓘ 文物业文物藏品数(件)	38408146	35054763	30185365	28642200	26802714	
ⓘ 文物保护管理机构文物藏品数(件)	1906829	1767573	2252535	2149366	1958904	
ⓘ 博物馆文物藏品数(件/套)	27191601	23180726	19023423	17552482	15711150	
ⓘ 文物商店文物藏品数(件/套)	7632366	8507934	7770986	7748943	7616192	
ⓘ 其他文物机构文物藏品数(件)	82375	389829	316031	321186	587279	

近年来我国文博业发展概况

量变化最为显著，如何处理博物馆与观众的关系成为它们面临的新课题。可以说新的现实状况已经要求我国博物馆的工作重点从原来的收藏保护文物向吸引更多观众、为观众提供更多增值服务转变。同时在国外，自 20 世纪 80 年代以来新博物馆学理论早已盛行日久，相较于原有的博物馆学理论而言，新博物馆学理论的最大变化即是博物馆学的核心从追求以物为中心转变为讲究以人为中心 (见下图)。现阶段我国博物馆界在贯彻新博物馆学理论方面还和世界其他地区尤其是发达国家存在着很大差距，博物馆以人为中心的发展理念还未深入落实，一个突出表现就是最能够体现博物馆以人为中心发展理念的相关文创产品的研发工作严重滞后。包括博物馆文创产品在内的可移动文物衍生产品正是在这个大背景下粉墨登场，承担起了我国文博业艰难转型、为公众服务的重担。因此，国内外现实状况要求我们推进可移动文物衍生产品的研发必须将为公众服务的原则贯穿始终。

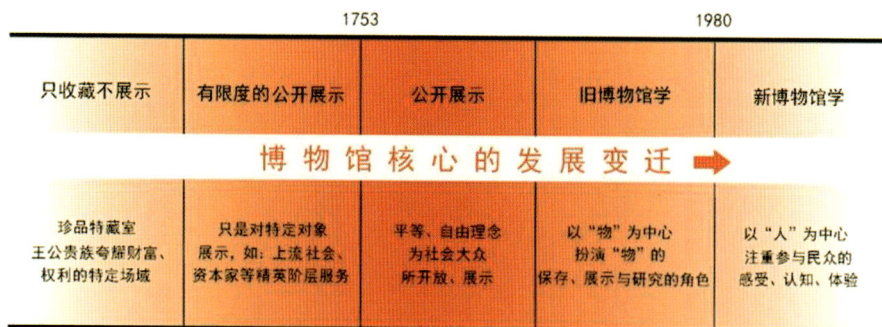

	1753		1980	
只收藏不展示	有限度的公开展示	公开展示	旧博物馆学	新博物馆学

博 物 馆 核 心 的 发 展 变 迁 ➡

| 珍品特藏室 王公贵族夸耀财富、权利的特定场域 | 只是对特定对象展示，如：上流社会、资本家等精英阶层服务 | 平等、自由理念为社会大众所开放、展示 | 以"物"为中心扮演"物"的保存、展示与研究的角色 | 以"人"为中心注重参与民众的感受、认知、体验 |

博物馆核心的发展变迁过程

　　从产品角度来说，可移动文物衍生产品作为产品的一部分，必须符合市场规律，满足市场需求。在市场买卖关系中，消费者是不折不扣的上帝，马克思说"物的有用性使物成为商品"，一个产品如果不以消费者为中心来进行相关研发，不能够满足消费者的某些需求，即使再雍容华丽，它也是一无用处。因此，可移动文物衍生产品必须树立起为公众服务的原则，时刻紧盯公众的消费需求变化，要树立以人民为中心、以普通大众为对象的开发导向，多开发群众买得起、用得上的优质低价的文化产品，努力满足人民群日益增长的物质文化需求。用故宫博物院单霁翔院长的话来说，可移动文物衍生产品要做到让公众"在审美上的乐于享受、在创意上的易于感受、在功能上的便于接受、在价位上的宜于承受"。

　　附：网上专业问卷调查平台问卷星承载的 2015 年 4 月份有关人员进行的一份博物馆文创产品调查问卷，向我们提供了现阶段公众对于文创衍生产品的现实需求状况。(本调查问卷只供参考)

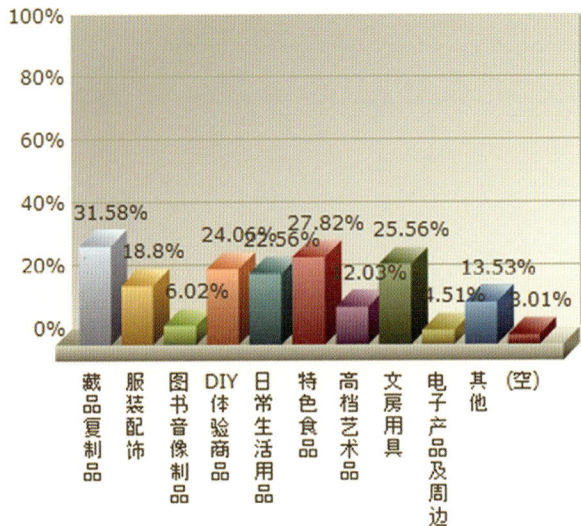

公众愿意购买的文创产品类型

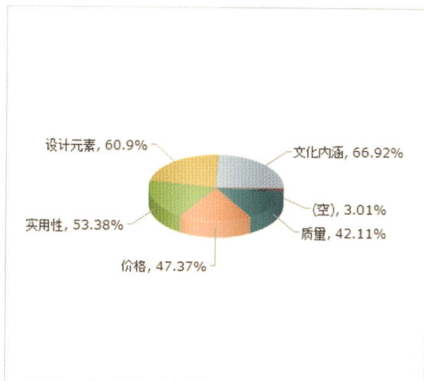

吸引公众的文创产品因素

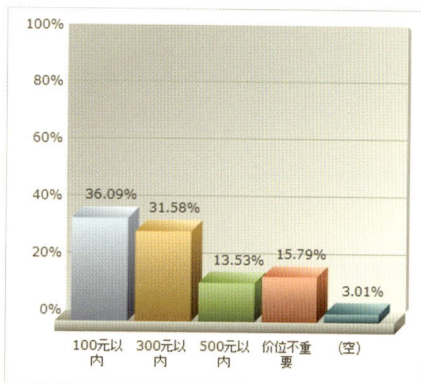

公众可以接受的文创产品价位

公众喜欢的文创产品风格

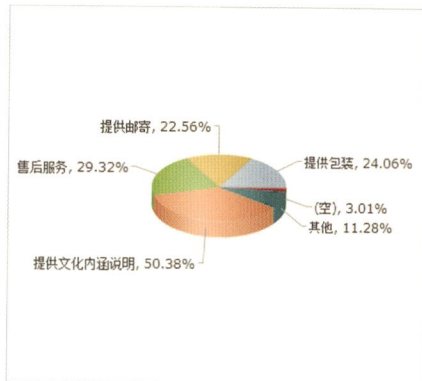

公众可以接受的附加服务

博物馆文创产品调查问卷所揭示的公众需求

三、提供文化休闲

我国文博业发展新趋势和大众消费新动向要求可移动文物衍生产品的开发要做到能够提供文化休闲功能。

随着新时期国家对文博业发展和转型的各种措施不断出台，我国文博业一方面取得了长足发展，成长为数量型的"胖小伙儿"；另一方面功能结构和发展理念也在不断优化，成为质量型的"坚实分子"，这主要体现为可移动文物收藏单位主要是博物馆的发展重点从以藏品为主转变为以人为主，在坚持对藏品实现严格保护的同时，主动采取措施拉近与社会大众的距离，更为关注包括休闲、娱乐、教育等在内的新型社会功能的完善与实现，以便实现文博界"让文物活起来，让博物馆活起来"的呼吁。除去休闲和娱乐功能直接是为公众提供文化休闲服务之外，作为博物馆灵魂的教育功能，其宗旨就是为广大观众提高思想品德和文化素养教育；为在校学生的校外教育服务；为成人终生教育、回归教育服务；为科学研究服务；为旅游观光和文化休闲服务等。因此，我们可以笼统地说，新时期我国文博业发展的新趋势就是为公众更好地提供文化休闲服务。作为新时期我国文博业发展的新重点尤其是作为博物馆教育功能的延伸，可移动文物衍生产品在研发时更应该注意本身所承载的文化休闲功能，而这也得到了文博界的呼应，故宫博物院单霁翔院长就指出："把故宫文化带回家是故宫研发文化产品的出发点，而真正让大众通过产品学习文化、引发思考、获取精神升华才是故宫博物院文化创意产品的研发理念和落脚点。"

伴随着我国经济转型发展而来的大众消费新动向也影响到了可移动文物衍生产品的研发中文化休闲功能的发挥。随着我国经济逐渐由投资型增长转向消费型增长，由第二产业拉动转向第三产业拉动，我国居民的消费结构也发生了巨大变化，文化消费在居民消费结构中的比重日趋上升（见下图），并将成为日后居民消费增长的主力。

因此，人们日益多样化的文化消费需求和我国目前相对低下的文化产业水平将为可移动文物衍生产品的发展带来机遇，当然也会更多地鼓励可移动文物衍生产品中文化休闲功能的发挥。

目前最能体现提供文化休闲服务的是故宫博物院依据馆藏雍正皇帝生活绘画《雍正行乐图》而开发出的《雍正：感觉自己萌萌哒》动态图。在这些雍正行乐图动态图中，雍正或是泡脚、或是打虎、或是松下抚琴……各有造型，再配上故宫博物院工作人员拟定的搞笑解说词，"萌萌哒"的喜感油然而生。

中国居民文化消费支出变化图

雍正动态图

四、展现地域文化和博物馆藏品特色

各地开发出的可移动文物衍生产品往往存在产品雷同、同质化严重、种类单一等问题，严重影响了相关可移动文物衍生产品的销售与后续发展，为此，我们在研发相关可移动文物衍生产品时还应该坚持展现地域文化和博物馆藏品特色的原则。故宫博物院院长单霁翔在 2015 年 4 月 10 日举办的"把博物馆带回家——博物院视野中的创意产业"论坛上就强烈建议"博物馆可以根据馆藏资源提炼出最能代表自身特点的文化符号，以此形成独特的文化影响力。有条件的博物馆，最好能结合每次的展览主题设计一些文创产品。"这也是这一原则在我国文博界产生广泛影响的体现。

我国是一个幅员辽阔的文明古国，不同的地域具有不同特色的文化，每一种文化类型都有特定的构成方式及其稳定的特征，也都在当地留下了无法估量的相当程度的文物遗存。每一件当地出土的可移动文物作为当地特色历史文化的见证者和承载者，反映的是当地当时历史时期的经济文化和风土人情，具有其他地区所不能比拟的独特的本土风貌，这些是当地进行相关文化衍生产品创作和开发的秘宝。

而博物馆作为当地可移动文物的主要收藏单位，是展现一个国家、一个民族、一个地域的文明和文化特色的重要场所，不同国家、不同民族、不同地区的博馆所拥有的文化资源也风格迥异，各不相同。博物馆要想展现其自身特色最好是将当地的文化特色与博物馆内的文物资源相融合，因为每个博物馆都拥有自身独特的文化资源，相对来说对于这些特色文物资源也更熟识，因而在开发文化创意产品上也具有得天独厚的优势。各馆在利用馆藏文物资源进行开发时，如果根据自己馆藏文物资源的文化特色，开发出具有个性化的产品，那么这些独具馆藏展品意义且特色鲜明的纪念品不仅能够满足消费者的参观纪念需求，而且还可以在一定程度上有效防止仿造的大面积扩散。另外，产品研发以博物馆馆藏文物为主，也可以利用观众参观完博物馆相关展览后的留存记忆需求而增加相关文化衍生产品的销售，正如一位博物馆工作人员所说：观众走进博物馆，看到展柜中一件件精美的藏品，在了解其来源和历史背景后，对这些藏品或多或少留下了片刻的记忆。而在参观结束后，当一件相同形态的产品或产品上的某些元素重新出现在观众眼前时，便立刻和脑海中残留的记忆形成对接，从而促使观众购买这件产品作为纪念。

总之，我们在进行可移动文物衍生产品的研发时要注意坚持展现地域文化和博物馆藏品特色的原则。只有依托本地独具特色的相关可移动文物资源，才能开发出独特的既有艺术性又有实用性的可移动文物衍生产品，这样既可以大大提高观众的购买欲，又有效防止了其他地区仿造产品的大规模市场倾轧，促进本地包括可移动文物衍生产品在内的文化创意产业的发展壮大。同时，坚持以展现地域文化和博物馆藏品特色为原则，也可以增加部分博物馆文创产品的系列化发展的发掘空间和尺度，如浙江省博物馆馆长陈浩介绍浙江省博物馆依据此原则而进行的文创产品的系列化研发就令人眼前一亮："一是结合馆藏文物进行开发，例如浙江省博物馆围绕'十大镇馆之宝'开发的唐琴琉璃镇纸纪念品套装、仿伎乐铜屋首饰盒、仿五代鎏金银阿育王塔首饰盒等，通过创意设计让文物走进百姓生活。二是结合展览进行开发，例如我们配合'惠世天工——中国古代发明创造文物展'开发了仿元代龙泉窑梅子青釉葫芦酒瓶、仿宋代菊瓣纹银盏、茶叶礼盒及铜镜杯垫，配合"情语——丰子恺《护生画集》真迹展"开发了丰子恺作品紫砂壶、紫砂笔筒、移动电源等产品。三是结合文化事件进行开发，例如 2011 年配合《富春山居图》(剩山图)赴台参展，设计制作了《富春山居图》系列的丝巾、仿古折扇、卡片式 U 盘、鼠标垫、冰箱贴等文化衍生产品，借文化事件的影响力进行推广和传播。"

目前国内各大博物馆都在做这方面的工作，除了苏州博物馆以馆藏秘色瓷开发出的"秘色瓷莲花碗曲奇"饼干、三星堆博物馆以馆藏青铜面具开发出的青铜面具饼干之外，南京博物院开发出了六朝魔方、秦始皇陵博物馆开发出了 Q 版兵马俑，等等。而湖南省博物馆依托马王堆墓葬出土文物而研发的"马王堆系列养生产品"(见下图)已经在国内小有名气，取得了一定的成功。该系列产品是由该馆文化产业开发中心组织该馆文物专家和湖南省中医药大学教授，根据世界著名的马王堆汉墓出土的医帛书记载的养生理论，在对同时出土的西汉文物"长寿绣枕"原物制作材料和用途进行研究的基础上，依托马王堆深厚的历史文化背景，结合现代中医理论，通过现代工艺精工打造而成，也是全国文博系统文化产业开发中，首个具有注册商标、产品执行标准、通用条码的商品。

卡通版兵马俑

六朝魔方

养生香囊

养生方枕（A款）

马王堆养生枕

养生糖果枕

马王堆养生薰香

养生车用劲枕（对）

部分马王堆系列养生产品

极具地域文化和馆藏特色的文创产品

第三节　可移动文物衍生产品开发对策

现阶段由于我国可移动文物衍生产品的开发主要以博物馆文创产品为主，而且最具开发文创衍生产品潜力的可移动文物也主要以博物馆藏品为主，即博物馆文创产品在可移动文物衍生产品中占据着核心地位，我们分析可移动文物衍生产品的开发所面临的现状和问题必须通过博物馆文创产品这个载体来进行。换句话说，博物馆文创产品作为可移动文物衍生产品的最主要组成部分，是我们了解我国可移动文物衍生产品发展现状的主要窗口，博物馆文创产品的发展状况直接决定了我国可移动文物衍生产品的发展状况，我国可移动文物衍生产品的大发展大繁荣必须通过促进博物馆文创产品的大发展大繁荣来实现。因此，我们目前谈论可移动文物衍生产品的开发对策的侧重点也在博物馆文创产品，实际上也是在谈论博物馆文创产品的开发对策。

现阶段虽然我国政府机构和文博界对于可移动文物衍生产品的开发给予了足够的重视，一些成效已经显现，博物馆文创产品"卖萌"逐渐成为潮流并引起了媒体的广泛报道，但是我国可移动文物衍生产品的开发还是面临着不少问题和挑战。以博物馆文创产品为例，相关人员在 2015 年 4 月依靠网络平台专门进行了一次博物馆文化创意产品的消费需求调查，调查结果结果显示大部分消费者对于我国文博界目前开发的文创产品并不满意（见下图）；《光明日报》文化遗产周刊主编李韵表示"纵观国内的博物馆文创产品，仍存在一些不足。其一，大量的文创产品缺乏创意，只是文物本体的简单复制。其二，品种雷同，几乎每个博物馆里的文创产品商店售卖的都是书签、鼠标、U 盘等。其三，文创产品两极分化严重，高端产品非常讲究，设计十分别致，但价格很高；低端产品价格低廉、粗制滥造，激不起参观者购买的欲望，而性价比高的产品才是公众最想要的"；中国博物馆协会文创产品专业委员会副秘书长张鹏认为"近年来全国绝大多数博物馆，尤其是中小博物馆没有自己的产品，90%的产品是代销。文创产品

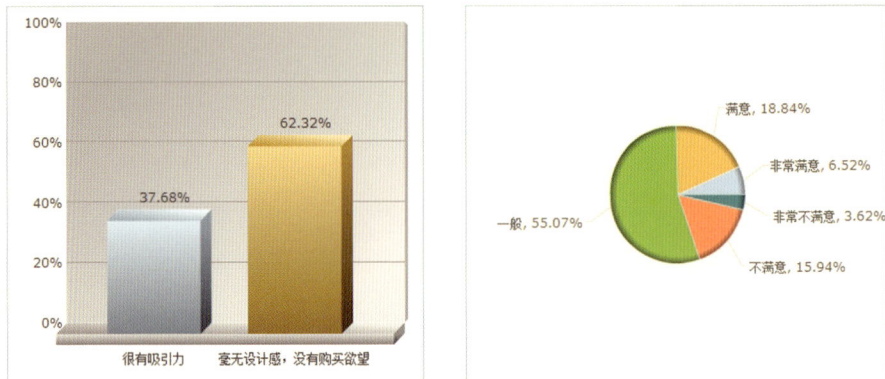

消费者对于我国目前开发的文创产品的评价及满意度

的重点在'创'，我们离自主设计的目标还有很大距离"；而国家文物局博物馆与社会文物司在 2010 年前后曾经专门组织了一个"博物馆文化产品开发"课题研究组，对我国博物馆界文化产品的开发状况以及存在的问题做了一次深入的调研，并形成了一份"博物馆文化产品开发研究调研报告"，该调研报告明确指出"从总体上看，我国博物馆的文化产品开发经营仍处于起步、探索、培育、发展的初级阶段，整体水平不高、认识不足、基础薄弱，与发达国家相比差距很大。具体来说，其存在的问题主要表现在以下几个方面：(1)思想认识不足，研发工作滞后；(2)博物馆文化产品开发区域发展不平衡；(3)文化产品开发管理与激励机制滞后；(4)博物馆文化产品开发缺少创新意识；(5)博物馆文化产品开发缺少资金支持；(6)博物馆文化产品开发缺乏专业人才"。可见，从消费者到文博界人士再到国家文物局，各方面对于目前我国文博界文创衍生产品开发的现状和问题都有深刻的认识和不满。

那么，针对我国可移动文物衍生产品开发所存在的问题，我们该如何应对呢？马克思主义哲学告诉我们处理问题要抓主要矛盾，这给了我们很大启示：鉴于博物馆文创产品在可移动文物衍生产品中处于核心地位，因此，我们只需要采取措施解决制约博物馆文创产品发展的因素，即可以通过博物馆文创产品这个核心部分的发展来推动作为整体的可移动文物衍生产品的发展，在短时间内促进我国可移动文物衍生产品的大发展大繁荣。这就需要我们准确定位制约我国博物馆文创产品发展的根本因素，中国博物馆协会文创产品专业委员会副秘书长张鹏认为"体制、人才、观念，成为制约文创产品发展的根本因素"，为此，我们需要做好以下几个大的方面的工作来加以应对：

一、完善政策环境

为了缓解体制因素对于我国可移动文物衍生产品开发所造成的制约，我们需要完善政策环境。体制因素对于我国目前可移动文物衍生产品的开发所造成的制约是最大的，故宫博物院院长单霁翔在 2015 年全国政协两会上提出了一份关于解决博物馆文创产品研发工作中存在的问题的提案，在该提案中单院长明确指出："从总体看，目前我国博物馆文创产品研发经营整体水平还不高，与发达国家和地区的博物馆相比差距很大。造成这种情况的原因，既有博物馆自身的体制机制因素，更多的是博物馆自身解决不了的相关制度保障的缺失。具体表现在：一、博物馆从事经营活动的依据模糊不清，存在政策缺位。二、文创产品研发管理与激励机制滞后。三、缺少足够资金投入和相关扶持政策。"单院长的提案一针见血地道出了我国目前文创产品开发所面临的体制制约的具体表现，为此，我们需要从以下几个方面来完善政策环境：

（一）完善法规，明确文创产品的政策定位

明确文创产品的政策定位，统一博物馆等可移动文物收藏单位关于文创衍生产品的思想认识对于可移动文物衍生产品开发将提供首要的思想保证。

博物馆作为当地可移动文物的主要收藏单位，是展现一个国家、一个民族、一个地域的文明和文化特色的重要场所，是为社会公众提供公益性服务的社会机构，公益性是博物馆开展工作所必须坚持的首要原则，而文创产品的开发又不可避免地让博物馆进行商业化操作，因而这种开发工作

是否会改变博物馆的公益性属性，博物馆是否可以商业化操作以及在多大程度上可以进行诸如文创产品研发等商业化操作一直是困扰文博界文创产品快速发展的一大问题。虽然近年来国家有关领导极为重视博物馆文创产品的研发工作但是国内目前的政策法规还是将博物馆牢牢地限制在公益性基础之上，因而这种模糊的政策导向所产生的作用自然要大打折扣。单院长在 2015 年政协提案中认为"博物馆从事经营活动的依据模糊不清，存在政策缺位"；国家文物局"博物馆文化产品开发"课题研究组在"博物馆文化产品开发研究调研报告"中也认为导致现有博物馆对文创产品"思想认识不足，研发工作滞后"的首要原因即是博物馆对于文创产品的定位模糊不清，造成两个极端"要么将其定位于博物馆的附属品，处于可有可无的副业地位……要么将其视为与博物馆完全无关的市场行为，完全通过企业化模式进行操作，使其对博物馆文化事业的反哺作用极为有限"；江苏省文物局博物馆处相关负责人也表示"博物馆的主要职能是展览、收藏、研究和开展公共服务，不能过于商业化，但对博物馆的资源进行价值挖掘是一种国际惯例。对博物馆文创产品经营如何进行管理与规范，在管理机制上是可以探讨和研究的，我们期待着能迈出关键性、实质性的一步"。可见，相关法规模糊的政策性导向已经引起了文博界相当的无奈和不满。因此，相关法规的政策性调整已迫在眉睫。

国务院总理李克强在 2015 年 2 月 9 日组织国务院第 78 次常务会议通过了《博物馆条例》，该条例第四章第 34 条明确提出"国家鼓励博物馆挖掘藏品内涵，与文化创意、旅游等产业相结合，开发衍生产品，增强博物馆发展能力。"该条例自 2015 年 3 月 20 日施行，这是国务院发布的我国博物馆行业第一部全国性法规文件，它的发布无疑使博物馆开发文创衍生产品具有明确的法规保证，是迟到的"准生证"。同时 2015 年 3 月 20 日国家文物局发布《关于贯彻执行〈博物馆条例〉的实施意见》，该意见也明确指出"完善博物馆社会服务，加强博物馆文化产品开发"同时要求"各级文物主管部门大力支持博物馆文化产品的创意开发，推动博物馆联合社会资源，培育创造博物馆文化产品特色品牌，增强博物馆文化产品在文化产业和消费体系中的竞争力。"应该说，国家已经意识到政策性法规的定位缺失对于博物馆文创产品的研发所造成的消极影响并正在做出改变，但是这种改变距离单霁翔院长在政协提案中所强烈呼吁的"请中央编办、人力资源社会保障部研究可行措施，将公益性事业单位，特别是公益一类事业单位，出于公益和事业发展的必要而进行的经营活动，作为深化改革的一个重要问题加以解决，并在事业单位分类改革中，对此类经营活动职能进行明确界定"还有相当大的差距。仔细研读新出的《博物馆条例》和《关于贯彻执行〈博物馆条例〉的实施意见》，我们不难发现，以上两条法规对于文创产品在博物馆中的功能定位还是模糊不清，只是将文创产品第一次写入正式的法规中，给文创产品出具了"准生证"而已，我们现在缺乏的是有效的"身份证"。

在谈到可移动文物衍生产品在国家正式的法律中的地位问题，我国与国外相比就更是落后很多：国外一些国家，比如日韩等国，早已通过制定文化产业促进法将博物馆行业和相关文创产业纳入其中，而我国《文物法》条文中丝毫没有关于可移动文物衍生产品方面的解释和规定，现有的文化产业方面的正规法律则是一片空白。2014 年 10 月召开的十八届四中全会审议通过的《中共中央关于全面推进依法治国若干重大问题的决定》刚刚指出要制定《文化产业促进法》，把行之有效的文化经济政策法定化；我国目前第一部所谓的《文化产业促进法》则在 2015 年的两会上刚刚提交了审议，何时出台更是遥遥无期。所以，在完善法规、明确文创产品的功能定位方面，国家还有很多事情要做。

（二）多元化财政支持，变"输血"为"造血"

实行多元化的财政支持，对于可移动文物衍生产品的开发将提供重要的物质保证。有关专家指出："作为国家全额拨款的事业单位，博物馆的财政管理制度是'收支两条线'：一方面博物馆各项运营经费由财政全额拨款，国家经费不能用于经营开发与投资；另一方面博物馆所有收入都要上交。这就像是吃大锅饭，影响了博物馆主动开发文创产品的积极性。"可见，现阶段我国实行的对于博物馆等可移动文物收藏单位的财政管理体制也在很大程度上影响了相关收藏单位可移动文物衍生产品的开发。

　　2008 年以来，国家推动博物馆、纪念馆等国有主要文博机构免费开放，对国有文博机构实施严格的收支国有政策，在财政支持政策上大多数博物馆等文博机构属于国家所有，运营和发展经费主要依靠各级财政专项拨款，它所取得的收入也要由国家分配，事实上文博机构成为我国为数不多的依旧实行"大锅饭"体制的行业。这种体制虽然严格保证了我国文博机构的公益性属性，但它所造成的消极影响也是显而易见的：强力的财政支持往往造成文博机构安于现状、不思进取，对于文创衍生产品等新产品的研发持消极态度；收入上缴的财政控制不仅限制了博物馆开发文创产品的积极性和主动性，也经常造成文博机构缺少闲置资金，这也严格限制了需要相当大投入才能产生成效的文创衍生产品的发展。另一方面，在作为财政管理体制重要组成部分的税收支持政策上：我国则存在立法空白；现有政策力度不够。其实作为国家调节经济的重要杠杆，利用税收政策实行对相关弱势或新兴产业的保护和扶持进而促进该产业的发展壮大一直是国际间的通行做法，而我国实行的现有税收政策对于文创衍生产品等文化创意产业的扶植措施少之又少，这无疑又增添了文博界文创衍生产品的发展难度。因此，我们目前迫切需要变更实行于文博界的现有财政政策，2015 年单霁翔院长在政协提案中强烈呼吁"请财政部、文化部、国家税务总局、海关总署加强研究支持措施，出台使博物馆文创产品的研发、营销、出口，享受不低于对文化产业相关优惠政策中的税收减免、贷款贴息、出口退税等方面的政策。使国务院《关于推进文化创意和设计服务与相关产业融合发展的若干意见》(国发 [2014] 10 号) 和国务院《关于加快发展服务贸易的若干意见》(国发 [2015] 8 号) 的相关优惠政策，也应适用于博物馆文创产品研发。……请财政部、国家文物局加强政策支持和行业指导，继续加大事业专项经费投入，设立文化产业专项资金或新设专项资金，对博物馆文创产品研发进行扶持，完善各项优惠政策，鼓励社会资本进入博物馆文创产品研发领域，大力支持全国博物馆开展文创产品研发，全面提升博物馆展示服务水平。"这正是文博界强烈要求变更现有的财政政策的心声的写照。

　　国外尤其是发达国家博物馆文创产业的发达也与他们实行的财政政策有关，与我国实行严格的收支国有的单一制形式的财政管理体制不同，西方发达国家一般采用复合制形式的财政管理体制：其一，博物馆开展活动所需的经费来源多元化，国家拨款并不占主导地位；博物馆开展活动所取得的收益也可自主分配使用，国家并不强制上缴。例如，据中国人民大学教授、文化产业学者金元浦介绍："总体来看，美国博物馆的资金来源有30%是各级政府的投入，包括联邦政府、州政府及县政府，各自有一定比例；慈善组织及个人捐款占23%，博物馆的经营收入占47%。"其二，在博物馆文创产品的研发上，发达国家则一般对博物馆实行"间接支持为主、直接拨款为辅"的财政政策，即国家一般不会通过直接拨款和上缴收入等直接方式强制性介入博物馆在研发文创产品方面的收支安排，更多的是通过灵活的税收优惠政策等种种间接的激励机制来实现促进博物馆文创衍生产品发展的目的。例如，美国推行博物馆文化产品免税政策、博物馆文化产品产业链税收优惠政策和对捐赠予以免税的财政扶植政策，英国则采取国家遗产彩票资金、多样的税收激励政策等。在实际运行中，这种复合制的财政管理体制所产生的积极效果是很显著的：多元化的资金来源和收入自主使用一方面确保国家财政拨款的适当比例，保证博物馆的公益性的同时又可以激发博物馆为满足自身大规模资金需求而努力增强自身"造血"的能力；另一方面其他渠道的资金来源和收入自主使用可以确保博物馆资金来源多样化的同时保证博物馆和企业、社会团体等各方面保持紧密联系，保持博物馆对于市场和社会需求的灵敏嗅觉，增加开发文创产品的能力；而直接针对文创产品所采用的"间接支持为主，直接支持为辅"的财政政策则在保证了博物馆开发文创产品的自主性和积极性的同时，通过税收优惠政策降低文创产品的市场准入门槛，直接提升文创产品的市场竞争力和发展韧度，为博物馆文创产品的发展扫清障碍。总之，这种"复合制"的财政管理体制充分做到了在保证国家和社会对于博物馆公益性属性的要求的同时，充分激发博物馆开发文创产品的积极性和主动性，再通过相关税收优惠政策保护和扶植博物馆文创产品的发展，做到了兼顾各种利益考量的平衡，是一种极为积极和效果明显的财政扶植体制。例如，美国大都会博物馆、史密森尼博物馆群近年的文化产品年均销售收入都超过了 1 亿美元，而根据国家文物局相关调研结果，我国 70% 以上的博物馆文化创意产品年均销售额不足 500 万元。可见，在文创产品的研发成绩上，发达国家的优势非常明显，这其中的差距与双方所实行不同的财政管理体制有很大关系。

综合国内外关于博物馆等文博机构所实行的不同财政管理体制所带来的不同影响，为促进可移动文物衍生产品的发展，我国必须对现有的适用于文博界的财政管理体制进行改变，向发达国家学习他们的成功经验。为此我国需要首先完善博物馆等文博机构的资金来源；其次研究出台博物馆文化商品的减免税政策，完善现有税收政策；最后要加快文化产业财政支持的立法进程。同时我们在制定相关财政支持政策时，要坚持公平原则，不仅将国有行业内文博机构纳入其中，更要将非国有行业外的文博机构纳入进来，做到政策适用上的一视同仁。我们可喜地看到，国家有关部门对此已经在做出努力，如 2015 年 3 月 20 日开始实行的《博物馆条例》里面第二条规定国家在博物馆的设立条件、提供社会服务、规范管理、专业技术职称评定、财税扶持政策等方面，公平对待国有和非国有博物馆；第五条规定国家鼓励设立公益性基金为博物馆提供经费，鼓励博物馆多渠道筹措资金促进自身发展；第六条规定博物馆依法享受税收优惠，依法设立博物馆或者向博物馆提供捐赠的，按照国家有关规定享受税收优惠等。但是我们必须认识到这些只是局部小角度的调整，距离单霁翔院长在政协提案中的强烈呼吁和国外先进经验还有相当大的差距，因此，国家还有很多东西要完善。

(三) 发挥行业组织的作用

发挥行业组织的作用，对于可移动文物衍生产品的开发将提供重要的组织保证。作为我国的一个新兴产业和朝阳产业，可移动文物衍生产品的发展壮大需要借助外力，除了我们上面所谈到的财政激励政策之外，还需要相关行业组织的统合和帮助。国家应该采取措施扶植文创产品领域相关行业组织的发展壮大。

一般而言，行业组织是指由作为行政相对人的公民、法人或其他组织在自愿基础上，基于共同的利益要求所组成的一种民间性、非营利性的社会团体。行业组织是行业成员利益的代言人和维护者，同时，亦是行业成员与政府之间的沟通者和协调者，行业成员通过行业组织，实现了其与政府之间博弈的组织化和理性化，从而有效地克服了行业成员因个人博弈带来的弱势化和非理性的缺点。可以说，行业组织系以代言维权为职责，以沟通协调为手段，来实现行业间利益最大化的组织。国外发达国家的博物馆文创产业的发达与他们健全的行业组织的带动作用不无关系，如美国早在 1955 年，就创建了一个具有国际性的组织——"博物馆商店协会"，简称为 M. S. A（Museum Store Association），拥有两千多名会员，大多是美国的博物馆，德国、加拿大、澳洲、日本、中国台湾的一些博物馆也加入了该组织。因此，我国可移动文物衍生产品的开发也要借助国际先进经验，组织相关文创产业方面的行业组织并大力发挥其作用。鉴于我国已经存在中国博物馆协会这一平台，我们应该依托中国博物馆协会这一平台，设立博物馆文化产品行业组织，形成由政府业务主管部门、专业行业组织、博物馆文化产品营销部门共同组成的博物馆文化产品事业规范机制，以便进而推动博物馆文化产品开发领域技术、服务和管理的标准化建设，组织博物馆文化产品开发企业等级评估和资质认定工作，建立博物馆文化产品开发企业信用档案和信用评级制度。同时该行业组织还应联合有关部门，建立健全博物馆文化产品市场监控管理机制，加强博物馆文化产品领域的知识产权保护。

中国文博界显然已经意识到自身在统合文创资源时并不怎么专业和对口，因此在 2013 年由中国博物馆协会牵头，国家文物局支持，中国博物馆协会，专门成立了中国博物馆协会文创产品专业委员会，专门负责文创产品的研发和资源整合工作，据该委员会副秘书长张鹏介绍："文创产品专业委员会成立的初衷有两个，其一，搭建资源共享平台，扶持博物馆尤其是中小博物馆的文创产品发展；其二，目前许多相关政策处于空白，委员会将进行大量调查研究，为政策的制定提供依据和建议。"该委员会在会员构成上意欲吸纳 3 个方面的成员：前期 25 家博物馆在内的全国各类博物馆，文化创意设计类高校或院系，以及热衷于文化产业的企业。目前，委员会正在利用微博、网站建立资源共享平台，这种共享包括设计、制作和销售上的共享。比如，各博物馆将本馆藏品中能够代表中华文明精髓、具有普遍适用性的元素提供出来，由会员单位中的院校师生设计、制作出产品，在平台上各个博物馆均可销售。我们希望国家有关部门继续完善政策环境，确保该委员会可以切实发挥其应有的影响力，同时也希望文博界与文创产品直接链接的行业组织不仅实现全国化，而且实现地区化无差别覆盖，共同助推中国文创衍生产业的发展。

二、革新博物馆衍生产品开发与营销理念

可移动文物衍生产品的繁荣发展除了需要借助政府采取有效措施完善政策环境这个"外因"之外，还需要可移动文物衍生产品的开发方——各收藏单位尤其是博物馆采取切实措施完善自身、优化结构，发挥好自身这个"内因"的作用。其中之一就是要革新博物馆衍生产品开发与营销理念。研发与销售可移动文物衍生产品已经意味着博物馆等文博机构作为市场主体与市场发生联系，这就需要博物馆等文博机构从原先作为国家事业单位一员的观念转变为市场主体观念，深谙市场规律，紧盯市场需求，以市场营销学的手段推进可移动文物衍生产品的研发与销售，目前有些学者已经提出"博物馆营销学"这个概念，而目前各博物馆等文博机构在这方面的转变上明显不到位：国家文物局"博物馆文化产品开发"课题研究组所出具的"博物馆文化产品开发研究调研报告"，在分析博物馆文创产品开发所面临的问题——"博物馆馆文化产品开发缺少创新意识"——时特别强调指出："由于对文化产品所依托的博物馆文化遗产资源没有吃透，对市场把握的能力薄弱，大多数博物馆脱离市场需求，开发出来的产品实用性和艺术性均有所欠缺，影响了销售；又因为品种单一不成系列，高档产品与大众化

消费品层次不明显，从而给消费者留下性价比低的印象，导致产品滞销，博物馆文化产品的可持续性开发难以为继。要解决这些问题，必须转变观念，改变过去博物馆以'物'（文物）为主的工作理念，建立起以'人'（消费者）为核心的服务意识。文化产品的开发设计，要融入人本原则，基于人的需要来开发商品，设立多元化立体型的文化产品体系，既要打造精品，又不放弃大众化消费市场，多管齐下，为博物馆文化产品的开发赢得旺盛生命力。"该报告所分析的解决问题的思路很有针对性，我国文博机构尤其是博物馆要转变衍生产品开发与营销理念需从以下几个方面入手：

（一）依托藏品和展览，实现博物馆文化产品多元性、实用性与艺术性的统一

这是关于转变文创衍生产品的开发理念的问题。在市场经济学中，商品是社会的细胞，商品的使命就是实现其自身价值，为此商品的生产不能无视市场需求，而且还必须具有其他商品所不具有的特性，因而文创衍生产品作为博物馆面向市场生产的文化产品，除了要照顾到博物馆自身的文化特色之外，必须以市场经济学的方式即以市场需求为导向来进行研发生产和销售，这也正好符合前面我们已经提到文创衍生产品的开发必须要坚持以公众需求为导向，以文化为根的原则为首要的开发理念。但是我国博物馆所开发出的文创产品显然存在与市场脱节的问题，前面所提到的市场调查结果和国家文物局所主持的调研报告均反映出这个问题的严重性存在，因而，现阶段了解目前的公众需求至关重要。

由中国专业的网上问卷调查平台"问卷星"所提供的一份 2015 年 4 月由相关机构所进行的博物馆文化创意产品需求调查问卷则为我们提供了了解当下公众对于文创衍生产品的消费需求的绝好资料（见下图）。该调查问卷所揭示出眼下公众对于博物馆文创产品的消费需求尤为注重该产品的文化性、艺术性与实用性，而这也与我们所提到的文创衍生产品开发的一般原则即文化性与时代性相结合、美观性与实用性相结合、主题性与系列化相结合相符。因此，在依托博物馆自身藏品和展览所特有的文化特色的基础上，我国博物馆等文博机构今后必须立足于现代人的审美特点和实际需

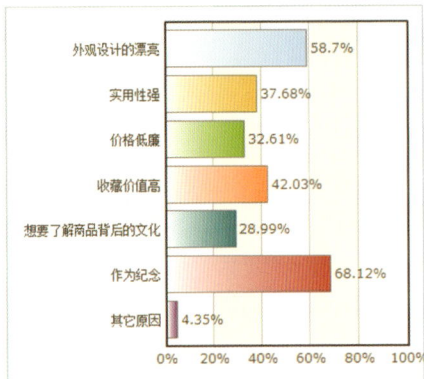

消费者购买博物馆文创产品的原因

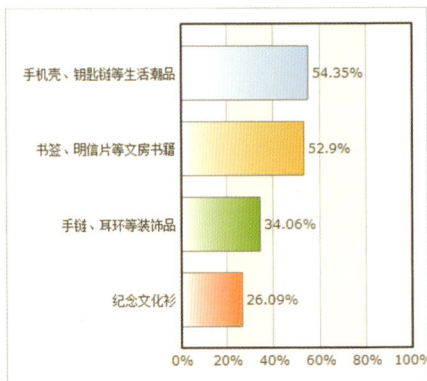

消费者喜欢的博物馆文创产品的类型

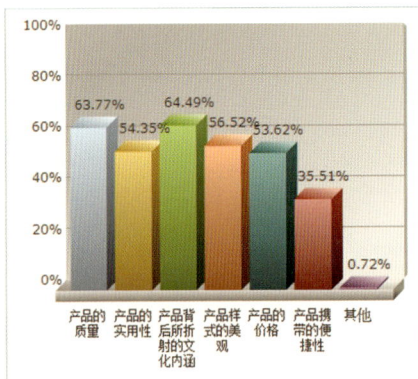

消费者认可的博物馆文创产品设计要素

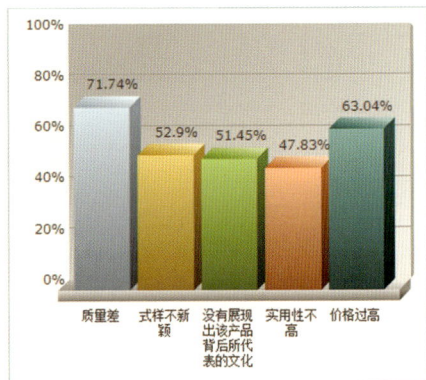

消费者讨厌的博物馆文创产品的类型

关于博物馆文创产品的公众需求调查统计图

要，开发既具实用性，又不乏艺术品位、既保有文物精神内涵、又融入现代流行元素的博物馆文化产品。

（二）强化品牌意识

这是关于转变文创衍生产品的营销战略的问题。在市场营销学中，各市场主体要想在激烈的市场竞争中发展壮大必须采取明智的市场营销战略，尤其是品牌战略。品牌是目标消费者及公众对于某一特定事物心理的、生理的、综合性的肯定性感受和评价的结晶物。在科技高度发达、信息快速传播的今天，产品、技术及管理诀窍等容易被对手模仿，难以成为核心专长，而品牌一旦树立，则不仅有价值并且不可模仿。因为品牌是一种消费者认知，是一种心理感觉，这种认知和感觉不能被轻易模仿，因而品牌往往成为各市场主体在激烈的市场竞争中尤为注重培养和依靠的"杀手锏"，是各市场主体最重要的"无形资产"，也是一个重要的知识产权保护形式。博物馆等文博机构从事文创衍生产品研发，就成为一个新的市场主体，要想在市场竞争中脱颖而出，防止他方侵权，促进文创衍生产业的发展壮大，就必须吸收其他市场主体业已采用的先进营销战略，尤其是品牌战略。这就需要博物馆等文博机构强化品牌意识，培养和维系强势的品牌。可以说，强势品牌策略，是博物馆文化产品事业得以不断壮大的根本前提。

从国外发达国家博物馆文创衍生产品的成功经验来看，他们很早就已深谙市场营销学的营销战略，在从事文创衍生产品的开发销售时特别注重品牌战略的发挥。首都博物馆副馆长姚安在其著作中介绍了美国大都会博物馆的"M"品牌的形成之路：起初该博物馆所开发的购物袋，采用了由设计大师 Rudolph de Harak 于 1978 年创作的平面作品，以大都会博物馆英文首字母 M 为元素，由大小不一的文艺复兴时期印刷字体构成；然后印有该M 字符的购物袋随着每年消费者在该博物馆商店购买的 100 多万个纪念品被带向全球各地，成为了代表大都会博物馆的标志，同时该购物袋配合其商品精致、典雅的总体特点，使观众产生"大都会博物馆就是庄重和高雅的代名词；大都会博物馆商店出售的商品就是品位与质量的保证"的观念；2005 年，这一标志开始被单独作为产品出售，如 M 胸针、M 磁贴、M 橡皮，等等，至此 M 标志已成为大都会博物馆的代名词，成为名副其实的市场品牌。

与国外相比，我国博物馆等文博机构在进行文创衍生产品的研发销售时的品牌意识还很淡薄，这也是目前导致各博物馆所开发出的文创衍生产品扎堆出现，鲜有市场领先者的原因。可喜的是，我国一些在文创衍生产品方面走在前列的博物馆已经在做积极的尝试，如故宫博物院先后向国家

纽约大都会艺术博物馆的 M 标志与购物袋

工商总局申请注册了"故宫"、"紫禁城"两个商标并将所研发的文创产品全部用鲜明的故宫文化品牌覆盖，目前这两个商标已经被国家工商总局列入驰名商标名册表；湖北省博物馆早在 1994 年就注册了以编钟造型为主的"天籁"商标，2003 年又注册了以馆藏国宝"曾侯乙编钟"为主要内容的"曾侯乙编钟乐舞"商标；苏州博物馆也注册了"苏州博物馆"商标，等等。据有关学者通过对我国 28 个省区 83 家国家一级博物馆的商标注册情况进行的调查统计结果显示："截止到 2012 年，共有 37 家博物馆注册商标，注册率为 44.6%，以馆名注册商标的有 17 家，以其他名称注册商标的有 15 家，以特别设计的图形注册商标的有 14 家，有 18 家博物馆馆名或简写被抢注为商标。"但是这些博物馆所进行的注册商标行为仅仅是博物馆树立品牌的第一步，如果博物馆不好好结合自身馆藏资源开发出有影响力的文创产品以形成消费者的广泛心理认可，那么注册再多的商标也树立不了品牌。因

帝后存钱罐

Logo 翻领短袖 polo 衫

文创产品上的商标举例

此，在强化品牌意识，形成强势的品牌营销战略方面，我们只是万里长征刚走了第一步。

鉴于品牌的形成是一个长期的过程，我国现阶段要选择一些比较知名的博物馆文创产品在资金和政策上面进行重点扶持，努力建设一批规模化发展的行业引领者，发挥其在全行业内的带动和辐射作用；同时积极组织推荐有条件的博物馆文化产品参加驰名商标、名牌产品和免检产品的评选工作，努力形成在国际国内有较大影响力的博物馆文化产品优秀品牌。

(三) 创新营销模式

这是关于转变文创衍生产品的营销模式的问题。在市场经济中，各市场主体为了在激烈的市场竞争中脱颖而出，一般都会采用对自己有利的营销模式。营销模式指的是把商品通过某种方式或手段，送达至消费者的方式，完成"制造—流转—消费者—售后跟进"这样一个完整的环节，一般分为直接模式和混合模式两种。所谓"海阔凭鱼跃，天高任鸟飞"，最有利的营销模式要求产品与消费者之间更多地接触，各市场主体在直接营销模式之间是相差不大的，最能拉开差距的是混合营销模式。博物馆等文博机构作为新型的市场主体进行文创衍生产品的研发与销售，为更好地在市场竞争中胜出，也要改变自己原先"任凭风浪起，独坐钓鱼台"式的直接在博物馆商店里面实现文创衍生产品的销售的直接营销模式，更多地尝试和采用混合营销模式。现实情况是，我国现阶段博物馆等文博机构的销售模式依旧僵化落后，据国家文物局"博物馆文化产品开发"课题研究组所做出的"博物馆文化产品开发研究调研报告"，指出国内博物馆文化产品开发和经营模式主要有："一是场地出租和职工承包模式，该模式多为中小型博物馆和市场经济不发达的内地馆所采用，约占样本的38%；二是内部经营模式，该模式是目前国内博物馆界最普遍的模式，占调查样本的42%左右；三是内部经营和公司运作混合型模式，以故宫博物院最为典型，国内采用该模式的博物馆并不多；四是公司运作模式，这一模式大概占样本的12%；五是博物馆整体公司运作模式，该模式多为民营博物馆和一些业主经营的博物馆所采用。"可见，我国博物馆经营文创衍生产品仍以直接经营模式为主导，鲜有创新。

国外发达国家博物馆文创衍生产业的发达与他们采用先进的营销模式有很大关系。他们一般与各市场主体接触、联系比较紧密，深谙市场营销学知识，能够紧跟市场发展前沿，勇敢采用最新型的市场营销模式，因而在营销成果上可以让国内博物馆望尘莫及。如美国大都会博物馆文化产品营销采用混合渠道策略，包括直复营销、专卖授权、网络营销等线上、线下营销模式等。该馆除了在国内广设销售点之外，还在全球8个国家和地区设有16间精品店，各店平均面积为3000平方尺，在精品店出售的约85%的产品是由该馆制造或直接监制，并只能在该馆所属精品店销售；此外，该馆还设立了网上商店，等等。先进而多样化的营销模式使大都会博物馆取得了空前的成功，该馆所取得的文创产品的销售收入早在2002年便已经超过1亿美元大关，而我国目前的文创产品销售收入超过2500万元的博物馆才两家。又比如我国台湾地区的台北"故宫博物院"除了直接经营和网络销售的营销模式之外，还采取授权营销的方式：在授权过程中，允许产品使用"台北故宫"的商标；提供最精准的第一手的影像资料，让合作方最大程度地接近和掌握文物的各项指标；但博物院会全程参与产品研发生产。台北故宫院长冯明珠对于该馆的文创衍生产品的营销模式说得更直

BEST SELLER

BEST SELLER

Figure of a Parrot Sculpture

$375.00

★★★★★

Augustus Saint-Gaudens: Diana
Sculpture

$475.00

★★★☆

Giambologna: Medici Walking Horse
Sculpture

$395.00

★★★★★

Voyager Magnifier Pendant
Necklace

$35.00

Tassel Necklace with Jet-Colored
Beads

$35.00

Burnished Heart Pendant Necklace

$15.00

NEW

BEST SELLER

Kheotops Scarf

$120.00

Louis C. Tiffany White Magnolia
Scarf

$60.00

★★★★☆

Sargent Portrait Oversize Scarf

$75.00

大都会博物馆部分文创产品

NT$ 1,580 元	NT$ 1,580 元	NT$ 350 元
NT$ 350 元	NT$ 350 元	砾批贴纸红　NT$ 50 元
NT$ 80 元	NT$ 250 元	NT$ 290 元

台北"故宫博物院"部分畅销精品

接："台北故宫发展文创有 4 个面向，其一是与知名品牌结合；其二是与文创设计厂'合作开发'延伸商品；其三是'图像授权'，可运用于出版书籍、印制月历、产品包装、广告文宣、生活用品、数位展等；其四是'出版品授权'，开发多元化的出版内容。"先进而多样化的营销模式极大地推动了台北故宫博物院文创衍生产品的发展，目前台北故宫已经开发出文创衍生产品数千种，销售额早已超过 9 亿新台币。

结合国内外营销模式的经验教训，为促进我国文创衍生产品的大发展，我们必须创新营销理念和模式。鉴于国内文博机构在短时间内直接从僵化的馆内销售的直接营销模式转变为多样化的新型营销模式是很困难的事情，我国文博机构可以借鉴故宫博物院先采取"内部经营和公司运作混合模式"的做法。该模式实际上就是通过与相关公司混合运作，"取人之长补己之短"，帮助博物馆等文博机构在短时间内适应和掌握市场节奏，熟悉市场营销学，为创新市场营销模式铺平道路。因此，该模式很适合运用于新旧营销模式转变时期，是一种过渡期的营销模式，对于现阶段的中国文博界或许是一个好的帮手。

　　同时我们还要注意避免陷入这样一个误区：现阶段强调博物馆等文博机构要转变营销理念和模式，以市场主体身份积极与市场发生联系，并不意味着原有的馆内营销模式已经正式走出历史舞台。事实上，经过现代化和市场化的包装改造，博物馆内部商店仍可以大有作为，而这种改造就是将博物馆内部商店作为博物馆等文博机构的"最后一个展厅"来对待。但凡文创产品营销取得成功的文博机构，无不在积极开拓新型营销模式的同时，更加重视博物馆内部商店这一本机构"最后的展厅"在文创产品营销方面的功能发挥。如，2015年9月28日，故宫博物院文化创意体验馆在位于御花园东北侧的东长房正式开幕，成为游客参观故宫博物院的"最后一个展厅"，集中展示和销售故宫博物院研发的各类文创产品。文化创意体验馆分为丝绸馆、服饰馆、生活馆、影像馆、木艺馆、陶瓷馆、展示馆和紫禁书苑等8间各具特色的展厅，展销的文化创意产品互不相同，能够满

故宫博物院副院长王亚民主持文化
创意体验馆开幕式

丝绸馆内景

足不同观众的多种需求。观众不仅可以见到具有鲜明故宫元素的丝绸产品、古典与时尚相结合的男士服装、《石渠宝笈》等相关的书画精品、皇家气息浓厚的紫檀家具、明清宫廷风格的茶器，还可以见到活泼可爱的萌猫儿童背包。无独有偶，台北故宫也在加紧修建以集中展示文创产品为目的的南院区。可见，现阶段转变营销模式很重要，但是我们不可忽视博物馆内部商店的作用。

三、提高博物馆衍生产品设计和经营成效

可移动文物衍生产品的成功发展，除了要求博物馆等文博机构从主观上革新衍生产品开发与营销理念之外，还要求我国各文博机构尤其是博物馆在具体行动上面采取措施提高衍生产品设计和经营成效。

(一)完善资金来源

我国博物馆等文博机构文创衍生产品开发与营销能力明显不足，除了博物馆等文博机构自身的主观原因之外，还有一些客观因素的阻碍，其中之一就是博物馆等文博机构缺乏研发文创衍生产品的有效资金。俗话说"巧妇难为无米之炊"，对于研发文创产品需要大量前期资金投入的文博机构而言，国家财政的年度适度拨款无疑是不够的。因此，资金问题是制约文创衍生产品发展的瓶颈问题，对此文博界人士有很深的体会。该问题的存在除了前面我们已经分析过的国家关于文博机构实行的财政管理体制的掣肘之外，还与文博机构思想僵化、封闭保守有关。因此，我们除了要在国家层面完善文博机构资金来源的政策环境之外，还要引领我国文博界解放思想，创新发展模式，积极走出去紧密联系社会，采取有效措施吸引社会多元化融资。

(二)加快复合型人才培育

我国博物馆文化产品开发和营销能力明显不足，除了资金短缺的因素外，人力资源的不足才是最主要的原因。文博界早已对此问题有清晰的认

识，据国家文物局"博物馆文化产品开发"课题研究组所做出的"博物馆文化产品开发研究调研报告"指出，在该课题组所调查的博物馆中"专门从事经营管理和产品设计的人员数量在 20 人以上的只有故宫博物院和上海博物馆；其他各大馆为 3~10 人，如西藏博物馆、秦始皇兵马俑博物馆、湖南省博物馆；绝大部分博物馆则只有 3 人以下或根本没有。这还是从数量上来说，实际上绝大部分从事文化产品开发的管理人员都是从博物馆传统骨干部门调过去的，他们的受教育背景和从业经历都缺少市场经营管理理念和经验。而博物馆文化产品开发的研发设计人员大多毕业于设计专业，缺少对文化产品所依托的馆藏品内涵的深刻领悟，因而开发出来的产品往往形似而神不似，缺少了独特的历史人文魅力和感染力，在文化产品的人文和科技附加值上大打折扣。"简单说来，我国文博机构开发文创产品面临着"无人"和"无专业人才"两个大问题。作为开展相关活动的管理者和执行者，人才的质量直接决定了相关活动的成败，因此，缺少专业人才绝对是我国文创产品的大发展所面临的致命性问题，我们必须严肃对待。

开发文创产品所要求的文化性和时代性的统一原则，以及现阶段我国文博机构在保持公益性属性的基础上为公众提供更优质的社会服务的发展趋势，决定了我国文博机构中的文创产品开发营销人员必须是具备文博界专业知识和产品开发设计能力、市场营销学能力的复合型人才。为此，我们首先应该立足于本馆实际，加快培养现有人员，建立起对馆内比较符合要求的人员进行产品设计经营方面的严格培训和跟踪教育的制度；其次是必须通过政策措施的引导、激励，鼓励设计、营销人才到博物馆从事文化产品的开发和营销工作，并充分做到对这些人员进行充足的文博知识培训和考核；另外鉴于文博界和市场界的巨大鸿沟，那种将文博界人员和设计开发人员简单相加的做法可能并不能够充分满足文博界开发文创产品的现实需要。为此，我国文博界必须从根本上完善设计、营销人才梯队建设，在高校文博专业中设置相关课程，培养跨学科人才。

除了重视直接从事文创产品研发经营的人才培养之外，我国各文博机构还要重视间接从事文创产品研发经营的人才培养，尤其是后勤保障方面的人才培养。故宫博物院院长单霁翔认为故宫博物院文创产品的成功要归功于故宫强大的设计团队和后勤保障团队："我们真正在一线设计的有 4 个团队：第一个是经营管理处，组织社会的专家搞研发，比如搞大奖赛，获奖的人就跟经营管理处签协议，把作品变为文创产品；第二个是已经有 60 年历史的文物服务中心，比如朝珠(耳机)就是它们设计的；第三个是出版社；第四个是资料信息中心，主要负责 APP 开发。现在表面上是 4 个团队，但其实故宫 35 个部处绝大多数都参与了研发和相关工作，比如法律处就保障我们的知识产权安全。"这给我国各文博机构很大的启示：不能因为暂时性的重点人才公关而忽视整个人才队伍的建设。换言之，文创产品的成功，需要复合型人才，更需要大范围的复合型人才链。

(三) 加强合作，构建产业链

文博机构作为从原先收藏和保管文物为主的国家事业单位转变为从事文创产品研发经营的新的市场主体，对于产品设计、研发、经营等各环节难免会面临一些主客观因素的掣肘。正所谓"众人拾柴火焰高"，为了尽快消除这些因素的限制，促进文创产品的大发展，除了要解放思想转变观念加强自身能力建设之外，我国各文博机构还需要加强同社会各方面的合作，尽快构建起完整的产业链。

首先，在产品创意设计方面，通过多种形式面向社会吸收优秀成果。文博机构作为一个编制单位，人员毕竟有限，这也限制了文博机构在文创产品设计创意方面的发展深度，这时通过面向社会采取多种形式的激励措施，吸收社会有关人员和机构的优秀成果，就可以起到集思广益的效果，既能促进文创产品的更新换代，又能调动社会人员和机构的积极性，扩大文博机构和相关文创产品的影响力。文创产品开发获得巨大成功的博物馆无不与此有关。例如，故宫博物院善于通过举办创意设计大赛来吸收社会优秀创意成果，其曾于 2008 年、2009 年举办过两届院内职工义化产品设计创意竞赛，收集到许多新颖的创意，随后又在 2013 年举办了"紫禁城

杯"故宫文化产品创意设计大赛，共收到投稿作品 675 件，最终评选出金
奖 3 名、银奖 6 名、铜奖 9 名、优秀奖 30 名。台北"故宫博物院"更是早就
建立了一套成熟而完整的文化创意产品开发机制，尤其善于调动社会力量
参与文创产品设计。台北故宫通过开展文创商品设计竞赛，广泛向社会征
集创意作品，还为参赛者举办特展和美学解析讲座，方便他们更好地理解
院藏文物的内涵及创意转化潜力。"翠玉白菜伞"的创意就是在 2010 年的
比赛中脱颖而出的，一位当年仅 16 岁的女高中生根据"翠玉白菜"设计出

翡翠白菜与翡翠白菜伞

台北故宫面向社会吸收创意

"翠玉白菜伞"，收起来是"翠玉白菜"造型，而打开后，结构和形状上与正常的遮阳伞相似，还具有防紫外线、防风等功能，新颖的创意和文化内涵使该产品很快成为畅销品。

其次，在产品研发营销方面，加强和相关专业公司的合作。文博机构经营文创产品除了在营销方面要借鉴相关公司的先进经验之外，更要在产品研发期间加强和相关专业公司的合作。产品的研发成功不会一蹴而就，它需要复杂的生产程序和严格的安全质量标准，这也决定了文博机构在最初开展文创产品的研发时无法凭一己之力单独完成相关产品的最终成型，这时和相关专业公司的合作就成为必须。

例如，苏州博物馆研发成功的秘色瓷曲奇饼干很受顾客欢迎，2014年7月8日人民日报在《"文物饼干"出炉记》这一报道中，这款饼干的设计师、苏州博物馆文创部郁颖莹讲述了它的来之不易："刚开始的设想很美好：立体感很强，接近半个碗的弧度，上面做成精美的浮雕。但方案很快被厂方否定。'弧度太明显的话，由于厚薄不均会造成中间与两头的色差，甚至两边可能会烤焦。饼模的细致程度也对大小尺寸提出了要求。'为了效

"秘色瓷莲花碗曲奇"饼干

果更好，厂方希望可以做成平面的。经过'讨价还价'，最后双方同意保留一定弧度，将饼干做成立体形状，中间厚度1.3厘米，两边厚度0.6厘米，大小是5厘米×4.5厘米左右，比常规的曲奇饼干稍大一点儿。从设计到饼模再到样品，郁颖莹共改了3稿。第一次将线条从阳刻改成阴刻，看起来总算像那么回事了；第二次在比例不失真的前提下简化了线条，去掉了一些琐碎和密集的花纹等；第三次又增加了弧度和立体感。大半个月后，终于成功。"可见，苏州博物馆相关文创产品的最终成功问世，与该馆在研发时与相关专业公司的合作是分不开的。

再次，在研发经验方面，加强国内外同行间的交流互动。目前各文博机构之间的文化特色不尽相同、文化产品各有特点、营销模式也不尽相同，为促进文创产品的发展，文博机构之间急需加强交流与互动，做到资源共享，合众力于一身。为此，我们除了需要加强同国外先进博物馆之间的联系之外，更重要的是做到国内文博机构资源之间的整合。除了要充分发挥相关行业组织的带动作用之外，各文博机构之间也要创新生存发展模式，如实行强强联合战略、大馆对小馆的委托经营和帮扶政策、同区域临近地区文博机构之间的组团发展和集群建设，等等，充分做到以强带弱、优势互补、信息共通、资源共享，实现共同发展。这也可以有效地缓解我国目前文创产品开发所存在的地区间失衡严重的问题。

总之，文博机构在研发经营文创产品时要充分调动各方面资源，形成社会各方广泛参与的从设计到研发再到营销各环节之间的一条龙式的产业链，做大做强文创产业。

（四）优化服务质量，搞好售后服务

文创产品满足消费者的消费需求并不能够保证该产品营销的成功，文博机构在营销文创产品时所提供的服务质量也能够左右消费者的消费行为。事实上，各文博机构在完成文创衍生产品的设计、研发、营销三个环节之后，也并不意味着产品销售的最终成功，我们还必须做好售后服务这个环节的工作。

在市场营销学中，售后服务是售后最重要的环节。售后服务已经成为了企业保持或扩大市场份额的要件，售后服务的优劣能影响消费者的满意程度。在购买时，商品的保修、售后服务等有关规定可使顾客摆脱疑虑、摇摆的形态，下定决心购买商品。优质的售后服务可以算是品牌经济的产物，在市场激烈竞争的今天，随着消费者维权意识的提高和消费观念的变化，消费者们不再只关注产品本身，在同类产品的质量与性能都相似的情况下，更愿意选择这些拥有优质售后服务的公司。因此，文博机构经营文创产品作为一个新兴的市场主体，要借鉴先进的市场营销经验，做好售后服务这个环节的工作，这样才能保证文创产品最终实现其价值，顺利销售成功。

现阶段公众在购买文创衍生产品时对于文博机构售后服务环节的工作质量也很重视，据相关网站上面出示的一份 2015 年 4 月份的博物馆文创产品调查问卷统计结果显示，公众在决定购买文创产品时所考虑的必要因素中，售后服务高居第二。因此，我国文博机构在销售文创产品时必须重视为消费者提供优质的服务质量，特别是做好售后服务工作。正如一位博物馆工作人员所说："游客是上帝，是传播旅游地历史文化的使者，也是我们博物馆文化产品的主要营销对象，所以我们一方面要微笑服务，笑脸相迎五湖四海、八方来宾；另一方面我们要有耐心和热情。耐心倾听游客对各种文化产品的意见及建议，热情解答游客对各种商品尤其是对具有博物馆人文情怀的商品的各种咨询和好奇，搞好各种文化产品的售后服务。"

现阶段一些文创产品营销颇为成功的文博机构在进行产品营销时就比较重视售后服务的问题。如上海博物馆会为购买过上博文创产品的顾客实时跟踪发布与其购买过的文创产品相同或类似的产品信息；故宫等博物馆更是将文创产品的销售直接发布在中国最大的网购平台"淘宝"网站上，从该处购买产品的顾客享受着淘宝网站 7 天内无理由退换货的优惠照顾，等等。

第四节　可移动文物衍生产品开发实例

一、复仿制或吸收可移动文物的符号、内涵

(一) 复仿制文物的规定

我国《文物复制暂行管理办法》(以下简称《办法》)对文物复制品进行了非常严谨的描述和规定，要求复制品与原文物的体量、形制、纹饰、质地都要基本采用原制作工艺、与原文物相同。文物仿制品的概念则并未被纳入该《办法》中，它与原文物的相似度相对也宽泛得多。

根据《办法》规定，文物复制单位要具备严格的资质，包括必要的文物复制生产场地、生产设备、检验设备和专业技术人员。其文物复制资格由省、自治区、直辖市文物行政管理部门认定。

曾侯乙编钟复制品

(二) 吸收可移动文物的符号、内涵的文创产品

1. 利用可移动文物外形制作的产品

箱包铭牌

耳机

颈枕

2. 利用文字、图案设计的功能产品

笔　袋

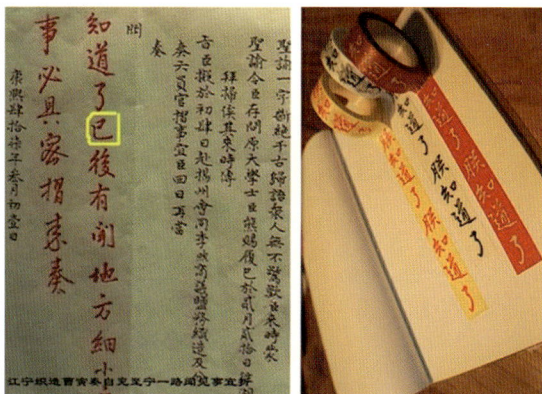

胶　带

文件袋

3. 利用形象制作玩偶

4. 利用图案适应新鲜事物

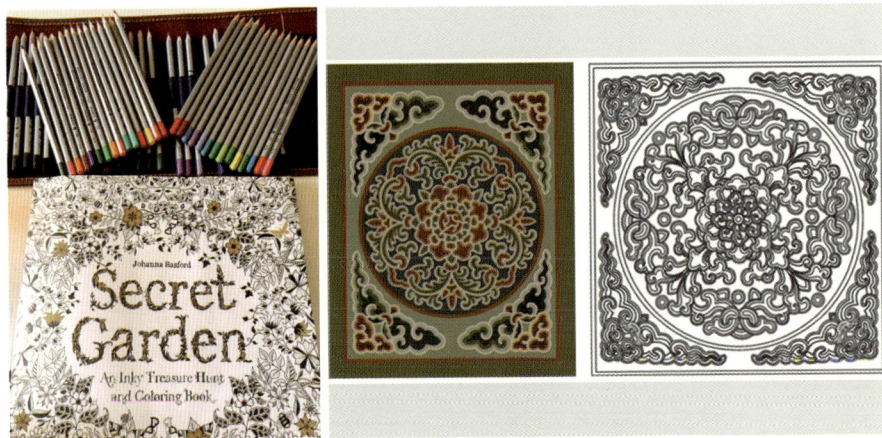

英国人发明，目前风靡世界的　北京故宫推出的中国传统图案的《秘密花园》游戏

填图游戏《秘密花园》

二、可移动文物保护技术衍生的产品

1. 破损古瓷瓶改装成台灯

2. 废弃古瓷片成为现代瓷器的装饰件

3. 瓷片镶嵌

4. 破碎玉器改形

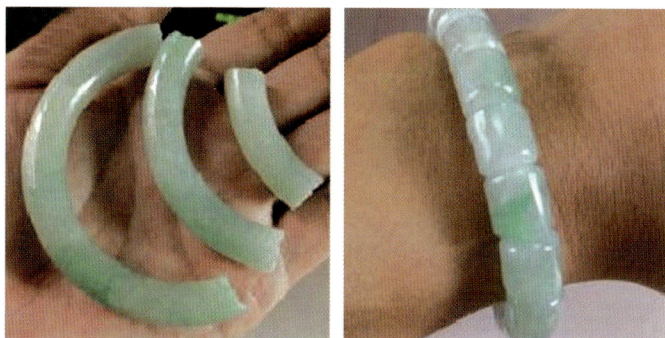

碎玉镯经切块、穿孔改成玉手串

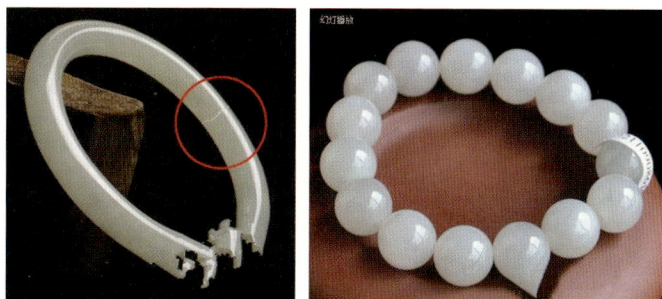

碎玉镯改成圆珠形手串

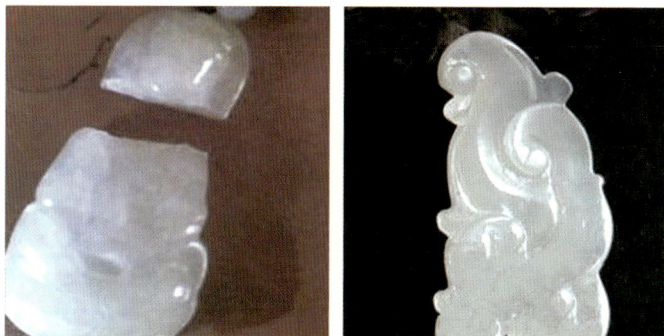

断裂的玉坠重新加工成形

◎ **参考文献**

[1]国务院.中华人民共和国文物保护法实施条例，2003.

[2]中宣部等.关于全国博物馆、纪念馆免费开放的通知，2008.

[3]申小红.博物馆文化产品开发中的营销理念[J].博物馆研究，2009（2）.

[4]国家文物局.新形势下博物馆工作实践与思考[M].北京：文物出版社，2010.

[5]蒋晟.博物馆商品营销研究[D].复旦大学硕士学位论文，2010.

[6]章义平.关于博物馆文化衍生产品开发的认识和思考[J].东南文化，2011(5).

[7]中国共产党十七届六中全会.关于深化文化体制改革 推动文化大发展大繁荣若干重大问题的决定，2011年10月.

[8]姚安.博物馆12讲[M].北京：科学出版社，2011.

[9]许汉琴.博物馆旅游文化产品开发与营销的路径[J].实践·探索，2012(7).

[10]卢梦梦.博物馆创意产品的开发研究——以南京博物院为例[D].南京艺术学院硕士学位论文，2012.

[11]易乐.论中小型博物馆文创产品的开发与经营[J].大众文艺，2013（8）.

[12]上海中国博物馆.文化力量与博物馆的挑战[M].上海：上海古籍出版社，2013.

[13]博物馆发展论坛组委会.博物馆发展论丛(2012年)[M].北京：燕山出版社，2013.

[14]马琳.博物馆艺术衍生品开发研究[D].南京艺术学院硕士学位论文，2013.

[15]中国共产党十八届四中全会. 中共中央关于全面推进依法治国若干重大问题的决定，2014.

[16]国务院. 关于推进文化创意和设计服务与相关产业融合发展的相关意见，2014.

[17]福建省政协文史和学习委员会. 民办博物馆发展实证研究[M]. 北京：中国文史出版社，2014.

[18]单霁翔. 从"数量增长"走向"质量增长"——关于广义博物馆的思考[M]. 天津：天津大学出版社，2014.

[19]贺云翱. "新常态"下对中国文化遗产事业地位的认识——读习近平同志系列讲话有感[J]. 中国文化遗产，2015(1).

[20]中华人民共和国国务院. 博物馆条例，2015.

后　记

　　党的十八大以来，习近平总书记就传承、弘扬优秀传统文化作出了一系列重要指示，强调提高国家文化软实力，要努力展示中华文化的独特魅力，激活其生命力，把跨越时空、超越国度、富有永恒魅力、具有当代价值的文化精神弘扬起来。让收藏在博物馆里的文物、陈列在广阔大地上的遗产、书写在古籍里的文字都活起来。文物是传统文化的重要物质载体，蕴含着优秀传统文化的思想精华和道德精髓，也包含着以爱国主义为核心的民族精神和以改革创新为核心的时代精神。"让文化遗产活起来"是国家对文物工作提出的最新要求。文化遗产工作者责无旁贷。

　　湖北省博物馆协会(简称省博协)自成立以来，高度重视文物研究和人才培养，积极向社会介绍文化遗产知识，让全民懂得保护好、利用好传承至今的珍贵文化遗产的重要意义。为此，继组织出版《让不可移动文物活起来——博物馆的生存与探索》专著以来，又委托湖北省文物交流信息中心和省博协高校博物馆专业委员会承担其姊妹篇《让可移动文物活起来》的编撰工作。

　　参加这项课题编撰的单位和个人：

　　第一章　绪论(武汉大学万林艺术博物馆　倪婉　周宁)

　　第二章　可移动文物保护(湖北文物交流信息中心　吴晓松　李奇)

　　第三章　可移动文物研究(华中师范大学博物馆　宋亦箫　张阳)

　　第四章　可移动文物陈展(第一、二节：湖北警官学院警察史博物馆

周丽红；第三节中国地质大学逸夫博物馆　范陆薇)

　　第五章　可移动文物与社会教育(第一节：湖北大学博物馆　贺兴义刘明达；第二、三节：中南民族大学民族学博物馆　陈桂)

　　第六章　可移动文物与数字化(华中农业大学博物馆　姜昊　向清)

　　第七章　可移动文物与文化传播(第一节：中国地质大学逸夫博物馆范陆薇；第二、三节：中南财经政法大学中国货币金融历史博物馆　黄丽　章韫瑾)

　　第八章　可移动文物与衍生产品(第一、二、三节：武汉大学万林艺术博物馆　倪婉　王卫锋；第四节：湖北省文物交流信息中心　吴晓松李奇)

　　在编撰此书的过程中，得到了省博协各位正副理事长及秘书处的大力支持，深为感谢。特别要提到的是，冯天瑜先生秉着一贯关心支持文博事业的热诚，在百忙中赐序；省博协理事长吴宏堂先生是这项课题的策划者，他一直关心着课题的进展，组织了高规格的武汉文博专家评审本课题的开题报告，并慨允赐序。省社会科学院张硕先生为本书统稿，在此一并致谢！

　　尽管本书从提纲的拟定到选择编写章节最合适的承担者及每章节的文字和图片的安排和比例等，都经过反复磋商，花费了大量心血，并得到了湖北省相关文博专家的评审把关，但由于时间仓促，水平有限，难免有乖谬错漏之处，有待方家的匡正。

编　者

2015 年 11 月